4 Bde
70,—

Gerhard Wittenberger und Christfried Tögel (Hg.)
Die Rundbriefe des »Geheimen Komitees«
Band 1: 1913 – 1920

Die Rundbriefe des »Geheimen Komitees«

Band 1: 1913 – 1920

Herausgegeben von
Gerhard Wittenberger und Christfried Tögel

edition diskord

Gedruckt mit Unterstützung der
Deutschen Forschungsgemeinschaft

© 1999 A.W. Freud et al and the contributors
by arrangement with Mark Paterson and Sigmund Freud Copyrights

Die Deutsche Bibliothek - CIP-Einheitsaufnahme

Die Rundbriefe des „Geheimen Komitees" / [International Psycho-Analytical Association] / hrsg. von Gerhard Wittenberger und Christfried Tögel. - Tübingen : Ed. diskord

Bd. 1. 1913 - 1920. - 1999
ISBN 3-89295-660-X

© 1999 edition diskord, Tübingen
Druck: Fuldaer Verlagsanstalt
Gedruckt auf alterungsbeständigem Papier
(holzfrei, chlor- und säurefrei)
ISBN 3-89295-660-X

Inhalt

Einleitung	7
Danksagung	27
Zur Edition und Transkription	29
Die Briefe der Jahre 1913-1920	31
Liste der Briefe	245
Abkürzungen	247
Kurzbiographien der Komiteemitglieder	249
Faksimiles	261
Personenverzeichnis	313

Einleitung

1. Historische Vorbemerkung

Die Gründungs- und Wirkungsgeschichte des *Geheimen Komitees* ist mit unterschiedlichen Gewichtungen mehrfach rekonstruiert worden.[1] Das soll hier nicht wiederholt werden. Allerdings verlangt die Rechtfertigung des editorischen Vorgehens bei der Herausgabe der Briefe, die sich die Komiteemitglieder geschrieben haben, einige historische Erläuterungen. Die Geschichte des Geheimen Komitees läßt sich in drei Abschnitte einteilen:

1. 1912 bis 1920: Die Mitglieder des *Geheimen Komitees* korrespondieren ohne feste Regeln untereinander (keine Rundbriefe im eigentlichen Sinne);
2. 1920 bis 1927: Das *Geheime Komitee* korrespondiert über Rundbriefe an festgelegten Wochentagen;
3. 1927 bis 1936: Das *Geheime Komitee* existiert öffentlich als Vorstand (Zentralleitung) der IPV und korrespondiert über Rundbriefe;

Zu 1. Nach der Gründung des *Komitees* im Sommer 1912 gab es noch keine festen Regeln der Korrespondenz, Rundbriefe an bestimmten Tagen schon gar nicht. Über viele Jahre hindurch änderte sich an dieser lockeren Praxis nichts. Das bedeutete allerdings nicht, daß es keinen dichten Informationsfluß gegeben hätte. So schrieb Karl Abraham z.B. am 9. März 1914 an Freud:

> Daß ich mit allen Komiteemitgliedern im häufigen Briefwechsel stehe, erfahren Sie wohl.[2]

Hin und wieder geschah es auch, daß eines der Komiteemitglieder einen Brief an alle anderen richtete, so z.B. die Briefe Abrahams vom 10.3.1914 und Freuds vom 17.11.1918.[3]

---

[1] Vgl. u.a. Grosskurth (1991), Schröter (1995), Wittenberger (1995).
[2] Freud (1965a), S. 163.

Zu 2. Dieser Abschnitt umfaßt die eigentliche Geschichte dieser Institution. In den Jahren 1920 bis 1926 wurden Rundbriefe im eigentlichen Sinne geschrieben, der erste stammt von Ferenczi und ist vom 20.9.1920. Insgesamt gibt es aus dieser Periode (September 1920 bis März 1926) ca. 400 *Rundbriefe.* Trotz des intensiven Rundbrief-Austauschs lief die private Korrespondenz der Mitglieder untereinander weiter. Freud beruhigte Abraham gleich nach der Einführung der neuen Praxis:

> Lieber Freund
> Ich habe nie daran gedacht, daß der Rundbriefverkehr unserem privaten Briefwechsel ein Ende machen soll.[4]

Und an Ferenczi schrieb er in gleichem Sinne:

> Auch habe ich gar nicht die Absicht, unsere Privatkorrespondenz in dem Komiteerundschreiben aufgehen zu lassen, so zweckmäßig sich auch dies letztere bewähren mag. [5]

Ferenczi war von der Trennung zwischen Rundbrief- und privater Korrespondenz offensichtlich angetan, denn er antwortet Freud:

> Die Privatkorrespondenz, von dem Ballast offizieller Mitteilungen befreit, kann an Intimität und Niveau nur gewinnen. Hier können wir einander – nebst persönlichen Mitteilungen – von keimenden Ideen (wissenschaftlichen) berichten, wie in der guten alten Zeit.[6]

Das Ende der eigentlichen Rundbrief-Korrespondenz genau zu datieren, ist nicht möglich. Es ist ein allmähliches Auslaufen der Korrespondenz, nachdem Otto Rank sich von Freud und seinen Kollegen aus dem Komitee getrennt hatte und Karl Abraham gestorben war.

Zu 3. Nach dem Innsbrucker Kongreß Anfang September 1927 konstituiert sich das *Geheime Komitee* als »Zentralleitungs-Komitee« (Vorstand)

---

[3] Beide sind in den vorliegenden Band aufgenommen worden.
[4] Freud (1965a), S. 295.
[5] Sigmund Freud-Sándor Ferenczi, 11.10.1920 (ÖNB).
[6] Sándor Ferenczi-Sigmund Freud, 16.10.1920 (ÖNB).

der IPV. Ab Ende Oktober 1927 beteiligt sich van Ophuijsen[7] – der auf dem Innsbrucker Kongreß Mitglied der Leitung der IPV wurde – an der *Rundbrief*-Korrespondenz. Aus dieser dritten Phase, die bis 1936 in die Zeit der fundamentalen Veränderungen in der Psychoanalytischen Bewegung durch die politischen Verhältnisse in Nazi-Deutschland reichte, konnten noch weitere 70 *Rundbriefe* gefunden werden. Hierbei handelt es sich jedoch nur insofern um »Rundbriefe«, als die Mitglieder der nun als »Zentralleitung« fungierenden Führungsgruppe der »Internationalen Psychoanalytischen Vereinigung«, die sich zum Teil aus den Mitgliedern des sich 1926 selbst aufgelösten Komitees konstituierte, die Tradition des Komitees weiterführten und in neuer Zusammensetzung eine »*Rundbrief*-Korrespondenz« einführten.[8]

2. Themen und Hintergründe

In dem ersten »offiziellen« Rundbrief vom 20. September 1920 formuliert Ferenczi, daß sich

> unser Briefwechsel ausschließlich mit Fragen der psychoanalytischen wissenschaftlichen Propaganda und Mitteilungen persönlicher Natur beschäftigen soll ...

Tatsächlich lassen sich die Themen der Rundbriefe unter diese sehr weitgespannte Formulierung subsumieren. Es geht um Daten von Kongreß-

---

[7] Johan van Ophuijsen (1882-1950) wurde in Sumatra geboren, studierte in Leiden und arbeitete von 1909 bis1913 im Burghölzli unter Bleuler. Zwischen 1927 und 1933 war er Vorsitzender der Holländischen Psychoanalytischen Vereinigung. Nach einem vorübergehenden Aufenthalt in Südafrika begann er 1935 am New Yorker Psychoanalytischen Institut zu lehren; vgl. Groen-Prakken & de Nobel (1992), S. 222f., Molnar (1996), S. 303.

[8] So berichtet Jones : »Nach dem Innsbrucker Kongreß änderten wir die Struktur des Komitees, indem wir unsere private Gruppe als Vorstand der Internationalen Vereinigung einsetzten. Eitingon wurde Präsident, Ferenczi und ich Vizepräsidenten, Anna Freud Sekretärin und van Ophuijsen Kassierer. Sachs, der jahrelang ein recht schweigsamer Partner gewesen war, schied aus«; vgl. Jones (1960-62), Bd. 3, S. 165.

terminen und Komiteesitzungen, Übersetzungen von Freuds Schriften, Finanzfragen, die Redaktionspolitik der Zeitschriften, Buchbesprechungen, Ausbildungsfragen, Personalpolitik, Ereignisse in den örtlichen Zweigvereinigungen und hin und wieder auch um Persönliches. *Doch durch die Erörterung dieser Themen scheinen immer wieder Konflikte und Spannungen hindurch, die aus einer Geschäftskorrespondenz – die die Rundbriefe vordergündig darstellen –, Dokumente zur inneren Dynamik einer Gruppe von Männern machen, von denen sich jeder mehr oder weniger Hoffnung machte, als Nachfolger Freuds auserkoren zu werden.*
Die Frage der Nachfolge Freuds war zu Beginn der Rundbriefkorrespondenz kein neues Thema. Spätestens seit er Jung zu seinem Kronprinzen gemacht hatte, war dieses Thema unter seinen Schülern und Mitarbeitern virulent. Zum ersten Mal spricht Freud von Jung als dem »Fortsetzer« seines Werkes und seinem »Nachfolger« im April 1907.[9] Wenig später nannte er ihn dann auch »Lieber Freund und Erbe«.[10] Doch schon im Januar 1909 erweiterte er den potentiellen Kreis der Privilegierten. An Ferenczi schrieb er:

> Ich finde, daß ich mit Rücksicht auf mein Alter den Platz für andere, die nach mir kommen, offenhalten muß, daß ich also alles nur für die Sache tue, die im Grunde wieder die meinige ist, d.h. daß ich durchaus egoistisch vorgehe. Unter meinen Nachfolgern und Fortsetzern soll Ihnen ja ein hervorragender Platz bestimmt sein.[11]

Und bereits anderthalb Jahre vor dem endgültigen Bruch mit Jung nimmt Freud das Thema wieder auf. Er offenbart Ferenczi gegenüber seine Zweifel an Jung und schreibt:

> Sein Ehrgeiz war mir ja bekannt, aber ich hoffte, durch die Stellung, die ich ihm geschaffen und noch vorbereite, diese Macht in meine Dienste gezwungen zu haben. Die Aussicht, solange ich lebe, alles selbst zu machen und dann keinen vollwertigen Fortsetzer zu hinterlassen, ist nicht sehr tröstlich. So gestehe ich Ihnen denn, daß ich keineswegs heiter bin und an dieser Kleinigkeit schwer zu tragen habe.

---

[9] Freud (1974a), S. 29, 36.
[10] Freud (1974a), S. 191.
[11] Freud (1993a), S. 88.

Jetzt lehne ich mich wieder an Sie und hoffe zuversichtlich, daß Sie mich nicht enttäuschen werden.[12]

Ferenczi ist sicher geschmeichelt, antwortet aber vorsichtig:

> Die Erwartung, daß ich Sie nicht enttäuschen werde, werde ich nach meinem Empfinden erfüllen – wenn Sie Ihre Erwartungen nicht zu hoch spannen. Was mein Verhältnis zu Ihnen als Menschen und zur ψα anbelangt, bin ich meiner sicher. Leider bin ich [mir] aber auch dessen bewußt, daß meine Kräfte wie auch meine persönliche und soziale Stellung es mir nicht ermöglichen, als würdiger Nachfolger das von Ihnen begonnene Werk fortzusetzen, wenigstens nicht in dem Maße, daß ich der »vollwertige Fortsetzer« sein könnte. (Das erwarten Sie ja auch nicht von mir!) Ich hoffe allerdings, daß ich bei zunehmender innerer Freiheit und unter günstigeren äußeren Verhältnissen einiges zur Förderung der gemeinsamen Sache werde beitragen können.[13]

Freud war in diesen Wochen offensichtlich ambivalent und schwankte zwischen Ferenczi und Jung hin und her. Denn am 5. März schreibt er wiederum an Jung, dessen Verdacht ahnend und als Frage formulierend:

> Glauben Sie von mir, daß ich auf der Suche nach einem anderen bin, der mir zugleich Freund, Gehilfe und Erbe sein kann, oder daß ich erwarte, so bald diesen anderen zu finden?[14]

Als der Bruch mit Jung dann endgültig vollzogen ist, stellte sich für Freud erneut die Frage, wer sein Werk fortsetzen solle. In dieser Situation erreicht ihn ein Brief Ferenczis mit den Sätzen:

> Es freut mich sehr, daß Sie den Abfall Jungs so leicht nehmen. Das beweist mir, daß Sie die krampfhafte Anstrengung, einen persönlichen Nachfolger zu kreieren, endgültig aufgegeben haben und die Sache der

---

[12] Freud (1993b), S. 41. Knapp vierzehn Tage vor diesem Brief an Ferenczi hatte Freud Jung nochmals versichert, daß er ihn als seinen Nachfolger bestimme. Vgl. Freud (1974a), S. 533.
[13] Freud (1993b), S. 42f.
[14] Freud (1974a), S. 546.

Analyse ihren Schicksalen überlassen, nachdem Sie doch für sie alles getan haben, was in Ihrer Macht stand.[15]

Dieser Brief war vom 6. August 1912. Kurz zuvor hatte Ferenczi bereits die Idee eines geheimen Komitees mit Jones und Rank besprochen.[16] Freud hatte diese Idee begeistert aufgenommen und in ihm einen kollektiven – im Gegensatz zu einem persönlichen – Nachfolger gesehen.[17] Trotzdem hielt er sich die Option offen, auch einzelne Personen zu favorisieren. Im Mai 1917 deutet sich zum ersten Mal an, daß Ferenczi nicht mehr der einzige potentielle Nachfolger ist. An Karl Abraham schreibt Freud nämlich:

> Ich finde, ich habe meine Zeit gehabt, bin nicht deprimierter als sonst, also sehr wenig, und tröste mich mit der Versicherung, daß meine Arbeit in den guten Händen von Fortsetzern liegt wie Sie und Ferenczi und vielleicht noch anderen ...[18]

Abraham war dann lange der Favorit Freuds[19], und Ferenczi blieb im Hintergrund. Doch in Wien hatte sich Otto Rank durch seine Funktionen

---

[15] Freud (1993b), S. 118.

[16] Freud (1993e), S. 146; Jones (1960-62), Bd. 2, S. 186.

[17] Als das Komitee mehr als 10 Jahre später auseinanderzubrechen drohte, schrieb Freud an Ferenczi: »Ich habe das Komitee überlebt, das mein Nachfolger werden sollte, vielleicht überlebe ich noch die Intern[ationale] Vereinigung. Hoffentlich überlebt mich die Psychoanalyse.« Sigmund Freud-Sándor Ferenczi, 20.3.1924 [ÖNB].

[18] Freud (1965a), S. 238f.

[19] Noch im Nachruf auf den Verstorbenen schreibt der Meister: »Unter allen, die mir auf die dunklen Wege der psychoanalytischen Arbeit gefolgt waren, erwarb er eine so hervorragende Stellung, daß nur noch ein Name neben seinem genannt werden konnte. Das Vertrauen der Mitarbeiter und Schüler, das er in uneingeschränktem Maße besaß, hätte ihn wahrscheinlich zur Führerschaft berufen und sicherlich wäre er ein vorbildlicher Führer zur Wahrheitsforschung geworden, unbeirrt durch Lob und Tadel der Menge, wie durch den lockenden Schein eigener Phantasiegebilde.« vgl. Freud (1926b), S. 564. Und Ludwig Binswanger schrieb nach Abrahams Tod an Freud: »Da ich alle Phasen des Entwicklungsganges Ihres Verhältnisses zu Jung miterlebt habe, habe ich besonders lebhaft mit Ihnen empfunden, was es heißt, zum zweiten oder dritten Mal den wissenschaftlichen Erben zu verlieren.« Vgl. Freud (1922a), S. 204.

als Sekretär der Mittwoch-Gesellschaft und Geschäftsleiter des Internationalen Psychoanalytischen Verlags so unentbehrlich gemacht, daß er von den anderen Komiteemitgliedern zunehmend als »Bedrohung« empfunden werden mußte.
Als die eigentliche Rundbriefkorrespondenz im Jahre 1920 einsetzt, besteht also folgende Situation: Freud hatte einmal einen Kronprinzen, d.h. Nachfolger für sich bestimmt und eine große Enttäuschung erlebt. Er hatte dann seine Hoffnungen in das »Geheime Komitee« als kollektiven Erben gesetzt, gleichzeitig aber mindestens Zweien seiner Mitglieder – Abraham und Ferenczi – Hoffnungen auf die Rolle des offiziellen »Fortsetzers« gemacht und ein drittes Mitglied – Rank – mit von anderen beargwöhnten Vollmachten ausgestattet. Eitingon und Sachs haben sich nie in diesen Konkurrenzkampf eingemischt, nur Jones machte seinen Führungsanspruch in den von ihm verfaßten Rundbriefen implizit geltend.
Alle Auseinandersetzungen und Meinungsverschiedenheiten, die sich in den Rundbriefen niederschlagen, müssen auf dem Hintergrund dieser Konstellation gesehen werden. Besonders problematisch war der Konflikt zwischen Rank auf der einen und Abraham und Jones auf der anderen Seite.
Auslöser dieses Konflikts war das von Rank und Ferenczi gemeinsam verfaßte Buch *Entwicklungsziele der Psychoanalyse*.[20] Abraham brachte seine Mißbilligung dadurch zum Ausdruck, daß er die Besprechung des Werkes seinem Schüler Franz Alexander[21] übertrug.[22] So wurde er – sei-

---

[20] Rank & Ferenczi (1924).
[21] Franz Gabriel Alexander (1891-1964) war Psychiater, siedelte 1920 nach Berlin über, dort psychoanalytische Ausbildung. Im Herbst 1921 Mitarbeiter an der Poliklinik, ab 1923 als Mitglied der Berliner Vereinigung belegt. Ab 1924 als Dozent des Berliner Psychoanalytischen Instituts. Im Mai 1930 bekommt A. eine Einladung zum internationalen Psychohygiene-Kongreß nach Washington. Dem folgte eine Einladung als Gastprofessor nach Chicago. Auf seine Bitte hin wurde die Gastprofessur für Psychiatrie in eine für Psychoanalyse umgewandelt. Damit war er der erste amerikanische Professor für Psychoanalyse. Anfeindungen in Chicago veranlaßten A. nach Auslaufen des Gastvertrages eine eigene psychoanalytische Vereinigung zu gründen. Hierzu gehörten Leo Bartmeier und Karl Adolph Menninger. 1932 wurde ein Institut gegründet und durch Karen Horney aus Berlin verstärkt; vgl. u.a. Peters (1992), S. 320-327.
[22] Alexander (1925).

ne scheinbare Neutralität wahrend – zum eigentlichen Kritiker des Buches. Aber auch von Jones wurde das Buch kritisch beurteilt.[23]
Außerdem bot Ranks Arbeitsweise und seine Auffassung, wie Probleme behandelt und gelöst werden sollten, genügend Angriffsflächen für Kritik. So stellte z.B. Abraham ziemlich resigniert fest, daß man müde wird,

> Vorschläge zu machen, wenn man ihr Schicksal kennt! Ich persönlich bedauere, daß beide letzten Briefe nicht durch Ihre Hände, l. Herr Professor, gegangen waren.[24]

Hier konfrontiert Abraham nicht nur Rank, sondern auch Freud und unterstellt, daß letzterer sich um die Geschäfte des Komitees zu wenig kümmert, oder daß Rank eigenmächtig handelt. Etwas vorsichtiger ist ein Brief von Jones:

> A Vienna letter some time ago rightly pointed out to Berlin that their Rundbrief is more valuable when it is signed by all three. May I venture to make the same remark now about Vienna?[25]

Freud wollte diese indirekten Anschuldigungen nicht einfach stehen lassen und so schrieb er im November 1922 einen ausführlichen Rundbrief, in dem er versuchte, Ordnung in das Chaos der Gruppendynamik zu bringen und die Komiteemitglieder zu versöhnen. Hier einige Kernsätze dieses Briefes:

> Liebe Freunde!
> Eine Bemerkung in Abrahams letztem Rundbrief veranlaßt mich, in diesem Brief selbständig aufzutreten und das Wort direkt an Euch zu richten. Ehe ihr aber weiter lest, bitte, vergeßt nicht daran, daß eine besondere Einschränkung des intellektuellen Horizonts, sowie eine künstliche Aufhöhung der emotionalen Besetzung für alles Folgende erforderlich werden. Wie unsere Beziehung zueinander im Komitee einmal ist, gegründet zumindest auf großen Respekt vor dem anderen und absolute Interessengemeinschaft, läge es weit näher, einen Standpunkt einzunehmen, von dem aus gesehen Eure gegenwärtigen Dissonanzen unter die Wahrnehmungsschwelle fallen.

---

[23] Jones (1960-62), Bd. 3, S. 75f.
[24] RB 12.11.1922/B.
[25] RB 21.12.1921/L.

Abraham hat sein Bedauern ausgedrückt, daß die beiden letzten Briefe Ranks nicht durch meine Hände gegangen sind, als ob er mir ein derartiges Benehmen oder solche Äußerungen niemals zutrauen würde. Nun, daran ist etwas irrig. Die Rundbriefe sind von uns beiden gemeinsam entworfen und werden mir nach der Ausfertigung nochmals vorgelegt. Es steht also nichts drin, wofür ich nicht die Verantwortung mitzutragen hätte. Abrahams Vermutung sehe ich gewiß im freundschaftlichsten Licht, aber ich kann es doch nicht unterstützen, wenn irgendwo eine Neigung bestehen sollte, Affekte, die mir gelten, an Rank zum Vorschein zu bringen.
[Nun geht Freud ausführlich auf das Verhältnis von Jones und Rank ein und endet seinen Brief mit den Sätzen]:
So sehe ich die Situation und wiederum finde ich keinen Grund Rank, der diesmal, wie immer bisher, sein Letztes gibt, Vorwürfe zu machen. Ich meine, es wäre keinem von Euch eingefallen, wenn fremde Affekte nicht die freundschaftliche Einstellung trüben würden. Mich aber solltet Ihr nicht in die parteiische Rolle des alten Attinghaus[26] drängen, dessen letzte Worte bekanntlich lauteten:
Seid einig – einig – einig.

Ich lebe noch und hoffe Euch erhaben über derartige Empfindlichkeiten, durch gemeinsame Arbeit untrennbar verbunden zu sehen.

Freud«[27]

Freud macht hier deutlich, daß er zwischen sich und Rank keinen Keil treiben läßt. Ferenczi stellt sich sofort auf Freuds Seite, doch weder Freuds Versuch, in Richtung London und Berlin sachlich zu argumentieren, noch Ferenczis Beschwörung von Gemeinsamkeit ändern das Gruppenklima. Abraham stellt in einem ausführlichen Brief Anfang Dezember 1922 die Situation aus Sicht der drei Berliner Mitglieder dar:

De Papa male informato ad Papam melius informandum.[28]

---

[26] Werner Freiherr von Attinghausen; Bannerherr in Schillers *Wilhelm Tell*. Seine letzten Worte lauten:»Hochwachten stellet aus auf euren Bergen, daß sich der Bund zum Bunde rasch versammle – Seid einig – einig – einig«; Schiller (1962), Bd. 2, S. 999.
[27] RB 26.11.1922/W

Berlin, 03.12.22

Liebe Freunde,
Dieser Brief sollte eigentlich am 1.12. geschrieben sein. Durch Überlastung mit anderen Arbeiten komme ich erst heute dazu. Aber die Verzögerung ermöglicht es mir, auf Ihren gestern eingetroffenen Brief, l. Herr Professor, zu antworten. Ich bedaure nur, daß mein privates Schreiben an Rank Ihnen noch nicht vorgelegen hatte. Wenn Sie es inzwischen gesehen haben, so haben Sie darin sicher meine Bereitwilligkeit erkannt, das Sachliche sachlich und das Persönliche konziliant zu behandeln. Jedenfalls enthebt es mich der Notwendigkeit einer nochmaligen Erörterung des Herganges. Herzlich würde ich mich freuen, die Angelegenheit zwischen Dir, l. Otto, und mir durch den Briefwechsel beglichen zu sehen. Wenn ich dagegen auf Ihr Schreiben, l. Herr Professor, genauer eingehe, so will ich nicht verfehlen, zuvor zu sagen, daß Ihr Appell seinen Eindruck auf mich, wie auf uns alle ausgeübt hat, und daß er gewiß wie nichts anderes dazu beitragen wird, das gute Einvernehmen unter uns zu fördern. Wenn ich also im Folgenden einige Einwände erhebe, so mögen Sie darüber nicht vergessen, daß die Übereinstimmung im *Wesentlichen* dadurch nicht berührt wird. Ich halte eine tiefer greifende Meinungsverschiedenheit eigentlich für ausgeschlossen!
Sie finden einen Gegensatz zwischen meinen sonst gezeigten Charaktereigenschaften und meinem Verhalten in dem vorliegenden Falle und schließen auf eine fernere Quelle. Sie haben Recht; aber wo ist die Quelle?
Seit Beginn unseres Rundbriefwechsels mußte ich öfter gegen vorschnelle Urteile und übereilte Bestimmungen Ranks protestieren. In größerem Umfang war das in diesem Sommer nötig aus Anlaß der Kongreßvorbereitungen. Ich habe die Erörterungen stets in versöhnlichem Geiste geführt. In den Ferien und beim Kongreß trafen Rank und ich zusammen und unser Einvernehmen war so gut wie nur denkbar. Kaum aber hatte der Briefwechsel im Oktober wieder begonnen, so traten wieder ähnliche Erscheinungen im Wiener Brief hervor, dieses Mal gegenüber Jones. Gerade weil ich persönlich unbeteiligt war, erinnerte ich im Brief vom 16.X. (oder 1.XI.) an unser allseitig gutes Einvernehmen bei persönlichem Zusammensein und warnte vor Störungen durch unnötige Schärfen in der Korrespondenz. Dieser Aufruf zur gegenseitigen Rücksichtnahme, der neue Reibungen verhüten sollte, wurde im folgenden Wiener Brief leider nicht

---

[28] »Vom schlecht unterrichteten Papst an den besser zu unterrichtenden Papst«. Mit diesen Worten leitet Luther seine Appellation vom 16. Oktober 1518 an Papst Leo X. ein, in der er seine Sicht des Verlaufs der Diskussionen mit Cardinal Cajetan in Augsburg darstellt; vgl. Schaff (1998).

beachtet. Dieser führte vielmehr zu den Erörterungen zwischen Rank und Jones resp. zwischen Rank und mir. Das mußte mich peinlich berühren! Sie sehen jedenfalls, daß meine 'Reizbarkeit' nicht gar so akut entstanden ist, sondern wirklich aus älterer Quelle stammt. Mein Bedauern, daß die 2 Briefe von Ihnen, l. Herr Professor, nicht unterzeichnet waren, bezog sich nicht auf den sachlichen Inhalt. Denn es erscheint mir ausgeschlossen, daß Rank etwas an uns schreibt, womit Sie inhaltlich nicht einverstanden wären. Ich hatte nur die Form im Auge. Und ich kann mich auch jetzt dem Eindruck nicht entziehen, daß Ihr Einfluß wohl zur Vermeidung mancher formaler Schärfen hätte führen können. Das zeigt am besten Ihr Brief, der bei aller Bestimmtheit doch ebenso sehr jede verletzende Schärfe vermeidet wie auch den lehrhaften Ton, den Rank nicht selten annimmt. Im Übrigen ist zu sagen, daß jede im Wiener Brief enthaltene Meinungsäußerung eine andere Wirkung erhält, wenn Ihre Unterschrift uns zeigt, daß Sie auch die *Form* der Mitteilung billigen.

....

Der Idee einer vaterlosen Zusammenkunft, l. Herr Prof., stimme ich unumwunden zu. Offensichtlich ist die Brüderhorde in Ihrer Anwesenheit *zu* einig, nicht allerdings in der Feindschaft gegen den Vater, sondern durch ein Gefühl der Verpflichtung, Ihnen zuliebe alle Differenzen auszuschalten. Ein Zusammensein, wie Sie es anregen, würde dem Ausgleich vortrefflich dienen. Allerdings muß ich an diese meine Zustimmung eine Bedingung knüpfen; daß nämlich eine nachherige Zusammenkunft mit Ihnen nicht ausgeschlossen würde!![29]

Auch Ernest Jones antwortete umgehend auf Freuds Rundbrief:

I cannot presume to speak for Abraham, which explains the purely personal note in what follows. Let me begin by expressing my regret that Professor should have had occasion to write such a letter and by giving my word that for my part I will do all I can to further his aim of restoring the original harmony. When Professor rightly contrasts the mutual regard and identity of

---

[29] RB 3.12.1922/B; obwohl der Brief von Sachs mitunterzeichnet ist, hat Abraham ausdrücklich hervorgehoben, daß es sich bei dem Niedergeschriebenen um seine persönliche Meinung handelt, und Sachs die seine gesondert darstellen wird. Diese angekündigte Differenzierung ist aber nicht beigefügt. Sachs hat also seine Stellung zu Rank entweder nicht in diesem Brief darstellen wollen oder sich mit dem identifizieren können, was Abraham dazu geschrieben hatte.

interest characteristic of our Committee with the relative unimportance of the differences then there can be only one single-hearted answer. Further, I am glad to be able to agree entirely with his opinion that in these differences there is nothing »wirklich Arges«. Still, while there is no danger of overestimating them, it is also wise not to underestimate them, and my confidence in the unshakeable solidarity of the Committee gives me courage to discuss frankly matters which perhaps in another circle would be avoided. For while no one could agree more cordially than I with the fundamental aim of Professor's letter, it would not be honest if I pretended to be equally convinced, in spite of all the respect that I feel towards him, of the method he proposes for achieving this aim.

Professor's conclusion is that Abraham and I display a neurotic response to a normal stimulus applied by Rank, so that the remedy would lie in our recognising our neuroses on the one side and the impeccable correctness of Rank on the other. For me, on the contrary, the reaction seems much more a normal, though delayed, response to a long series of instances where Rank has shown grave discourtesy and lack of consideration.

In my own case Professor goes further in his diagnosis and maintains in effect that my reaction towards Rank is a displacement of an antagonistic attitude towards himself engendered by his recent criticism of me in private letters. It is true that such reactions, even if originating consciously, tend to get connected with unconscious material, but in this case I have been unable to confirm Professor's suggestion because the analysis goes in another direction. In spite of his and Rank's constant endeavours to identify themselves in this respect, my own feelings remain very different towards both and are not even a pair of contrasts. In fact, like Abraham, I could not believe that Professor actually read the Vienna Rundbriefe and was surprised to learn from his letter that he did so.

The following facts also negative this solution: (1) The chronology does not agree. Professor's criticisms of me began only last April, while my protests to Rank are of far older date. (2) When there is a displacement of affect from one person to another there is usually some similarity in the complaint. Now it could occur to no one to accuse Professor of the sort of things I have commented on in regard to Rank.

On which side between Rank and myself there has been most manifestation of uncontrolled affect, with distortion of the actual facts, the various Rundbriefe bear witness to any impartial judge; it will be seen that my side has been mostly confined to cold re-statement in defence. If in these circumstances I, who after all have had some, need analysis, then how much truer must this be for Rank, who has had none. I do not deny that it would help me in general – no psycho-analyst could deny this – and I shall take any opportunity that presents itself.

After making these comments on Professor's conclusions it is incumbent on me to make some positive propositions from my side. I am willing to admit that I have cared too much, and therefore been too sensitive, about Rank's attitude towards me. I am taking all the steps in my power, analytically, to bring this under better control. On the other side I should find this easier if Rank were able to accede to what seems to me a simple and fair request – to adopt a similar tone to that used by other members of the Committee to one another. He may be sure that the slightest overture of friendliness on his part will meet with no lack of generosity on mine. Even if he cannot bring himself to change his past attitude I will nevertheless endeavour to suppress any reaction on my side, but Professor will hardly expect then that the Committee will be so ideally harmonious as it might have been and as it is my earnest wish that it may always be.[30]

Diese beiden Antwortschreiben von Abraham und Jones zeigen, daß Freuds Brief sein Ziel nicht erreicht hatte, und beide große Mühe hatten, ihre Aggressionen zu unterdrücken. So beginnt z. B. Abraham mit dem Bedauern darüber, daß sein privates Schreiben an Rank dem Professor noch nicht vorgelegen habe, als er den Brief vom 26.11. geschrieben habe. Sonst, so scheint anzuklingen, wäre Freuds Brief anders ausgefallen. Freud widerspricht dieser Deutung später entschieden. Auch die Beteuerung, daß der Appell das gute Einvernehmen fördern würde, ist eine Verkehrung ins Gegenteil. Es wird vielmehr daran deutlich, daß Freuds Intervention als Anlaß zu weiterer Störung gesehen werden muß.

Auch Jones, der es bedauert, daß der Professor überhaupt in die Lage gekommen ist, einen solchen Brief zu schreiben, kann nur schwer verbergen, mit welcher Wut es ihn erfüllt, daß Freud es wagte, ihm eine Diagnose zu stellen. So wie Freud ihm eine Affektverschiebung auf Rank vorhält, so kontert Jones, daß er zwar sehe, wie sich Freud und Rank bemühten, eine gemeinsame Front zu bilden, aber er wisse, daß seine Gefühle diesen beiden gegenüber nicht identisch und auch kein Kontrastpaar sind. Und dann geht er zum Gegenangriff über: Er könne »ebensowenig wie Abraham begreifen, daß der Herr Professor die Wiener Briefe wirklich gelesen« haben soll. Diese Bemerkung unterstellt, daß Freud lügt. Auch dagegen wird sich Freud wehren. Den Höhepunkt der Jonesschen Attacke stellt Punkt (2) dar.

---

[30] RB 4.12.1922/L.

Hier will er Freud zeigen, daß er die psychoanalytische Theorie der Abwehrmechanismen besser beherrscht als der Meister selbst. Denn wenn es eine Verschiebung von einer Person auf eine andere gibt, dann sind da gewöhnlich auch Ähnlichkeiten im Inhalt, d. h. hier im Charakter, vorhanden. Die Tatsache, daß Jones einen »unparteiischen Richter« anruft, der bestätigen könnte, daß er sich nur in einer Verteidigungsposition befinde, unterstellt, daß Freud den Konflikt mit Rank, in den er sich nun als Dritter eingeschaltet hatte, nicht mehr unabhängig beurteilen könne. Und hier scheint Jones der Realität ziemlich nahe gekommen zu sein. Da die institutionellen Interessen der Wiener sich von seinen unterschieden, konnte Jones sich an dieser Stelle sehr sicher fühlen; das verleitete ihn zu einer weiteren Attacke: Als Resümee stellt er fest, daß er in all diesen Angelegenheiten zu dem Schlusse kommen müsse, daß wenn überhaupt jemand ein Stück Nachanalyse brauche, dies Rank sei und nicht er.[31]

Am 20.12.1922 schrieb Rank in einem sehr persönlichen Rundbrief, der Freuds Schreiben ergänzen sollte, u.a. den Satz:

> In solchen Zeiten oder Situationen hätte ich mir gewünscht, daß unsere Freundschaft mir geholfen hätte, anstatt jede meiner Äußerungen unter die Lupe der kritischen Beurteilung zu nehmen und mir vorzuhalten, ich sei schuld, wenn nicht alles glatt ginge.[32]

Rank spürt hier sehr genau, daß es Abraham und Jones eigentlich nur darum ging, ein Haar in der Suppe zu finden, um Ranks Stellung bei Freud schwächen zu können. Er machte dann am 18.3. den Vorschlag, die Rundbriefe nur noch einmal im Monat zu schreiben – Abraham hatte am 24.11.1920 vorgeschlagen, jeweils am 1., 11. und 21. eines jeden Monats zu schreiben. Alle Mitglieder sind nun scheinbar mit Ranks Vorschlag einverstanden. Doch bereits vier Wochen nach Ranks Vorschlag kommt aus Berlin folgendes Schreiben:

> Liebe Freunde,
> der einmonatliche Abstand der Briefe erscheint uns schon jetzt nicht haltbar und darum ergreifen wir die Initiative, um ihn wieder zu ändern. Anlaß da-

---

[31] Damit ist indirekt angesprochen, daß nicht nur Rank nicht regelgerecht analysiert worden ist, sondern Freud auch nicht.
[32] RB 22.12.1922/W.

zu ist die Notwendigkeit, schon jetzt die Zusammenkunft im Sommer oder Herbst vorzubesprechen.[33]

Die erwähnte Zusammenkunft fand dann am 26. August 1923 in San Cristoforo statt. Im Vorfeld des Treffens hatte Ferenczi die Hoffnung geäußert, daß das »volle Einverständnis« zwischen Rank und Abraham wiederhergestellt werden könne. Hinsichtlich der Beziehungen zwischen Rank und Jones hatte er seine Zweifel.[34] Und tatsächlich forderte Rank in San Cristoforo den Ausschluß Jones' aus dem Komitee.[35]
Doch es waren nicht die Auseinandersetzungen, die diese Zusammenkunft in Südtirol für die weitere Entwicklung so bedeutsam machten. Entscheidend war etwas anderes: Die Tatsache, daß die Komiteemitglieder hier von Freuds Krebserkrankung erfuhren.[36]
Ende Februar 1923 hatte Freud erste Anzeichen einer Veränderung im Mundhöhlenbereich entdeckt.[37] Am 7. April bittet Freud Felix Deutsch, sich seinen Gaumen anzusehen. Obwohl Deutsch Krebsverdacht hat, stellt er die Diagnose »Leukoplakie«.[38] Am 28. April konsultiert Freud den Rhinologen Markus Hajek und den Dermatologen Maximilian Steiner wegen der »Leukoplakie«. Hajek operiert ihn in seiner Klinik und Freud bleibt dort 2 Tage. Als es zu einer postoperativen Blutung kommt, rettet ein zwergwüchsiger Kretin Freud das Leben, indem er Hilfe holt.[39]
Ernest Jones schreibt, daß zur Zeit des Treffens in San Cristoforo »weder Freud noch sonst jemand von der Bösartigkeit der Krankheit« gewußt habe – mit Ausnahme der Ärzte und Rank.[40] Diese Äußerung von Jones darf jedoch ernsthaft bezweifelt werden. Sowohl Freud, als auch die anderen

---

[33] RB 22.4.1923/B.
[34] Sándor Ferenczi-Sigmund Freud, 21.8.1923 (ÖNB).
[35] Jones (1960-62), Bd. 3, S. 74.
[36] Nur Otto Rank wußte – vermutlich durch Felix Deutsch – von der Krebsdiagnose. Er mußte aber schwören, diese Information geheimzuhalten; vgl. Grotjahn (1984), S. 326. Diese Situation hat sicher nicht dazu beigetragen, Ranks Beziehungen zu den anderen Komiteemitgliedern zu entspannen.
[37] Jones (1960-62), S. 113.
[38] Deutsch (1973), S. 298f.
[39] Vgl. u.a. Deutsch (1973), S. 299f. Sigmund Freud-Sándor Ferenczi Briefwechsel, 10.5.1923 (ÖNB), Gay (1989), S. 471, Jones (1960-1962), Bd. 3, S. 113f., Romm (1983), S. 1.
[40] Jones (1960-62), Bd. 3, S. 74.

Komiteemitglieder – Jones eingeschlossen – scheinen zumindest die Möglichkeit einer bösartigen Geschwulst in Betracht gezogen zu haben. Für diese Deutung sprechen viele Indizien, u.a. Freuds Brief an Karl Abraham vom 8. April 1923, also vom Tag nach der »Leukoplakie-Diagnose« von Felix Deutsch. In diesem Brief findet sich der Satz:

> Allmählich werden Sie sich doch an den Gedanken gewöhnen müssen, daß ich sterblich und hinfällig bin.[41]

Freud war sich wohl über die Diagnose völlig klar, sonst hätte er nicht Felix Deutsch gebeten, ihm dazu zu verhelfen, »mit Anstand aus der Welt zu verschwinden«, falls er zu einem schmerzhaften Sterben verurteilt sei.[42]

Auch Jones hatte schon im April einen ernsthafteren Verdacht, dessen Entstehung er so beschrieb:

> Das erste, was ich darüber vernahm, stand in einem Brief vom 25. April: »Ich habe vor zwei Monaten eine leukoplastische Geschwulst an meinem Kiefer und Gaumen, rechtsseitig, entdeckt, die ich am 20. entfernen ließ. Ich arbeite noch nicht, kann nicht schlucken. Meine eigene Diagnose lautet auf Epitheliomie, sie wurde aber nicht gelten gelassen. Die Schuld an dieser Rebellion der Gewebe wird dem Rauchen gegeben.« Leukoplakie ist im Alter von siebenundsechzig nicht so verhängnisvoll wie im Alter von siebenundfünfzig und noch weniger als mit siebenundvierzig Jahren. Darum hielt ich es für eine lokale Beschwerde, die er nun losgeworden sei. Das einzige, was mich dabei etwas beunruhigte, war, daß Freud die Sache mir gegenüber überhaupt erwähnte. Es entsprach nicht seiner Gewohnheit, außer Ferenczi mit jemandem über seinen Gesundheitszustand zu sprechen – und selbst das hatte ich damals nicht gewußt – so daß ich mich doch fragte, ob das, was er jetzt auf die leichte Schulter nahm, nicht etwas Ernsteres sei.[43]

---

[41] Freud (1965a), S. 313.
[42] Jones (1960-62), Bd. 3, S. 113.
[43] Jones (1960-62), Bd. 3, S. 113.

Im Oktober spricht Freud bereits offen über den Krebs. Nach dem Tod seines Schwagers Eli Bernays[44] schreibt er an dessen Sohn Edward:[45]

> Als Du mir am 2. Oktober schriebst, hattest Du für Deinen Vater noch Hoffnung. Erst in den letzten Tagen wurde ich über die Ereignisse informiert. Du hast anscheinend recht gehabt, als Du Judith nach Amerika zu kommen batest. Du weißt, daß es mir schwerfällt, mehr über dieses Thema zu schreiben. Langjährige Konstellationen können nicht durch Zufall oder plötzliche Ereignisse geändert werden. In der Zwischenzeit habe ich meine zweite Operation[46] durchgemacht (eine Krebsoperation am Kiefer), die mir (so verspricht man es mir) länger als die erste Erleichterung wird.[47]

Spätestens ab diesem Zeitpunkt wußten auch alle Komiteemitglieder um die Ernsthaftigkeit von Freuds Erkrankung. Und dieses Wissen belebte

---

[44] Eli Bernays (1860-1923). Bruder von Freuds Frau Martha. Er heiratete 1883 Freuds Schwester Anna. 1884 gründete er ein Reisebüro in Wien. Im Jahre 1892 emigrierte er mit seiner Familie nach Amerika; vgl. u.a. Freud-Bernays (o.J.). Das Verhältnis zwischem ihm und Freud war seit den 80er Jahren aus verschiedenen Gründen belastet; vgl. u.a. Jones (1960-62), Bd. 1, S. 167.

[45] Edward Bernays (1891-1995). Sohn von Freuds ältester Schwester Anna und deren Mann Eli Bernays, dem Bruder von Freuds Frau Martha. Als er ein Jahr alt war, emigrierten seine Eltern nach New York. Bernays studierte an der Cornell University Landwirtschaft, arbeitet nur kurz in diesem Bereich und begann in der Redaktion einer medizinischen Zeitschrift zu arbeiten. Nebenbei fing er an, ein Buch über die Tabus gegenüber Geschlechtskrankheiten zu popularisieren. Nach dem 1. Weltkrieg gründete er mit seiner Frau Doris (geb. Fleischmann) das erste Büro für Public Relations. Zu ihren ersten Kunden gehörte das U.S. War Department. Der Durchbruch kam mit seiner Arbeit für Procter & Gamble (vgl. Britannica CD. Version 97. Encyclopaedia Britannica, Inc., 1997; vgl. auch Freud-Bernays (o.J.). Freud hatte hin und wieder Kontakt zu ihm, so schlug er ihm im Oktober 1920 vor, für eine amerikanische Zeitschrift eine Serie von populärwissenschaftlichen Artikeln zur Psychoanalyse zu schreiben. Der Titel des ersten Artikels sollte sein: »Man soll die Psychoanalyse nicht in Polemiken verwenden«; Freud (1965b), S. 185f.

[46] Hier ist die Frage, was man als Operation betrachtet; zählt man die Eingriffe am 26.9. und 4.10. dazu, dann war die von Freud erwähnte Operation bereits die vierte.

[47] Freud (1965b), S. 194.

die Nachfolge-Frage erneut. Sie wurde auch jetzt nicht explizit gestellt, schwebte aber weiterhin im Raum und erhielt immer wieder neue Nahrung. So verkündete Freud im März 1924 Ferenczi gegenüber, er habe

> die feste Absicht, die Leitung der Wiener Gruppe niederzulegen, da ich abends zu müde bin, die Sitzungen zu besuchen, und es ist kein Zweifel, daß er [Rank] mein Nachfolger werden wird.[48]

Doch nur zwei Monate später bietet Freud diesen Posten Ferenczi selbst an:

> Ich glaube, wenn Sie hier sind, wird man Sie anstelle von Rank zu meinem Nachfolger wählen, und das hätte die zwei großen Vorteile, daß Sie Arzt sind und daß Sie über eine persönliche Autorität und eine Leistungsfähigkeit als Lehrer verfügen, die ihm doch nicht zu Gebote stehen.[49]

Nachdem auch zwischen Freud und Rank die Probleme zunahmen, schliefen die Rundbriefe langsam ein. Als der endgültige Bruch Ende 1924 unvermeidlich schien, bekannte Ferenczi:

> Ich kann unserem Freunde Ernest die traurige Genugtuung nicht versagen in der Beurteilung der Persönlichkeit Ranks der Wahrheit näher gestanden zu sein, als ich. Nach der Erfahrung der letzten Monate sehe ich mich gezwungen auf jede Art von Vermittlung zwischen Rank und Herrn Prof. zu verzichten, ja gegen gewisse nicht ungefährliche Tendenzen Ranks einzuschreiten. Um dies ersprießlicher tun zu können, unterstütze ich den vom H. Prof. gemachten Vorschlag, das Komité und die Komité-Korrespondenz wiederherzustellen und bitte die einzelnen Mitglieder des früheren Komités um Ihre Äußerung hierüber.[50]

Jones antwortete umgehend und schlug auch gleich Ersatz für Rank vor:

> The question will naturally arise whether we wish to adopt any fresh members. I have myself no definite opinion about this, but suppose that

---

[48] Sigmund Freud-Sándor Ferenczi, 26.3.1924 [ÖNB].
[49] Sigmund Freud-Sándor Ferenczi, 28.5.1924 [ÖNB].
[50] RB 16.11.1924/Bp.

the persons most under consideration are Fräulein Anna Freud (both for her own sake and because she would be useful in her father's correspondence), Radó[51], Alexander, James Glover and Mrs. Riviere.[52]

Aus Berlin kam eine enthusiastische Antwort:

> Mit besonderer Freude begrüßen wir die Bereitschaft des Herrn Professor, an unserem Briefwechsel in der alten Weise teilzunehmen. Wir hatten erwartet, daß Fräulein A n n a die Korrespondenz führen werde. Doch sind wir nicht damit einverstanden, daß sie lediglich als Sekretärin ihres Vaters mitwirkt, sondern möchten sie als gleichberechtigtes Mitglied in unseren Kreis aufnehmen, damit sie auch an unseren Beratungen gelegentlich unserer Zusammenkünfte teilnehmen kann.[53]

Und am 15. Dezember schrieb Freud:

---

[51] Sándor Radó (1890-1972). Er hatte mit der Räteregierung zusammengearbeitet und emigrierte schließlich nach Berlin. Brill holte Radó im März 1931 zum Aufbau des New Yorker Instituts nach Amerika. Schon zu diesem frühen Zeitpunkt gab es Analytiker – darunter auch Radó – die politische Gründe für ihre Übersiedlung nach Amerika angaben. Radó konzipierte das New Yorker Institut nach dem Berliner Modell und prägte damit sowohl die institutionellen Strukturen als auch die nachfolgende Generation der Analytiker in starkem Maße. Er machte das Institut zu dem, was es bis heute ist: das älteste »angesehenste und anspruchsvollste der USA«. Über lange Zeit beherrschte Radó alle wichtigen Seminare und Vorlesungen, aber auf Grund seiner biologistischen Grundeinstellung entfremdete er sich bereits früh dem engeren Kreis um Freud. Ab 1944 verließ er die New Yorker Vereinigung und übernahm die Ausbildung der Analytiker an der Universität Columbia im College of Physicians and Surgeons; vgl. Harmat (1988), S. 246; Vgl. Peters (1992), S. 101, Anm. 9; Peters, (1992), S. 125 ff.; Harmat, (1988), S. 246 ff.
[52] Joan Riviere (1883-1962). Freud-Übersetzerin und erste Laienanalytikerin Englands. Sie begann 1916 eine Analyse bei Jones, wurde 1919 Gründungsmitglied der British Psycho-Analytical Society, kam 1922 nach Wien, um bei Freud ihre Analyse fortzusetzen. Begann bereits 1920 Freuds Werke ins Englische zu übersetzen. 1924 näherte sie sich den Ideen M. Kleins an und wurde eine der wichtigsten Vertreterinnen Kleinscher Theorien und Lehranalytikerin in London; vgl. Gast (1996); RB 20.11.1924/L.
[53] RB 26.11.1924/B.

Liebe Freunde!
Wir eröffnen heute die Korrespondenz, deren Unterbrechung ich lebhaft bedauert hatte. Das neu eintretende Mitglied, meine Tochter und Sekretärin, weiß die Anerkennung zu schätzen.[54]

Damit waren plötzlich völlig neue Verhältnisse geschaffen. Freud hatte Anna zu seiner Sekretärin gemacht und außerdem war sie vollwertiges Mitglied des Komitees geworden. Als dann Karl Abraham am 25. Dezember 1925 starb, schien die Frage der Nachfolge geklärt: Es stand nicht mehr zur Debatte, wer Freuds potentielle »Nachfolger«, »Fortsetzer«, »Erben« oder »Söhne« sind, sondern die Sache war entschieden: Es war (s)eine Tochter.

Es ist bezeichnend, daß mit dieser Promotion Anna Freuds auch der geheime Charakter des Komitees und der Korrespondenz für die Mitglieder seinen Sinn verlor. Aus Berlin ließ man verlauten:

Übrigens sind wir der Ansicht, daß die Tatsache unseres Briefwechsels nicht als strenges Geheimnis gehütet zu werden braucht, wenn auch natürlich kein Außenstehender Einblick in denselben erhalten soll.[55]

Da der Kampf um Freuds Nachfolge entschieden war, mußte nun auch die Existenz des Komitees und der Rundbriefe nicht mehr geheimgehalten werden. Die in ihnen diskutierten Fragen sind nicht mehr Vehikel, um verdeckte Macht- und Nachfolgeansprüche anzumelden. Es scheint keine Konkurrenz der Mitglieder untereinander mehr zu geben. Und seit das Komitee öffentlich als Vorstand der IPV existiert, sind die Rundbriefe zu einer reinen Geschäftskorrespondenz »geläutert«.

---

[54] RB 15.12.1924/W.
[55] RB 26.11.1924/B.

Danksagung

Ohne die erhebliche finanzielle Unterstützung der *Deutschen Forschungsgemeinschaft* wäre die Edition der *Rundbriefe* nicht zustande gekommen. Die *edition diskord* war bereit, ein nicht unerhebliches Risiko auf sich zu nehmen. Deshalb gebührt dem Verlegerpaar Dagmar und Dr. Gerd Kimmerle unser besonderer Dank. Ohne ihr Engagement und Interesse hätten wir nicht gewagt, das Projekt in Angriff zu nehmen. Viele Freunde und Kollegen haben uns ihre menschliche und fachliche Hilfe angeboten und uns bei den Recherchen unterstützt.

Bareuther, Herbert (Frankfurt)
Berg, P. J. van den (Amstelveen)
Blomeyer, Rudolf (Berlin)
Bos, Jaap (Utrecht)
Cremerius, Johannes (Freiburg)

Dupont, Judith (Paris)
Eissler, Kurt R. (New York)
Falzeder, Ernst (Salzburg)
Federn, Ernst (Wien)
Fichtner, Gerhard (Tübingen)
Freud, W. Ernest (Heidelberg)
Friedrich, Volker (Hamburg)
Gödde, Günter (Berlin)
Grotjahn, Martin (Los Angeles) †
Grubrich-Simitis, Ilse (Kronberg)
Hermanns, Ludger (Berlin)
Jacoby, Russel (Quebec)

Junker, Helmut (Kassel/Hamburg)
King, Pearl (London)
Kutter, Peter (Frankfurt)
Mahler, Eugen (Morschen)
Meyer-Palmedo, Ingeborg (Frankfurt)
Molnar, Michael (London)
Ohleimer, Dieter (Staufenberg)
Paskauskas, Andrew (Montreal)
Reichmayr, Johannes (Klagenfurt)
Ries, Paul (Cambridge)
Riley, Helene (Clemson)
Roazen, Paul (Toronto)
Rudnytsky, Peter (New York)
Schröter, Michael (Berlin)
Ungern-Sternberg, Wolfgang v. (Regensburg)
Wyatt, Frederick (Kirchzarten) †

Schließlich ist auch die Kooperationsbereitschaft von seiten der Archive hervorzuheben. Besonders freundliche Unterstützung erfuhren wir im *Archiv der Sigmund Freud Copyrights* in Wivenhoe durch Mark Paterson und Thomas Roberts. Auch B. R. Crystal von der *Rare Book and Manuscript Library* der Columbia University in New York und Fred Bauman von der *Manuscript Division* der Library of Congress in Washington waren uns sehr hilfreich. Jill Duncan half uns bei der Suche in den *Archives of the British Psychoanalytical Society* in London. Und Barbara Treitel vom *Jewish Museum* in New York beschaffte uns eine seltene Photographie. Aber auch die Mühe, die jene sich machten, die in Ihren Archiven kein Material fanden und uns nicht im Ungewissen ließen, soll hervorgehoben werden; so Rafael Weiser von *The Jewish National & University Library* in Jerusalem.

Kassel/London, im Januar 1999   Gerhard Wittenberger
                                          Christfried Tögel

Zur Edition und Transkription

Wichtigste Grundlage für die Edition waren die im Otto-Rank-Archiv erhaltenen Rundbriefe. Sie befinden sich in der Butler Library der Columbia University in New York. Daß es sich dort um die umfangreichste Sammlung von Rundbriefen handelt, hängt wohl mit der Tatsache zusammen, daß Otto Rank nach seiner Trennung von Freud und dem Komitee und vor der Machtergreifung der Nazis 1933 seine Tätigkeit teilweise nach Paris und New York verlegt hatte und so sein Privatarchiv vor den politischen Ereignissen in Europa gerettet wurde.

Von den anderen Komiteemitgliedern ist nicht bekannt, ob sie erhaltene Rundbriefe systematisch gesammelt bzw. Kopien von abgesandten aufbewahrt haben.

Außer im Otto-Rank-Archiv befinden sich *Rundbriefe* im Archiv des British Institute of Psycho-Analysis in London[1], im Archiv der Sigmund Freud Copyrights Ltd. in Wivenhoe und in der Library of Congress in Washington. Hier und da lassen sich auch einzelne Exemplare an anderen Stellen entdecken, so z.B. im Archiv des Freud Museums in London.

Der Edition haben wir unabhängig vom Aufbewahrungsort immer das am besten erhaltene Exemplar zugrunde gelegt und nichtlesbare Teile stillschweigend ergänzt, wo das dank eines zweiten oder dritten Durchschlags möglich war.

Gelegentlich fehlt z.B. bei dem Exemplar im Otto-Rank-Archiv der Schlußteil, eben dieser Teil ist aber im Archiv des British Institutes erhalten. Eine handschriftliche Anmerkung findet sich aus natürlichen Gründen immer nur auf einem erhaltenen Exemplar, Korrekturen auf allen, wenn sie vom Absender stammen.

Die verschiedenen Briefköpfe wurden nicht transkribiert, sondern nur kurz beschrieben; im Bildteil findet sich dann von jedem Briefkopf ein Faksimile.

Vom Briefautor vorgenommene zusätzliche Einfügungen wurden stillschweigend in den Text integriert. Auf Streichungen wird nur dann hin-

---

[1] Hauptsächlich die Rundbriefe aus Wien und London, ab 1927 auch teilweise aus Berlin; die Wiener Briefe tragen die Originalunterschriften, die Londoner in der Regel keine.

gewiesen, wenn sie inhaltlich bedeutsam sind. Alle eckigen Klammern stammen von den Herausgebern. Abkürzungen wurden beibehalten, soweit ohne weiteres verständlich. Namensabkürzungen wurden in eckigen Klammern aufgelöst, wenn nötig. Die Rechtschreibung wurde behutsam und stillschweigend den heutigen Regeln angepaßt.

Die Briefe der Jahre 1913-1920

Die eigentliche Rundbriefkorrespondenz beginnt im Herbst 1920. Das Geheime Komitee war jedoch schon 8 Jahre früher gegründet worden. In diesen acht Jahren wurde der Kontakt fast ausschließlich über die Privatkorrespondenz aufrecht erhalten. Nur wenige Briefe sind an alle Komiteemitglieder gerichtet, einige andere beziehen sich auf die Arbeit des Komitees. Wir haben uns entschlossen, diese Briefe mit in diesen Band aufzunehmen, obwohl sie formal keine Rundbriefe sind. Aber sie schienen uns für das Verständnis mancher Hintergründe wichtig.

Besonders interessant ist Freuds Brief vom 4. November 1918, in dem er über die Budapester Stiftung informiert. Hier werden zum ersten Mal alle Mitglieder des Komitees namentlich in offiziellem Zusammenhang genannt.

Sofort mit Einsetzen der Rundbriefe am 20. September 1920 werden ausführlich organisatorische Themen erörtert. Besonders die Frage des Internationalen Psychoanalytischen Verlags spielt eine wichtige Rolle, aber auch redaktionelle Fragen der *Internationalen Zeitschrift für Psychoanalyse* und des *International Journal of Psychoanalysis*. Aber auch Personalfragen nehmen einen breiten Raum ein. Insbesondere die Zusammensetzung der Redaktionskollegien und die Entsendung von geeigneten Personen an das Berliner Ausbildungsinstitut werden häufig erörtert. Aus Berlin wird naturgemäß oft über die Poliklinik berichtet, Jones behandelt häufig Probleme des britischen Vereinslebens, Ferenczi informiert über die Budapester psychoanalytische Szene. Zeitungsausschnitte, die die Psychoanalyse direkt oder indirekt betreffen, werden ausgetauscht, ebenfalls Bücher und Artikel, die das eine oder andere Komiteemitglied zur Rezension oder Übersetzung vorschlägt.

Im wesentlichen ist die Korrespondenz noch sachlich und es gibt wenig ernsthafte Auseinandersetzungen.

2.11.1913/W
[Sándor Ferenczi-Ernest Jones]
[Briefkopf: *Internationale Zeitschrift für ärztliche Psychoanalyse*][1]

Wien, am 2. Nov. 1913

Lieber Freund
Ich schreibe am Schreibtisch Prof. Freuds, da das Ihnen mitzuteilende keinen Aufschub duldet. Aus demselben Grunde lasse ich Ihre persönliche Nachricht diesmal unbeantwortet.
Nun hören Sie:
Freud schrieb unlängst einen Antwort-Brief an Maeder[2], in dem er seine Zweifel über die bona fides bei Jung[3] ausdrückte. Daraufhin kam dieser Tage ein Brief von Jung, in dem er – sich auf die Äußerung Prof. Freuds berufend – die Redaktion des Jahrbuchs niederlegt. – In dieser Angelegenheit hielten wir heute eine Komiteesitzung ab (Prof. Freud, Sachs, Rank, Heller[4] und ich). Wir kamen überein, daß Prof. Freud das Resignium Jungs einfach zur Kenntnis nehmen und die Redaktion Hitschman[5]

---

[1] Handschriftlicher Brief; veröffentlicht in Wittenberger (1995), S. 116f.

[2] Alphonse Maeder (1882-1971). Schweizer Psychotherapeut, zeitweilig Obmann der Züricher Psychoanalytischen Vereinigung, arbeitet 1910 kurzzeitig am Bellevue in Kreuzlingen. In dieser Zeit begann auch sein Briefwechsel mit Freud. Nach dem Bruch zwischen Jung und Freud entschied er sich für die analytische Psychologie. Später machte er sich einen Namen durch die Entwicklung einer Kurztherapie; vgl. Freud (1992a).

[3] Carl Gustav Jung (1875-1961). Schweizer Psychiater und der erste Ausländer und Nichtjude, der Freuds Anhänger wurde. Bis zu ihrem Bruch im Jahre 1913 galt er als Kronprinz und designierter Nachfolger Freuds. Später entwickelte er die sogenannte analytische Psychologie und führte die Begriffe »introvertiert« und »extrovertiert« ein; vgl. u.a. McLynn (1996).

[4] Hugo Heller (1870-1923). Wiener Verleger und Buchhändler, Mitglied der »Mittwoch-Gesellschaft«. Erster Verleger von *Imago* und der *IZP*. Seine Buchhandlung war gleichzeitig Salon von Künstlern und Intellektuellen. Hier hielt Freud seinen Vortrag »Der Dichter und das Phantasieren«; vgl. Freud (1908e).

[5] Eduard Hitschmann (1871-1957). Internist und seit 1905 Mitglied der »Mittwoch-Gesellschaft«. Wurde 1922 Leiter des Wiener psychoanalytischen Ambulatoriums und des Therapeutisch-technischen Seminars; vgl. Mühlleitner (1992a), S. 149; Mühlleitner (1992b).

und Abraham übertragen soll. Das Jahrbuch soll dann jährlich einmal als dünnerer Band (15-18 Bogen) erscheinen und nebst prinzipiell wichtigen Original-Arbeiten einen ausführlichen literarisch-kritischen Bericht über das ψα Jahr bringen. Ob dieser Plan gelingt, hängt einstweilen noch von Prof. Bleulers[6] und Deutickes[7] Verhalten ab.
Bei dieser Gelegenheit warf Prof. Freud die Frage auf, ob die Zeit nicht gekommen sei, auch die letzte Verbindung mit Zürich und die I.PsA. Vereinigung aufzulösen. Wir erklärten uns einstimmig dafür. Über die Frage, wie das durchzuführen wäre einigten wir uns folgendermaßen: Vier Ortsgruppen (Wien, Berlin, Budapest und die große amerikanische Gruppe) werden an den Präsidenten der Vereinigung gemeinschaftlich den Antrag stellen, (N.B. die numerische Majorität der I.PsA.V.), daß der Verein aufgelöst werde. Wien, Berlin und Budapest wären dazu leicht zu gewinnen, wegen der amerikanischen Gruppe müßten wir uns an Sie um Auskunft und Weiterleitung der Aktion wenden. – Sie sollten sofort an die maßgebenden Persönlichkeiten in Amerika schreiben und ihre Zustimmung zu diesem Schritt einholen. Sie könnten ihnen mitteilen, daß das Zusammenarbeiten mit Jung nicht mehr geht und daß ein neuer Verein, einstweilen mit Freud als Präsident und Dr. Jones als Vizepräsident gegründet werden soll, dem die Gruppen sich bald anschließen könnten. Bitte wollen Sie Prof. Freud postwendend Ihre Ansicht von der Sache mitteilen, wobei wir Sie zu berücksichtigen bitten, daß der Austritt – der sonst unausweichlich wäre – nachteiliger wäre als die Auflösung, weil so Jung der Machthaber und Präsident bliebe und wir die Hinausgeworfenen. Schreiben Sie auch, ob Sie der Ansicht sind, daß wir auf die Antwort der Amerikaner warten sollen, oder ob wir nicht unabhängig von ihnen die Aktion beginnen sollten. Sagen Sie uns etwas auch über die Chancen bezüglich der Newyorker Gruppe.

---

[6] Eugen Bleuler (1857-1939). Bedeutender Schweizer Psychiater, Leiter des »Burghölzli und Vorgesetzter C. G. Jungs. Seine Ambivalenz gegenüber der »Psychoanalytischen Bewegung« führte zu Spannungen mit Freud. Bleuler war gemeinsam mit Freud der Herausgeber des *Jahrbuchs für psychoanalytische und psychopathologische Forschungen,* das bei Deuticke verlegt wurde.
[7] Das Verlagshaus Franz Deuticke, in dem u.a. die *Studien über Hysterie* und *Die Traumdeutung* erschienen waren. Der Begründer des Verlags war 1919 gestorben; vgl. u.a. Fallend (1995), S. 71, 81.

Allenfalls antworten Sie bitte <u>sofort</u> und leiten Sie die nötigen Schritte ein, da die Angelegenheit <u>höchst</u> dringend ist.
Ich reise heute nachts nach Budapest und hoffe von Ihnen auch eine Karte zu erhalten.
Herzliche Grüße von Ihrem ergebenen Freunde

S. Ferenczi

Natürlich ist die Aktion einstweilen strenges Geheimnis des Komitees.

ca. 10.3.1914/B
[Karl Abraham-Komitee]
[ohne Briefkopf]¹

[handschriftlich]:
Lieber Herr Doktor,
Wollen Sie dies nach Kenntnisnahme
an Prof. Freud und Dr. Rank weitergeben!
Mit besten Grüßen
A.

Vertraulich!

Nachdem verschiedene Vorschläge zu einer Aktion gegen Jung sich als unausführbar erwiesen haben, möchte ich den Komitee-Mitgliedern jetzt einen neuen Vorschlag unterbreiten.
Unsere Zeitschrift bringt gegenwärtig eine Reihe entschieden ablehnender Kritiken der Jungschen Neuerungen, soweit mir bekannt, von Jones, Ferenczi, Eitingon und mir. Mehrere andere werden noch folgen. Außerdem wird im Jahrbuch Freuds gründliche Abrechnung mit Jung erscheinen, ferner ein aufklärender Artikel von Sachs und Rank (»Was ist Psychoanalyse?«).
Sobald der größere Teil der Artikel erschienen ist, was wohl bis Ende April der Fall sein wird, scheint mir die Zeit zu einer Aktion gekommen, da unser Vorgehen dann nach außen hin bereits genügend begründet ist. Innerhalb der Ortsgruppen Berlin, Wien, Budapest und London bestehen keine wesentlichen Differenzen. In der hiesigen Gruppe hat eine ausführliche Diskussion stattgefunden, die in den folgenden Sitzungen durch kleine Nachtragsreferate fortgesetzt wird, damit das Interesse der Mitglieder wachgehalten wird. Ich glaube, daß jetzt überall der Boden für unser Vorgehen geebnet ist.
Ich schlage nun vor: Spätestens im Mai nehmen die 4 Gruppen offiziell Stellung zu einer von den Vorsitzenden einzubringenden Resolution, die ich mir folgendermaßen vorstelle:

»Die Ortsgruppe ... ist nach eingehender Beratung zu der Ansicht gelangt, daß die von Jung und seinen Anhängern vertretene Rich-

---
¹ Maschinenschriftlicher Brief.

tung jeden inneren Zusammenhang mit der Psychoanalyse verloren hat. Unter diesen Umständen erklären wir es für unzulässig, daß der bisherige Vorsitzende die I.Ps.A.V. noch ferner nach außen hin vertritt. Wir fordern ihn daher auf, sein Amt unverzüglich niederzulegen.«

Alle 4 Gruppen senden diesen einen gleichsinnigen Beschluß gleichzeitig an Jung. Die bezüglichen Beschlüsse der Gruppen werden in der nächsten erscheinenden Nummer der Zeitschrift veröffentlicht.

Meiner Ansicht nach wird Jung diesem scharfen Mißtrauensvotum weichen müssen. Er wird dann aber aus der Vereinigung austreten und die Seinigen mit sich nehmen. Für uns wäre dies der erwünschte Ausgang, weit besser, als wenn wir unsrerseits austreten würden.

Der Verlust an Mitgliedern ist jetzt leicht zu verschmerzen, speziell für unsere Zeitschrift ist er ohne große Bedeutung. Mitarbeiter verlieren wir nicht. In rein numerischer Beziehung ist durch die schnell wachsende Londoner Gruppe und durch einigen Zuwachs der Berliner Gruppe schon ein gewisser Ersatz geschaffen. Auch wird eine kleine Zahl der Schweizer uns treu bleiben.

Vorliegendes Schriftstück geht in je einem Exemplar nach Wien, Budapest und London. Ich bitte, wenn der Vorschlag diskutabel erscheint, um Äußerungen.

Abraham

13.3.1914/L
[Ernest Jones-Karl Abraham]
[kein Briefkopf]¹

March the 13th
59 Portland Court
London W.

Dear Abraham:

In reply to your interesting circular, received this morning:
(A). London: The only member of our group that could be counted on to support the resolution is myself. The situation is as follows: Most of the members are in the country or elsewhere in the Empire. Only eight come regularly to the meetings. One of theses, a woman, has just been »analysed« for five weeks by Jung, and is in a state of akute Übertragung. Four others are beginners, knowing very little German, and hardly anything of Jung's position or its significance. They are all promising men, and I am steadily educating them in Psycho-Analysis, and hope that in some time they will be able to appreciate the problems at issue and decide what is true and what is false; this may take a year. Then come two who know something about the matter, Eder² and Bryan.³ Eder inclines to Jung's side on philosophical grounds and the private attachments to him. Scientifically he is much more on our side, but I am sure he would not vote in

---

¹ Maschinenschriftlicher Brief.
² David Eder (1865-1936). Sozialistischer Arzt. Schriftführer der 1913 gegründeten Londoner Ortsgruppe der IPV. Nach einer Analyse bei Ferenczi verlor sich sein Interesse an Arbeiten Jungs und er kehrte 1923 als Mitglied der British Psychoanalytical Society zurück. Er war ein führender Zionist, saß 1921-1928 im Vorstand der Bewegung, lebte 1918-1923 in Jerusalem; vgl. Vgl. Sándor Ferenczi-Sigmund Freud 15.7.1923 (ÖNB); *Encyclopedia Judaica*.
³ Douglas Bryan (geb. 1878). Gründungsmitglied und später Vizepräsident der Londoner IPV-Ortsgruppe, 1919 Schriftführer der British Psychoanalytical Society. Als Sekretär der Psycho-Medical Society hatte er eine wichtige Verbindungsfunktion zur »offiziellen« Medizin, unter deren Anfeindungen die Psychoanalytiker in London standen. Als Mediziner hatte er ein besonderes Interesse am Hypnotismus. Er war Gründungsmitglied und erster Vizepräsident der Londoner Vereinigung von 1913. Übersetzte mit Alix Strachey eine Auswahl von Arbeiten Karl Abrahams; vgl. u.a. Meisel & Kendrick (1985)

either direction. The other, Bryan, is definitely on our side throughout, but not in a partisan spirit. He does not read German, knows little of the history of the controversy and is a mild mannered man, who would not take any strong action. I could not doubt get him to sign a petition, but not to take a stand against a majority. Men coming into the movement now are much less concerned with the personal differences than we who have lived through them. If I brought forward such a resolution as you propose, at this early stage in the development of our society, my opinion is that they would vote for no action to be taken in the matter. On the other hand if a referendum were taken I could probably induce several to vote on our side, it being much easier to influence them to express an opinion when asked for it, than to initiate an active step in a question they feel they do not yet fully understand the bearings of.

B.) General. There are nine groups, counting the new additional one in New York, you count on more than three out of those nine sending in a petition to Jung. I believe that what I have said about the London group applies to the new Ward's Island group in New York, where McCurdy[4] could get men to side with us in a referendum, but not to petition Jung, not daring much who is President of an Association they are never likely to attend; the New York group, on the other hand would (through Jelliffe[5], be more on Jung's side). To petition Jung in May (or better, as soon as the March number of the Zeitschrift appears) would be to deprive ourselves of a powerful weapon, namely, Professor Freud's categorical denial of the »new« path in the Jahrbuch, which I gather does not appear until July. To my mind this is an important consideration, which should outweigh much on the other side.

We cannot at all be certain that Jung would at once obey the dictum of one third of the groups, and resign his position, any more than he did at

---

[4] John McCurdy (1886-1947). Einer der Gründungsmitglieder der New Yorker Psychoanalytischen Vereinigung, seit 1923 in Cambridge (England); vgl. Hale (1971), S. 179; Kurzweil (1995), S. 191.

[5] Smith Ely Jelliffe (1866-1945). Neurologe (New York), der 1911 unter Brills Einfluß zur Psychoanalyse kam, aber sein Interesse an den Theorien Adlers, Jungs und Bergsons behielt. 1913 mit W. A. White Gründung und Herausgabe der Psychoanalytic Review. Ab 1921 entwickelte sich zwischen ihm und Freud eine relativ umfangreiche Korrespondenz; vgl. u.a. Hale (1995), S. 383-386; Burnham (1983).

the last Congress, when the loss-of-confidence vote against him was much stronger, though this, it is true, was latent rather than manifest. It is more likely, and to my mind most probable, that he would postpone any action until the Congress had met. We have therefore to consider the question of possible tactics at the congress, at the same time as the other. Further, if Jung resigned, I do not understand how he and his followers could resign their memberships of the association, for they hold this only in virtue of their being members of the local Zurich group. Is there any other way of their leaving the association than resigning from the Zurich group, and is this at all likely? I do not find that these necessary considerations are dealt with in your circular.

On the other side is to be remembered that unless we act by May it will be impossible to get action taken by any groups, it being the end of their year, and it would perhaps also be more difficult to get votes of individual members later on, because of their being scattered on holidays.

The three possible courses that occur to me are: (1) to petition Jung to resign. (2) to petition him to refer the question to a referendum of the members. This course might be substituted for the other, or it might follow the other in case Jung refused this or postponed his answer till the congress. (3) to petition him to dissolve the association, after a general vote, or to postpone the congress for a year.

I believe that we should get a stronger percentage vote by a general referendum than from one depending on separate groups. If the other members of the committee whether to deal with Jung by means of the groups, or by means of a general vote, however obtained.

In these remarks I have provided some considerations. About London, and asked some questions, and I do not feel that the evidence at present before me is clear enough to made me form a definite opinion as to which is the best course to pursue. I therefore cannot urge any one to the exclusion of others, and am very eager indeed to have the opinions of the other members on the difficulties I have pointed out. In conclusion I would throw out the suggestion that the committee arranges to meet, perhaps in Munich, before any definite steps are undertaken, for we cannot decide on one step that will surely lead to a number of other events, without being prepared to deal with these indirect consequences also.

With best greetings

from
Ernest Jones

4.11.1918/W
[Sigmund Freud-Komitee]
[kein Briefkopf][1]

Indem ich die Verfügung über die Budapester Stiftung (v. Freund[2] – Barczy[3]) zu Gunsten der Psychoanalyse übernehme, unterbreite ich den nächsten Freunden und Mitarbeitern die nachstehenden Bestimmungen, von denen ich mich in dieser Funktion leiten lassen will.
1.) Ich werde diese Stiftung (Fond und Erträgnis) verwenden:
a) zur Sicherstellung und zum Ausbau der von mir herausgegebenen psychoanalytischen Zeitschriften,
b) zur Förderung der nicht periodischen psychoanalytischen Literatur,

---

[1] Maschinenschriftlicher Brief.
[2] Anton von Freund (1880-1920). Ungarische Namensform Antal Freund von Tószegh; Budapester Brauereibesitzer und Dr. phil. Wurde im Sommer 1918 Mitglied des »Geheimen Komitees« und beim Budapester Kongreß desselben Jahres Sekretär der IPV. Von Freund hatte 1918 beschlossen, eine von ihm schon vorher eingerichtete Stiftung speziell zur Gründung und Unterstützung einer psychoanalytischen Poliklinik mit Lehrinstitut in Budapest zu verwenden. Aufgrund seines frühen Todes und der inneren Wirren in Ungarn blieb der Plan unverwirklicht. Von diesem »großen Fonds«, der trotz vielfacher Bemühungen nie der Psychoanalyse zugute kam, ist ein anderer zu unterscheiden, ebenfalls aus den Mitteln von Freunds, der vor allem zur Schaffung des *Internationalen Psychoanalytischen Verlags* diente, und dessen Kapital 1918/19 nach Wien transferiert wurde. Harmat berichtet, daß die Summe, die A. von Freund für den *Verlag* vorsah, »ungefähr fünfhunderttausend Dollar« betrug. Ein Viertel davon konnte noch 1918 transferiert werden. Ab August 1919 gelangten die Überweisungen nicht mehr nach Österreich, weil Ungarn auf Grund der dort herrschenden Inflation solche Summen im Inland halten wollte. Ende 1919 entschieden die städtischen Behörden Budapests, daß das Geld für humanitäre Zwecke verwendet werden dürfe. Bürgermeister Bódy »erbat von einem Professor der Medizin – vielleicht von Jendrassik? – einen Bericht über den wissenschaftlichen Status der Psychoanalyse. Ferenczi wurde um eine Gegenexpertise gebeten ... Die Aktion blieb schließlich erfolglos«; vgl. u.a. Mühlleitner (1992a), S. 107; György (1992); Harmat (1988), S. 63, 78f.; Jones (1960-1962), Bd. 3, S. 49-51; Freud (1919c).
[3] Stefan von Bárczy (1866-1943). War von 1900 bis 1918 Bürgermeister von Budapest; vgl. *Új Magyar Lexikon*. Budapest: Akadémiai Kiadó 1959, Bd. 1.

c) zur Begünstigung aller Maßnahmen, welche das Interesse für die Analyse in weiteren Kreisen steigern können (Versammlungen, Vorträge, Reisen);
d) zur Unterstützung einzelner Personen, deren Tätigkeit für die Psychoanalyse bedeutsam geworden ist.
Die Reihenfolge, in der diese Absichten aufgeführt sind, soll gleichzeitig die Rangordnung darstellen, nach welcher die Mittel der Stiftung ihrer Verwendung zugeführt werden.
2.) Ich halte mich bei der Verwendung dieses Fonds für verantwortlich gegen ein Komitee, das aus den Herren:

Dr. K. Abraham .... Berlin-Allenstein
Dr. S. Ferenczi .... Budapest
Dr. Anton v. Freund .... Budapest
Dr. Ernest Jones .... London
Dr. Otto Rank .... Wien
Dr. Hanns Sachs .... Wien

besteht, und werde bei prinzipiell wichtigen oder sonst beträchtlichen Verausgabungen die Meinungsäußerung dieses Komitees einholen.
3.) Zur Erleichterung meiner Entschließungen kann ich mir zeitweilig gestatten, dieses Komitee durch mindestes drei seiner Mitglieder zu ersetzen. Wenn dasselbe ein neues Mitglied kooptieren sollte, so tritt das neue Mitglied durch seine Aufnahme selbst auch in diese Rechte gegen mich und die Stiftung ein.
4.) Ich verpflichte mich, Anregungen und Vorschläge, die von einem der Mitglieder des Komitees in Betreff der Stiftung oder der Verwendung ihrer Mittel gemacht werden, in Erwägung zu ziehen und dem Gutachten von mindestens zwei anderen Mitgliedern vorzulegen.
5.) Im Falle meines Ablebens oder einer sonstwie bedingten Einstellung meiner Tätigkeit für die Psychoanalyse, nehmen die Personen, die in jenem Zeitpunkt das Komitee zusammensetzen werden, die Verfügung über die Stiftung und ihre Unternehmungen an sich.
6.) Ich bitte Herrn Dr. v. Freund, mich in der Verwaltung der Stiftung als Sekretär und Herrn Dr. Rank mich als Schriftführer zu unterstützen. Der Sekretär soll die Anlage und Ausgabe der Geldmittel besorgen, der Schriftführer die Aufzeichnungen machen, welche für einen

zeitweise zu erstattenden Rechenschaftsbericht an das Komitee erfordert werden.

Ich sende eine gleiche Abschrift dieses Status an jedes (erreichbare) Mitglied des Komitees und bitte den Empfänger um freundliche Mitteilung seiner Form und Inhalt betreffenden Abänderungsvorschläge. Nach erzielter Einigung wird das Statut als giltig erklärt.

Wien, am 4. November 1918

17.11.1918/W
[Sigmund Freud-Komitee]
[kein Briefkopf][1]

17. November 1918

CIRCULAR

in Sachen der psychoanalytischen Stiftung

Wenn die Geldgebarung es gestattet, möchte ich aus den Zinsen der Stiftung jährlich zwei Preise zur Verteilung bringen. Ich konsultiere hierüber die Mitglieder des Komitees: Dr. F e r e n c z i, Dr. v. F r e u n d und Dr. R a n k.

a) Der eine der Preise soll für eine rein ärztliche, der andere für eine Arbeit bestimmt sein, welche die Analyse auf ein nicht ärztliches Thema mit Erfolg anwendet. (Also Typus: Zeitschrift und Imago.)

b) Die Preise sollen je 1000 K. betragen und gleichzeitig mit der Zusprechung ausgezahlt werden. Es soll möglich sein, anstatt des einen großen Preises zwei kleine zu je 500 K. an zwei verschiedene Autoren zu vergeben.

c) Die Preiszuteilung soll am 27. September jedes Jahres erfolgen und kurz nachher verlautbart werden, zur Erinnerung an den Kongreß in Budapest, mit dem die analytische Stiftung verknüpft ist. Wenn im Herbst ein Kongreß stattfindet, soll die Verkündung der Preise auf diesem Kongreß erfolgen.

d) Ich schwanke, ob ich diesen Preis nach der Stadt Budapest oder nach dem formellen Stifter Dr. Stefan Bárczy benennen soll. Für letztere Entscheidung spricht, daß auch der Fond diesen Namen trägt, dagegen aber, daß die Person des Oberbürgermeisters von Budapest zur Psychoanalyse gekommen ist wie etwa Pontius Pilatus ins Credo. Der Name des wirklichen Stifters soll ja nicht genannt werden.

e) Die Preise sollen nicht den Charakter von Subventionen oder Unterstützungen tragen, für welche die Anerkennung der Arbeit nur ein Vorwand ist. Sie werden nicht den Personen, sondern den veröffentlichten Arbeiten verliehen, so daß auch nicht ein bedürftiger Analyti-

---

[1] Maschinenschriftlicher Brief.

ker sie unbedenklich annehmen kann. Doch bleibt die materielle Nebenwirkung nicht ohne Einfluß auf die Verteilung.

f) Die Entscheidung darüber, welche Arbeiten alljährlich in solcher Weise auszuzeichnen sind, möchte ich mir allein vorbehalten. Es leitet mich dabei die Überlegung, daß die Anzahl von Personen, von denen man des Preises würdige Arbeiten erwarten darf, heute nicht groß ist. Würde ich mehrere von ihnen zur Bildung eines Preisrichter-Kollegiums auffordern und andere sind wohl nicht urteilsfähig, so würden diese von der Bewerbung ausgeschlossen bleiben, wozu kein Anlaß besteht.

g) Ich halte es nicht für angezeigt, bei der Beurteilung einer für die Psychoanalyse bedeutsamen Arbeit die Frage, ob der Autor Mitglied der psychoanalytischen Vereinigung ist, in Betracht zu ziehen.

h) Als den ersten Zeitabschnitt, aus dem ich die preisgekrönten Arbeiten entnehme, möchte ich die Jahre vom Kriegsbeginn bis zum Budapester Kongreß (also Kriegsende) zusammenfassen, einen Zeitraum, in dem verhältnismäßig wenig veröffentlicht wurde. Später wird wohl jedes einzelne Jahr genug zur Auswahl bringen. Wenn nicht praktische Rücksichten den Aufschub gebieten, kann die erste Preiszuteilung noch in diesem Jahre – allerdings gegen den sonstigen Vorsatz – verspätet vorgenommen werden.

In Erwartung Ihrer vom Interesse für die psychoanalytische Bewegung getragenen Äußerungen zu diesem Vorschlag,
mit herzlichem Gruß
Freud

[Kommentar von Anton von Freund][2]

1) Geldgebarung gestatte <u>jede</u> Verwendungs-Kombination. Nur muß ich zwecks Verbuchung davon wissen.
2) a) b) c) einverstanden

---

[2] Bei dem von uns verwendeten Exemplar des Zirkulars aus dem Archiv des Londoner Freud-Museums handelt es sich offensichtlich um die an Anton von Freund gerichtete Kopie. Am linken Rand zu diesem Punkt d) findet sich eine doppelte Anstreichung und das Wort »nicht«.

1.12.1919/Bp
[Sándor Ferenczi-Max Eitingon]
[Briefkopf: *Internationale Zeitschrift für Ärztliche Psychoanalyse*][1]

Budapest, am 1. Dez. 1919

Lieber Freund,
Es freut mich sehr, daß Sie durch Ihren liebenswürdigen Brief den Anlaß zur Wiederanknüpfung unserer Beziehungen haben. Ich verfüge nicht über einen ähnlich reichen Wortschatz, wie der, in dem Sie unsere Freundschaft so treffend charakterisieren und muß mich mit der Versicherung begnügen, daß ich von ganzem Herzen zustimmen mußte, als Professor Freud vorschlug, Sie unter die Mitglieder der intimsten Gemeinschaft – zu der Sie doch im Geiste immer gehörten – auch formell aufzunehmen. Der Zweck des Komitees ist kein geringer. Es gilt, die großen Ideen und Erkenntnisse Freuds über alle Fährlichkeiten, die ihr von externer wie von interner Seite drohen, zu bewahren, und der folgenden Generation zu überliefern. Zwar sind die Statuten unserer Gemeinschaft niemals in Worte gefaßt worden, doch glaube ich, daß sich in erster Linie darum handelt, die Idee, Freuds Werk möglichst <u>unverändert</u> zu erhalten. Wir haben es mit den Erzeugnissen eines in seiner Bedeutung noch gar nicht voll zu würdigenden Geistes zu tun. Alles, was er uns sagte und sagen wird, muß also mit einer Art Dogmatismus gehegt werden, auch Dinge, die man vielleicht geneigt wäre anders auszudrücken. Wie oft mußte ich nachträglich einsehen, daß die von ihm gegebene Erklärung doch die tiefste und zureichendste war. Die Fähigkeit, auf eine eigene Idee zu Gunsten der zentralen zu verzichten, ist also eine der Hauptbedingungen, an die die Mitgliedschaft des Komitees geknüpft ist. Die große Bescheidenheit, die Ihr ganzes Wirken seit jeher kennzeichnet, prädestiniert Sie zweifellos zu dieser Aufgabe. Nebst dieser unerläßlichen Bedingung verfügen Sie aber über Eigenschaften, die wir an Ihnen oft bewundern mußten, und die es Ihnen ermöglichen, die Psychoanalyse für die Menschheit und die Sozietät fruchtbringend zu verwerten, während mancher von uns sich in den wissenschaftlichen Aufgaben erschöpft.
Solche und ähnliche kleine Divergenzen in der Arbeits-Richtung und Differenzen in der Weltanschauung überhaupt, können aber die gemeinsame Arbeit keinesfalls stören, im Gegenteil, sie summieren sich zu einer Ein-

---
[1] Handschriftlicher Brief.

heit, die uns einen schwachen Abglanz jener Universalität sichert, die wir in Freud besitzen.

Doch, wir wissen es am besten, daß das Nützlichkeitsprinzip allein zu solcher Arbeit nicht befähigt und daß auch die Liebe am Werke tätig sein muß. Darum freut es mich ungemein, daß Sie in Ihrem Briefe von »brüderlicher Einigkeit« in der Liebe zu unserem Meister reden. Hoffen wir, daß die, einstweilen so ungünstigen äußeren Verhältnisse sich einmal zum Besseren wenden und uns ein häufigeres persönliches Zusammentreffen ermöglichen.

Bitte, übermitteln Sie Ihrer Frau die herzlichsten Grüße von uns beiden.
Mit freundlichem Gruß

Ihr ergebener
Ferenczi

20.9.1920/Bp
[Briefkopf: *Internationale Zeitschrift für ärztliche Psychoanalyse*][1]

Budapest, am 20. Sept. 1920

Lieber Herr Professor,
Liebe Kollegen und Freunde!
Es sei mir gestattet, aus Anlaß des Beginnes unseres regelrechten Briefwechsels Euch allen meine wärmsten Grüße zu übersenden. Das Beisammensein mit Euch am Kongreß[2] wirkte erfrischend auf mein Gemüt, das dieser Belebung schon dringend bedurfte. Ich hoffe, daß der Gedankenaustausch – auf das ganze Jahr verteilt – das Gefühl der Zusammengehörigkeit stets wach erhalten und Ermüdungsgefühle nie aufkommen lassen wird.

Da sich unser Briefwechsel ausschließlich mit Fragen der psychoanalytischen wissenschaftlichen Propaganda und Mitteilungen persönlicher Natur beschäftigen soll, und da unsere Tätigkeit nichts mit Politik zu tun hat, werde ich mich selbstverständlich jedweder Äußerung über soziale und nationale Angelegenheiten enthalten.[3]

1.) Ich schlage vor, daß unser Präsident von allen Zweigvereinigungen[4] eine Statuten-Abschrift abverlangen und versuchen soll, ein <u>einheitliches</u> Statut auszuarbeiten, wobei auf die nationalen Gepflogenheiten Rücksicht

---

[1] Handschriftlicher Brief; im Briefkopf ist die Adresse von Ferenczi handschriftlich korrigiert, die von Rank gestrichen.
[2] Gemeint ist der VI. Internationale Psychoanalytische Kongreß, der vom 8. bis 11. September 1920 in Den Haag stattfand.
[3] Diese Bemerkungen entspringen offenbar der Rücksicht auf die Briefzensur; Anfang August war die ungarische Räteregierung von rechtsautoritären Kräften gestürzt worden, die der Psychoanalyse feindlich gesonnen waren.
[4] Zu dieser Zeit gab es folgende acht Zweigvereinigungen mit insgesamt 191 Mitgliedern: »Wiener Psychoanalytische Vereinigung«, »Berliner Psychoanalytische Vereinigung«, »Ungarländische psychoanalytische Vereinigung – Freud-Verein«, »The British Psychoanalytical Society«, »New York Psychoanalytic Society«, »Schweizerische Gesellschaft für Psychoanalyse«, »Nederlandsche Vereeniging voor Psycho-analyse«, »American Psychoanalytical Association«. Daneben gab es psychoanalytische Arbeitsgemeinschaften, die keinen Mitgliedsstatus in der »Internationalen Psychoanalytischen Vereinigung« (IPV) hatten.

genommen werden könnte. Als unerläßliche Bedingung der Mitgliedschaft wäre die Haltung eines Probevortrages vor der Abstimmung über die Aufnahme in jedes Statut aufzunehmen
Ob vor der definitiven Aufnahme nicht ein Zirkular an alle Zweigvereinigungen abzusenden wäre, damit sie sich eventuell über die wissenschaftliche oder sonstige Tauglichkeit des Mitglieds wenigstens konsultativ äußern können, werfe ich als Frage auf.[5]
2.) Bezüglich der zweiten am Haager Kongreß aufgeworfenen Frage (Diplom-Erteilung, Befähigungs-Zertifikat etc.) halte ich derzeit jede Diskussion für verfrüht.[6]

3.) In einem hiesigen Abendblatt wurden unlängst die bekannten contrajewish Argumente aufgezählt; u. a. wird als charakteristischer Vertreter der jewish Unmoral der Name »Freud« genannt.[7]

4.) Bezüglich des »großen Fonds« von Toni[8] ist eine Neuigkeit zu melden. Die Hauptstadt (deren Bürgermeister Bódy[9] inzwischen pensioniert

---

[5] Auf der geschäftlichen Sitzung des Kongresses in Den Haag war beschlossen worden, daß beim nächsten Kongreß über Verfahren und Bedingungen der Aufnahme neuer Mitglieder diskutiert werden sollte; vgl. *IZP* 6(1920), S. 388f. Zuvor hatte Jones auf die unterschiedlichen Entwicklungen in Amerika/England und »auf dem Festland« hingewiesen und dabei als »die Hauptschwierigkeit ... die richtige Zusammensetzung der Mitglieder« genannt (ebd., S. 384).
[6] Oskar Pfister hatte auf dem Haager Kongreß die Leitung der Internationalen Psychoanalytischen Vereinigung angeregt zu prüfen, ob und eventuell unter welchen Bedingungen Diplome für Psychoanalytiker ausgestellt werden sollen. Sein Antrag wurde angenommen; vgl. *IZP* 6(1920), S. 388; Wittenberger (1995a), S. 143-146).
[7] Ursprünglich scheint Ferenczi »anti-jüdischen« und »jüdischen« geschrieben zu haben. Er hat die Worte kräftig ausgestrichen, so daß sie nicht mehr lesbar sind, und »contrajewish« bzw. »jewish« darüber gesetzt. Möglicherweise hat Ferenczi diese englischen Worte mit Rücksicht auf die Zensur benutzt.
[8] Anton von Freund.
[9] Tivadar Bódy (1868-1934). Von 1918-1920 (mit Ausnahme der Zeit der Räterepublik) Bürgermeister von Budapest und als solcher für die Verwendung der

wurde, dem es also nicht gelang, die Gunst der herrschenden Partei zu erschleichen) sandte die Akten samt meiner Berufung gegen die abfällige »Sachverständigen«-Kritik des Dr. Wenhardt[10] an den Landes-Sanitätsrat zur Begutachtung. Das Gutachten, aus der Feder des Univ.-Prof. Baron Korányi[11] (Internist) erschien in extenso in einem medizinischen Klatschblatt. Nach sachlicher Darstellung der Art der Gründung des Fonds wird erzählt, daß hier ein gewisser D^r. S. F. (sic!) (damit bin ich gemeint) sich als inamovibler[12] Leiter des Fonds etablieren will; es wird bemängelt, daß 20%, d. h. 350'000 Kronen, für »Studienzwecke« verwendet werden sollen; daß man »sogar« Stipendien und Unterstützungen verteilen will. Besonders scharf wendet sich das Gutachten gegen die Aufnahme von Nichtärzten in die Überwachungskommission, insbesondere da sich die Psychoanalyse bekanntlich in übertriebener Weise mit Fragen der Sexualität beschäftigt. Der Behauptung des Stifters, daß es derzeit fruchtbringender sei wissenschaftliche – als Wohltätigkeitsinstitutionen zu gründen, wird widersprochen. Es sei auch nicht abzusehen, warum gerade eine ungarische Stiftung internationalen Zwecken dienen soll, wo doch die wissenschaftlichen Institutionen der Entente die Ungarn aus ihrer Mitte ausschließen. Es sei unwahrscheinlich, daß gerade die Psychoanalyse die Verbrüderung der wissenschaftlichen Kreise der feindlichen Länder Zustande bringen könne. Schließlich wird hervorgehoben, daß die Psychoanalyse von der Mehrzahl der angesehenen Neu-

---

Freundschen Stiftung mit zuständig; Magyar Életrajzi Lexikon. Hg. Von Ágnes Kenyeres. Budapest: Akad. Kiado.

[10] János Wenhardt (geb. 1869). Internist und Neurologe, 1917 bis 1927 Direktor des St. Rochus-Spitals in Budapest. Er hatte Ende 1919 ein »ungünstiges Gutachten über die Psychoanalyse« abgegeben, das Bódy im Tauziehen um die Verwendung der Freundschen Stiftung eingefordert hatte. Ferenczi hatte daraufhin eine »Gegenschrift« verfaßt; vgl. Magyar Életrajzi Lexikon. Bd. 2 S. 1038; Sándor Ferenczi-Sigmund Freud 17.12.1919, 26.12.1919 (ÖNB).

[11] Alexander (Sándor) Korányi (1866-1944). Direktor der Abteilung für Innere Medizin der Budapester Universitätsklinik; die größte Autorität auf dem Gebiet der inneren Medizin. Korányis Bruder war ungarischer Finanzminister, sein Vater war ebenfalls ein bedeutender Internist. Einige Beiträge in Nothnagels *Spezieller Pathologie und Therapie* stammen von ihm; vgl. The Universal Jewish Encyclopedia, hg. Von Isaac Landmann, vol. 6. New York: The Universal Jewish Encyclopaedia 1942, S. 453.

[12] D. h. »unabsetzbarer«.

rologen und Psychiater abgelehnt wird. Aus allen diesen Gründen wird dem Bürgermeister geraten, die »Volkshaus-Stiftung« auch dann nicht für psychoanalytische Zwecke zu verwenden, wenn die Rechtsnachfolger des Stifters darauf bestehen.[13]
Ich halte es für ratsam, auf diese Veröffentlichung überhaupt nicht zu antworten und – nach vorheriger Beratung mit Emil v. Freund[14] und unserem Advokaten[15] – erst dann Schritte zu tun, wenn es unbedingt nötig

---

[13] Zum Vorgang und zur Bezeichnung »Volkshaus-Stiftung« findet sich in der Budapester Zeitung vom 3.10.1920 folgender Artikel: »Anderthalb Millionen für ein psychoanalytisches Institut. Der Direktor der Bürgerlichen Brauerei-Aktiengesellschaft Dr. Anton Freund von Tößeg hat vor zwei Jahren einen Betrag von 1.760.000 Kronen an die Volkswohlfahrtszentrale gelangen lassen mit der Bestimmung, daß ein Verein zur Einrichtung eines Volkshauses im zehnten Bezirk gebildet werde. Für den Fall, daß ein solcher Verein nicht zustande käme, behielt sich Dr. Freund das Recht vor, im Einvernehmen mit dem Bürgermeister Bódy über diese Summe zum Zwecke einer humanitären oder kulturellen Institution zu verfügen. Der Verein kam nicht zustande und infolgedessen richtete der Spender, wie Az Est meldet, an den Bürgermeister Dr. Bódy ein Schreiben, in dem er der Ansicht Ausdruck gab, daß der gespendete Betrag zur Errichtung eines öffentlichen humanitären Instituts nicht ausreiche, weshalb er ihn für einen wissenschaftlichen Zweck bestimme. Zugleich bezeichnete er diesen Zweck: ein psychoanalytisches Institut. Mittlerweile ist Dr. Anton von Freund gestorben und hat die Verfügung über den gespendeten Betrag testamentarisch auf seinen Bruder Emil Freund übertragen, der mit seiner Vertretung den Nervenarzt Dr. Alexander Ferenczi betraut hat. Die vom Bürgermeister Bódy zur Abgabe eines Gutachtens aufgeforderten Fachmänner – unter diesen auch Krankenhausdirektor Dr. Wenhardt – sprachen sich gegen den Plan des Spenders aus. Dies veranlaßte Bódy, die ganze Angelegenheit an den Sanitätsrat zu leiten. Von seiten des Senats hat nun Universitätsprofessor Dr. Alexander Korányi ein Gutachten abgegeben, in dem festgestellt wird, daß die Psychoanalyse keine selbständige Wissenschaft sei, sondern eine Richtung der Psychologie. Der wissenschaftliche Wert der von Prof. Dr. Freud festgestellten Richtung der Psychoanalytik sei zumindest zweifelhaft. Der Senat verwahrt sich daher ganz entschieden gegen die Errichtung des geplanten Instituts und erklärt, daß unter den heutigen Verhältnissen die Ausübung öffentlicher Wohltätigkeit wichtiger ist als die Unterstützung der Wissenschaft aus gespendeten Geldern.«
[14] Emil von Freund war der Bruder und Erbe Anton von Freunds.
[15] Bela Lévy (1873-195?). Wirtschaftwissenschaftler; Veröffentlichungen u.a. auch auf Deutsch: *Das Handelsrecht, Wechselrecht und Konkursrecht Ungarns*

sein wird. Für die Öffentlichkeit wird ein kurzes Referat über den Verlauf des Haager Kongresses in einer mediz. Zeitschrift die beste Antwort auf diese Elukubrationen[16] sein. Man wird daraus ersehen, daß das Kunststück der Verbrüderung der Psychoanalyse doch gelungen ist. Eine Diskussion mit Baron Korányi würde zu nichts führen. –
5.) Eine Frage an Dr. Eitingon:
Laut unserer Besprechung im Haag braucht die Berliner Poliklinik eine analytisch geschulte ärztliche Kraft. Nach reiflicher Überlegung kann ich für diesen Posten den Kollegen Dr. Eugen Hárnik[17] (Budapest, VIII. Föherceg Sándor u. 17) empfehlen. Er ist ein geschickter, theoretisch wie praktisch erfahrener Psychoanalytiker von lenkbarem Charakter; er kann bereits respektable Erfolge aufweisen.
Die Frage ist nun die, unter welchen Bedingungen er akzeptiert werden könnte und welche Aussichten er in Berlin zur allmählichen Sicherung seiner Existenz hätte. Er ist verheiratet und Vater eines Kindes. Frau und Kind könnten vielleicht einstweilen in Budapest Unterkunft finden, bis er dort seine Position sichert. –
6.) An Dr. Abraham: Ich bitte Dich als Präsidenten, der Berliner Ps.A. Vereinigung meinen innigen Dank für die Wahl zum Ehrenmitglied in der

---

(Berlin 1906); Magyar Életrajzi Lexikon, hg. Von Agnes Kenyeres, Bd. 2, Budapest: Akadémiai Kiadó 1969, S. 68; vgl. auch Sándor Ferenczi-Sigmund Freud 26.12.1919, 10.2.1920 (ÖNB).
[16] Eine ironische Anspielung Ferenczis unter Verwendung eines veralteten Ausdrucks für eine bei Lampenlicht mühevoll ausgearbeitete wissenschaftliche Arbeit.
[17] Jenö (Eugen) Hárnik. Ungarischer Psychiater, bewarb sich bereits 1912 um die Aufnahme in die Wiener Vereinigung. Wird auf Anraten Ferenczis jedoch abgelehnt und dann doch 1914 Mitglied der Budapester IPV-Ortsgruppe. Seine Emigration hing mit seiner Tätigkeit für die ungarische Räteregierung zusammen. Hárnik zog im Dezember 1920 nach Berlin, wo er an der Poliklinik angestellt und einer der wichtigsten Lehranalytiker wurde. Er ging 1933 ins Exil nach Kopenhagen, galt damals als psychotisch. Ab 1936 wird Hárnik nicht mehr in der Mitgliederliste der IPV geführt. Er soll in einer Budapester Irrenanstalt gestorben sein; vgl. Freud (1993b), S. 66, Anm. 7, Freud (1993a), Bd. I/2, S. 167 f., Harmat (1988), S. 75, Carstens, zit. in Reich 1966, S. 174f.

nächsten Sitzung auszudrücken. Ich würde mich freuen, mich bei Euch recht bald mit einem Probevortrag einführen zu können.[18]

7.) Dr. Jones bitte ich, die von der englischen Gruppe angeregte Berufung von Dr. Róheim[19] nach Cambridge (durch Vermittlung des Londoner Mitglieds Prof. Rivers[20]) nach Kräften fördern zu wollen.[21]

8.) Zeitgeschichtliches aus Süditalien.
Meine Schwägerin[22], die in Italien lebt, hielt sich unlängst einige Wochen lang in einem süditalienischen, auf einer Bergkuppe gelegenen Dorfe auf und schreibt interessante Dinge über ihre dortigen Beobachtungen. Die Männer machen in den Großstädten ihre Studien und bringen Zivilisation in den von jeder Kultur so weit entfernten Ort. Die Frauen heiraten im

---

[18] Die Wahl wurde auf dem Haager Kongreß bekanntgegeben; vgl. *IZP* 6(1920), S. 390). Ein Probevortrag erfolgte nicht.

[19] Géza Róheim (1891-1953). Psychoanalytiker und Ethnologe, Analysand von Ferenczi. Lehranalytiker Alice Bálints. Wanderte erst in den 30er Jahren nach Amerika aus. Als erster Ethnologe versuchte Róheim Freuds »Entdeckungen« bei den sogenannten primitiven Völkern nachzuweisen. Seine Expeditionen (1928 bis 1931) nach Somaliland, Zentralaustralien, Melanesien und zu den Yuma-Indianern in Arizona wurden fast vollständig von Prinzessin Marie Bonaparte finanziert; vgl. Paál (1976), S. 107 f.; La Barre (1966), S. 272-281; Harmat (1988), S. 272-278; Vgl. Roudinesco, (1994), S. 304.

[20] William Rivers (1864-1922). Psychiater in Cambridge, Präsident des Royal Anthropological Institute and Folklore Society, 1920 außerordentliches Mitglied der British Psychoanalytical Society. Nach Jones' Vorstellung sollte er Präsident einer »medizinischen Abteilung« der am 20. Februar 1919 neu organisierten »British Psycho-Analytical Society« werden, um die Verbindung der Psychoanalytiker zur offiziellen Medizin zu repräsentieren. Eine gewisse Bedeutung für die Vereinigung erlangte er in der von ihm propagierten »Bedeutung des Krieges für die Psychoanalyse«. Jones' kritische Stellung zu Rivers kommt in der Rezension zu dessen Buch »Dreams and Primitive Culture« und »Instinct and the Unconscious. A Contribution to a Biological Theory of the Pyscho-Neuroses« zum Ausdruck; vgl. Slobodin (1978); Clark (1981), S. 343 ff.; Jones (1920c); Jones (1920d).

[21] Róheim wurde nicht nach Cambridge berufen; vgl. auch RB 7.10.1920/L.

[22] Sarolta Morando, die Schwester von Ferenczis Frau Gizella. Sie hatte offensichtlich auch Kontakt zu Freud, denn am 11. Oktober 1920 bedankt er sich bei Ferenczi für eine von ihr übersandte Kaffeemaschine; vgl. Sigmund Freud-Sándor Ferenczi, 11.10.1920 (ÖNB). Ferenczis Schwester Gizella (geb. 1872) Schwester Sándor Ferenczis heiratete den Kaufmann Frigyes Fleiszer.

mittleren Alter, nachdem sie sich jahrelang in voller Freiheit dem Sexualgenuß hingaben; später widmen sie sich ihren Kindern und der Familie. Die Moralbegriffe sind sehr labil, Bruder-Schwester-Inzest und alle Arten der Perversion allgemein verbreitet; die geheim geborenen Kinder werden in der Familie aufgenommen und erzogen. Der Menschenschlag ist schön, die Leute sind klug, es gibt viele Talentierte unter ihnen, »zu allem fähig« – in gutem und schlechten Sinne. –
Ich hielt diese Mitteilung [für] wertvoll genug, um sie wenigstens »en petit comité« bekannt zu machen. Veröffentlichen läßt sich ja so etwas nicht. –

9.) Vorigen Sonntag konnte ich den Budapestern über den Kongreß berichten. Meine Mitteilungen wirkten recht ermutigend. Meine Leute sind [gestrichen: recht] arbeitslustig. Leider konnte ich ihnen bis jetzt nur wenig oder gar nicht Patienten schicken. Die Gründung einer Poliklinik wäre auch von diesem Standpunkte dringend; leider sind die Aussichten dafür nicht günstig.[23]

10.) An Dr. Sachs: Es wurde mir erzählt, daß von einem Dr. Hanns Sachs eine »Ars Amandi Psychoanalytica«[24] publiziert wurde. Mir ist davon nichts bekannt und möchte ich hierüber um kurze Aufklärung bitten. –

11.) Frau Sokolnicka[25] schreibt mir aus Paris, daß dort viel Interesse der $\psi\alpha$ entgegengebracht wird. Sie kommt am 4/X. nach Budapest und wird mir ausführlich berichten.

---

[23] Auf dem Haager Kongreß berichtete Ferenczi: »... Der erste Plan zur Gründung einer solchen Anstalt ... war für Budapest bestimmt. Doch griff ein anderes Mitglied die Idee auf, sammelte die nötigen Mittel und übergab die alsbald fertiggestellte Anstalt der Berliner Psychoanalytischen Vereinigung...«; IZP 6(1920), S. 382.
[24] Sachs (1920a).
[25] Eugenie Sokolnicka (1884-1934). Jüdin polnischer Herkunft, studierte Naturwissenschaften in Paris und Zürich. Über Jung wurde sie Analysandin von Freud

Nachtrag:
12.) (Speziell an Dr. Rank:)
Unser Sekretär[26] dürfte nächstens dauernd ins Ausland reisen. Er wird sich bei Dir vorstellen. Ich hatte den Einfall, ob Du ihn nicht neben Dir als zweite Kraft anstellen könntest. Er ist juristisch, kommerziell, medizinisch und ps.an. gut vorgebildet. Vielleicht engagierst Du ihn für kurze Zeit auf Probe.
Herzlich grüßend

Ferenczi

Brief abgeschickt am 4/X 1920.

---

und Ferenczi; erste Psychoanalytikerin in Frankreich; vgl. Vgl. Mühlleitner (1992a), S. 304; Heenen-Wolff (1992).
[26] Sándor Radó.

5.10.1920/W
[Briefkopf: *Internationale Zeitschrift für ärztliche Psychoanalyse*]¹

Wien, am 5. Oktober 1920²

Liebe Freunde!
Der erste Bericht wird naturgemäß etwas länger ausfallen müssen, da er zur allgemeinen Information dient, und wir wollen ihn der Übersichtlichkeit halber nach Materien einteilen.

I. Verlag: Die Verhandlungen mit Kola³ haben noch nicht begonnen, da der Mittelsmann Dr. Steiner⁴ erst jetzt nach Wien zurückgekehrt ist. Doch berichtet Sachs, der ihm gestern einen rein freundschaftlichen Besuch abgestattet hat, daß unsere Chancen günstig stehen sollen und daß der Chef des Hauses eine Unterredung mit mir (Rank) wünscht. Diese wird wahrscheinlich noch im Laufe der Woche stattfinden.⁵

---

¹ Maschinenschriftlicher Brief.
²Am Tag vorher hatte Freud an Ernest Jones geschrieben: »Yesterday coming back from a 31 km ride to Tulln (on the Danube) by auto I fixed with Rank and Sachs the contents of our first Rundschreiben (circular letter) to the Comittee which is to be sent off every Tuesday. I am eager to learn how this institution will work, I expect it to prove very useful.« Vgl. Freud (1993e), S. 391
³ Richard Kola (1872-1939). Gründete am 2.12.1920 die »Rikola Verlag A.G.« in Wien, die Teil seines großen Finanz-, Papier- und Verlagskonzerns war. In diesen Konzern sollte der Internationale Psychoanalytische Verlag integriert werden. Schon 1918 schrieb Freud an Ferenczi: »...Unter den Plänen, die ich hier mit Rank schmiede, steht obenan, den Verlag in Anlehnung an Heller zu machen, besonders da wir darauf gefaßt sind, daß die eine Viertelmillion, die mir Bárczy dieser Tage anweisen soll, vielleicht keine Fortsetzung findet ...« Auch der Plan mit dem Kola-Verlag zerschlug sich wieder; vgl. Hall (1985), S. 310-357; Sigmund Freud-Sándor Ferenczi 3.11.1918 (ÖNB); Vgl. RB 11 3.1921/W.
⁴ Prokurist im Kola-Verlag. Wahrscheinlich der Mann, von dem Jones schreibt, er sei »im richtigen Augenblick« gestorben, so daß der Plan der Übernahme des *Verlags* durch Kola nicht zustande kam; siehe RB 14.10.1920/W; vgl. auch Jones (1960-1962), Bd. 3, S. 47.
⁵ Auch Freud war zurückhaltend-optimistisch. Am 11. Oktober schrieb er an Ferenczi: »Ferner teile ich Ihnen mit, daß wir vor einer sehr günstigen Wendung unserer geschäftlichen Verhältnisse zu stehen scheinen. Der Verkauf des Verlags an Kola dürfte möglich werden, Ranks nächste Zukunft sicherstellen, uns eine halbe Million bar zurückgeben und unserer Tätigkeit die größtmögliche Expansi-

Die _englische Filiale_⁶ in ihrer bisherigen Form ist in Auflösung begriffen. Hiller⁷ berichtet in einem ausführlichen Schreiben über ein neues Arrangement des Vertriebes der englischen Bücher und über seine persönlichen Bemühungen, ohne Belastung des Verlages nach Wien zu kommen, wo er mit einem Viertel seines bisherigen Gehaltes besser leben kann als jetzt in London.⁸ Diese Dinge sind aber noch nicht spruchreif.

---

on gestatten, so daß wir publizieren können, was uns beliebt und dessen würdig erscheint. Natürlich haben wir noch nicht abgeschlossen. Rank muß erst noch eine Bilanz vorlegen, und zwischen Lipp' und Kelchesrand kann der Trank noch verschüttet werden. Dann bleibt uns die Genugtuung, daß ein großer Geschäftsmann wie Kola den Internationalen Verlag für kein schlechtes Geschäft angesehen hat, und wir haben sonst nichts verloren.« Vgl. Sigmund Freud-Sándor Ferenczi, 11.10.1920 (ÖNB).

⁶ Die »englische Filiale« des Verlags, rechtlich als International Psycho-Analytical Press eine selbständige Firma (im folgenden als _Press_ bezeichnet), war 1919 gegründet worden. Direktor war Jones. Die _Press_ war zuerst in London angesiedelt und wechselte Ende 1920 nach Wien über. Sie brachte das Journal sowie englische psychoanalytische Bücher heraus und sollte zunächst auch die Produktion des Verlags in England verkaufen bzw. vertreiben; vgl. Jones (1960-1962), Bd. 3, S. 52f.

⁷ Eric Hiller (geb. 1893). Mitglied der British Psychoanalytical Society, ohne praktizierender Analytiker zu sein, Geschäftsführer der _Press_, von Dezember 1920 bis März 1923 in Wien. Als Mitarbeiter Ranks im _Verlag_ war er zuständig für die Übersetzungsarbeit und den Organisationsbereich, der die Koordination zwischen Wien, London und Berlin regeln sollte, sofern es sich um Verlagsangelegenheiten handelte. Kooperationsschwierigkeiten mit Rank veranlaßten ihn, wieder nach London zurückzukehren. Eine umfangreiche Korrespondenz von über 100 Briefen zwischen Hiller und einigen Komitee-Mitgliedern befindet sich im Otto-Rank-Archiv in New York; vgl. u.a. Mühlleitner (1992a), S. 147.

⁸ In einem Brief vom 29.9.1920 an Rank berichtete Hiller über die organisatorische und geschäftliche Situation der _Press_ in London. Aus diesem Schreiben geht hervor, daß aus finanziellen Gründen für die _Press_ nur vorübergehend Räumlichkeiten angemietet worden waren. Auch der Bücherverkauf machte erhebliche Sorgen. Weder Verleger noch Buchhändler wollten psychoanalytischen Bücher verkaufen. So blieben viele gedruckte Exemplare auf Lager liegen. Ernest Jones schlug Hiller vor, von Wien aus die englische psychoanalytische Literatur als Lektor zu betreuen, da er dort für 50 Pfund leben könne, was in London nicht möglich sei. Bereits in diesem Brief meldet Hiller seinen Anspruch auf mindestens 100 Pfund Gehalt an. Außerdem sollte die _Press_ – bis zur Überwindung der

Verlagstätigkeit: Zeitschrift VI, 3. Heft ist unterwegs, 4. Heft wird (noch mit Kongreßbericht) fertiggestellt, es ist also für dieses Heft schon Redaktionsschluß, den wir von nun an immer für jede Nummer mitteilen werden. Imago wird das 4. (Schluß-)Heft des VI. Jahrgangs eben ausgedruckt (also auch schon Redaktionsschluß). Vom englischen Journal ist Heft 2 nahezu fertiggedruckt (Red.Schluß).
Bücher: Im Druck befinden sich Freud, Vorlesungen (das in Kürze aus dem Verlag Heller übernommen wird, wo die 2. Aufl. ihrem Ende entgegengeht). 2. Alltagsleben, 7. Aufl., 3. Totem und Tabu, 2. Aufl., das wir von Heller schon übernommen haben. 4. Jenseits des Lustprinzips (als 2. Beiheft z. Zeitschrift). 5. Pfisters[9] Buch zum Kampf um die Psa (Bibl. No 8).-
Im Satz ziemlich fortgeschritten sind: 1. Kolnai[10], Psa und Soziologie (Bibl. 9); 2. Abrahams Gesammelte klin. Beiträge (Bibl. 10); 3. Der Jahresbericht (Beihefte No 3), von dem allerdings noch einige Referate fehlen, nämlich Eitingon über das Ubw, Boehm[11] über die Perversionen und

---

aktuellen Notlage – lediglich als Schließfachadresse existieren, damit man die 15% Subskriptionsabgabe für das Journal nicht an den Verlag Allen & Unwin abführen müsse; vgl. ORA, Rank/Journal Nr. 610 und RB 7.10.1920/L (Im ORA befinden sich außer den klassischen RB auch Briefe, die das Journal betreffen).
[9] Oskar Pfister (1873-1956). Pfarrer und Psychoanalytiker in Zürich, stand von 1909 bis 1939 in brieflichem Austausch mit Freud. Er war Mitbegründer der am 21. März 1919 etablierten Schweizerischen Gesellschaft für Psychoanalyse. In *Psyche and Eros* erschien sein Aufsatz »Experimental Dreams Concerning Theoretical Subjects«; vgl. Freud (1963a); Nase (1993); Pfister (1921).
[10] Aurél Kolnai (1900-1973). Studierte Philosophie, Geschichte und Ökonomie in Freiburg. Konvertierte vom Judentum zum Katholizismus. 1920 erschien sein umstrittenes Hauptwerk *Psychoanalyse und Soziologie. Zur Psychologie von Masse und Gesellschaft.* 1929 polemisierte er in einem Aufsatz »Thomas Mann, Freud und der Fortschritt« gegen Thomas Manns Schrift »Die Stellung Freuds in der modernen Geistesgeschichte«. Er emigrierte über Paris, Madrid und Lissabon in die USA. 1945 wurde er Professor für Gesellschafts- und Staatsphilosophie in Quebec/Kanada; vgl. Harmat (1988), S. 110ff.
[11] Felix Boehm (1881-1958). Neurologe und Psychiater, ab 1913 Mitglied der IPV, zunächst in der Ortsgruppe München. Siedelte im April 1919 nach Berlin über und wurde Analysand Abrahams. Ab 1923 Dozent am Berliner Psychoanalytischen Institut; Vgl. Lockot (1985), S. 113-117; Brecht et al. (1985), S. 154.

Rank, Traum, wodurch die Weiterarbeit verzögert wird. 4. Groddeck[12], Der Seelensucher.
Von englischen Büchern ist Putnams[13] gesammelte psa. Aufsätze in Arbeit. Mit der engl. Übersetzung der Kriegsneurosen wird jetzt begonnen, ebenso mit Flügels[14] neuem Buch über die Familie. Auch Róheim hat sein Buch über den Totemismus bereits angekündigt. Bryan ist bald mit der Übersetzung der Abrahamschen Sammlung fertig. Von Übersetzungen aus dem Englischen beabsichtigen wir zunächst Jones' Buch über die Behandlung der Neurosen zu bringen, das voraussichtlich Anna Freud übersetzen wird.

Von anderssprachigen Ausgaben haben wir eben jetzt zwei Verträge abgeschlossen: mit Payot, Paris über Freud, Vorlesungen, der sich auch das Recht für die Übersetzung der anderen Bücher auf ein Jahr vorbehalten hat, und mit einem spanischen Verlag in Madrid, der zunächst das Alltagsleben bringen, aber gleichzeitig auch das Recht für Vorlesungen und Totem erwerben will. Ferner schreibt eben unser italienischer Kollege und Mitarbeiter Dr. Edoardo Weiss[15] aus Triest (Mitglied der Wiener

---

[12] Georg Groddeck (1866-1934). Ärztlicher Leiter eines kleinen Sanatoriums in Baden-Baden. Er kam über die Lektüre von Freuds *Psychopathologie des Alltagslebens* zur Psychoanalyse und entwickelte als erster grundlegende Gedanken zur Psychosomatik. Von 1917 bis zu seinem Tod stand er in regelmäßigem Briefwechsel mit Freud; vgl. Freud (1970b). Sein *Buch vom Es* und der psychoanalytische Roman *Der Seelensucher* sind gleichwohl populär wie in psychoanalytischen Kreisen umstritten gewesen.

[13] James Putnam (1846-1918). Führender amerikanischer Neurologe. Er war unter den Zuhörern, als Freud 1909 seine Vorlesungen an der Clark University in Worcester hielt. Anschließend verbrachte Freud zwei Tage in Putnams Camp in Keene Valley am Lake Placid. Seit dieser Zeit korrespondierten beide Männer miteinander und Putnam wurde zu einem Anhänger der Psychoanalyse; vgl. Freud (1971a).

[14] John C. Flügel (1884-1955). Dozent für Psychologie an der Universität London, 1919 Gründungsmitglied der British Psychoanalytical Society, von 1920 (1919) bis 1922 IPV-Sekretär neben dem Präsidenten Jones; vgl. Jones (1956).

[15] Edoardo Weiss (1889-1970). Hatte bereits 1909 als Medizinstudent in Wien Kontakt zu Freud und wurde 1913 Mitglied der Wiener Vereinigung. Lehranalysand Paul Federns. Er übersetzte Freuds Schriften und praktizierte in einer psychoanalytischen Praxis in Triest. Unter dem Druck des Faschismus emigrierte er

Gruppe), daß er für seine italienische Übersetzung das Verlagsrecht erwerben will und bittet gleichzeitig um Mithilfe zur event. Ausgabe einer italienischen psa. Zeitschrift, für die alle Bedingungen gegeben sind, außer einem Verleger. Diese Zeitschrift soll das bisher von Prof. Levi-Bianchini[16] herausgegebene »Archivio« ersetzen, das jetzt infolge finanzieller Schwierigkeiten eingegangen ist. Levi-Bianchini war bisher der literarische Vorkämpfer der Psa. in Italien und hat bisher auch zwei Werke von Freud (Sexualtheorie und Über den Traum) in der von ihm herausgeg. Bibl. Intern. Psychiatria übersetzt, andere psa. Arbeiten in Vorbereitung gehabt. Wir werden sehen, ob und was eventuell mit diesen italienischen Literaturplänen zu machen ist.[17]

Zu den deutschen Bücherplänen des *Verlages* ist endlich noch nachzutragen, daß wir beabsichtigen, als zweiten Band der Quellenschriften[18] eine große Materialsammlung nach dem Muster der Imago-Kinderecke[19] herauszugeben, welche psa. interessante Kinderbeobachtungen enthalten soll; teils eine Sammlung der schon verstreut publizierten, teils natürlich um neue einschlägige Beobachtungen vermehrt, *um die alle Mitglieder dringend ersucht werden.*

II. Verein.- Die Wiener Gruppe beginnt die Vereinstätigkeit Mitte Oktober. Im Zusammenhang mit dem von nun an regelmäßig mitzuteilenden

---

1939 in die USA. Dort gab er als Schüler Federns dessen Schriften zur Ich-Psychologie heraus; vgl. Freud (1962-75a), Bd. 4, S. XXIII.

[16] Marco Levi-Bianchini (1875-1961). Professor der Psychiatrie in Neapel, Herausgeber der *Biblioteca Psichiatrica Internazionale* (ab 1921 *Bibl. Psicoanalitica Italiana*) und des 1920 gegründeten *Archivio Generale di Neurologia e Psichiatria* (ab 1921 ... *Psichiatria e Psicoanalisi*); vgl. Mühlleitner (1992a), S. 208; Rovigatti (1989), S. 97-103.

[17] Tatsächlich richtete der Verlag vorübergehend eine »italienische Abteilung« ein, in der die von Levi Bianchini geleitete Reihe erschien. 1921 wurde die Publikation der ersten neun Bände angezeigt, darunter fünf Übersetzungen Freudscher Werke; vgl. *IZP* 7(1921), S. 534.

[18] Die vom Verlag herausgegebene Reihe Quellenschriften zur seelischen Entwicklung war mit dem *Tagebuch eines halbwüchsigen Mädchens* von Hug-Hellmuth (1919) eröffnet worden. Der hier geplante 2. Band ist nicht erschienen.

[19] Saloppe Bezeichnung für die von Hug-Hellmuth herausgegebene Rubrik »Vom wahren Wesen der Kinderseele«, die von 1913 bis 1921 sporadisch in Imago erschien. Parallel zu dieser Rubrik gab es in der *IZP* unter der Bezeichnung: »Aus dem infantilen Seelenleben« ein zweites kinderanalytisches Forum.

Redaktionsschluß der Zeitschriften sind die Gruppensekretäre darauf aufmerksam zu machen, daß sie ihre Berichte[20] zu den betreffenden Redaktionsschlüssen _regelmäßig und unaufgefordert_ einsenden sollen, damit der Fall vermieden wird, daß ein solcher Bericht etwa einige Tage nach Redaktionsschluß einlangt und dann bis zum nächsten Heft liegen bleiben muß oder daß die Redaktion einige Wochen in Erwartung solcher noch ausstehender Berichte vergeblich wartet und das Heft damit verzögert. Ebenso ist darauf zu achten, daß die von den Gruppen zusammengebrachte Literatur (Bibliographie)[21], deren Sammlung übrigens sehr zu wünschen übrig läßt, sowie die Referate[22] (über neue Bücher und Zeitschriftenartikel) ebenfalls regelmäßig vor Redaktionsschluß jedes betr. Heftes einlangen, damit sie systematischer verwendet werden. Bei dieser Gelegenheit müssen wir übrigens bemerken, daß die Berliner Gruppe auf dem Gebiete des Referatewesens bisher keinen einzigen Beitrag geliefert hat, während alle anderen Ortsgruppen, die einen mehr, die andren weniger, Ref. Geliefert haben. Besonders die junge Schweizer Gruppe muß hier rühmend hervorgehoben werden, als die einzige, die das Ref.Wesen wirklich ernst nimmt. Ferner muß auch von den Gruppenpräsidenten resp. Kassieren darauf geachtet werden, daß die Abonnementsbeiträge für die Vereinsorgane nicht bloß regelmäßig bezahlt, sondern auch dem Verlag abgeführt werden müssen, was bisher gleichfalls von der Berliner Gruppe für das bereits nahezu abgelaufene Jahr 1920 noch nicht geschehen ist.
Endlich möchte ich eine Art internationalen Zusammenarbeitens in der Art vorschlagen, daß alle Gruppen, sagen wir einmal jährlich, über das gleiche Thema, das gerade aktuell ist, diskutieren und dann ihre Protokolle (die aus einzelnen Autoreferaten bestehen könnten), gegenseitig austauschen. Unter Umständen könnten die Resultate einer solchen internat. Diskussion auch die Öffentlichkeit interessieren und der Verlag so

---

[20] Die Berichte über die Aktivitäten der Zweigvereinigungen wurden im offiziellen Korrespondenzblatt der IPV veröffentlicht, das bis 1912 im _Zentralblatt_ und ab 1913 in der _IZP_ erschien.

[21] Im Jahrgang 1919 hatte die Zeitschrift, anknüpfend an frühere Gepflogenheiten, wieder begonnen, alle »den Psychoanalytiker interessierenden Publikationen« in einer »nach Materien geordneten« Bibliographie zu verzeichnen; vgl. _IZP_ 5(1919), S. 313. Die Praxis wurde 1921 fortgesetzt, dann aber wieder eingestellt.

[22] Bezieht sich auf die großen Rezensionsteile von _IZP_ und Imago.

Gelegenheit zur Fortsetzung der Publikation v. Vereins-Diskussionen erhalten.
Noch einen Vorschlag Radós (Budapest) möchten wir weitergeben: nämlich das Ödipus-Verlagszeichen zum offiziellen Abzeichen aller Gruppen (Briefpapier, Petschaft etc.) zu machen. Äußerungen darüber erbeten.
III. <u>Literatur</u>: Bei Deuticke sind von Prof. Freud neu im Erscheinen: Sexualtheorie, 4. Aufl. mit wichtigen Zusätzen, Traumdeutung, 6. Aufl., Witz 2. Auf. Kl. Schriften 1. und 2. Folge <u>unverändert</u>.
Von Psyche und Eros ist Heft 2 erschienen mit starker äußerer Annäherung (auch äußerlich) an unser »Journal«. Es scheint im Ganzen nicht feindlich und auch kein Konkurrenzblatt. Für Referat im engl. Journal wird Jones sorgen, auch dafür, daß die Besprechung wirklich objektiv erfolge. Von Adler erschien ein neues Buch: Praxis und Theorie der Individualpsychologie (bisher nur aus der Anzeige des Verlegers, Bergmann, bekannt. Preis Mk. 18).[23] Im übrigen bleibt die Rubrik Literatur diesmal unvollständig, weil es mir an Zeit fehlt, um sie nach Wunsch zu gestalten. Später sollen bibliographische Hinweise in größerer Vollständigkeit folgen (soweit uns eben die Gruppen in dieser Arbeit unterstützen werden). Insbesondere wird die Redaktion auf einem separaten Blatt alle ihr zum Referat eingegangenen Bücher und Artikel anführen, mit der Anfrage, wer sich für das Referat einer bestimmten Arbeit interessiert, die ihm dann zugeschickt wird, falls er sich auch wirklich zum Referat (resp. im Nichtfall zur Rückerstattung der Arbeit) verpflichtet. Diese Bücherlisten können in der Vereinigung zur Anfrage um Bewerber vorgelegt werden.
IV. <u>Persönliches</u>: Sachs reist im Laufe dieser Woche nach Berlin, wo er vorläufig zu bleiben gedenkt (Adresse noch nicht bekannt).[24]
Tannenbaum[25] aus New York, der Hauptredakteur von Psyche und Eros, bereist jetzt Europa, um Propaganda für das Blatt zu machen und Mitar-

---

[23] Adler (1920).
[24] Sachs, der bis dahin Mitglied der Wiener Vereinigung war und im Zusammenhang einer Tbc-Erkrankung sich kurzzeitig in der Schweiz aufgehalten hatte, siedelte in diesen Tagen nach Berlin über, wo er bis 1932 als Lehranalytiker wirkte; vgl. Sachs (1982), S. 143.
[25] Samuel Aaron Tannenbaum (1874-1948). Aus Ungarn stammender Arzt, der 1886 in die USA ausgewandert war. 1911 Mitglied der New Yorker Psychoanalytischen Gesellschaft. Tannenbaum gab mit Stekel und Silberer eine englischsprachige Zeitschrift *(Psyche and Eros)* heraus, deren Ziel es war, »Freud-

beiter zu werben. Augenblicklich soll er sich in Berlin aufhalten. Vorher war er in Wien (zur Zeit des Haager Kongresses, und hat daher auch nur mit denen gesprochen, die nicht dort waren, z. B. Federn[26], Sadger[27]). Er machte Federn den Antrag, seine Broschüre: Die vaterlose Gesellschaft[28], als erstes Buch einer soziologischen Reihe herauszugeben. Federn scheint aber eher geneigt, es uns zur Publikation zu überlassen. Wir haben ihm die Veröffentlichung im Journal (eventuell auch als Broschüre) zugesagt. Tannenbaums Hauptprogrammpunkt ist die Versöhnung der offiziellen Psa. mit Stekel[29], was er auch durch Vermittlung Federns versuchen

---

sche, Stekelsche und Adlersche Ansätze einander näherzubringen«. Die Zeitschrift erschien von Juli 1920 bis Juni 1922, als Stekel und Silberer ihre Bereitschaft zur Mitarbeit zurückzogen, weil sie »die antifreudianische Einstellung Tannenbaums erkannten«; vgl. Freud (1993a), S. 345, Anm. 1; Nitzschke (1992a), S. 173.

[26] Paul Federn (1871-1950). Internist. Er gehörte bereits 1903 zur »Mittwoch-Gesellschaft« und wurde 1924 Freuds Stellvertreter als Obmann der Wiener Psychoanalytischen Vereinigung. Als Federn sich mit dem Gedanken trug, nach Amerika zu gehen, antwortete Freud »... Ich bin neugierig, wen Sie mir zu Ihrem Nachfolger vorschlagen werden. Die Vereinigung von Persönlichkeit und wissenschaftlicher Leistung findet sich doch nicht so häufig bei uns...« Federn war Stellvertreter in Vereinsangelegenheiten, wie aus Briefen in der Angelegenheit mit Reich hervorgeht: »... ich bitte Sie den Brief ... in Ihrer Funktion als mein Vertreter, sachgemäß zu beantworten...« Er war auch Stellvertreter in medizinischen Fragen: »... Darf ich Sie – soviel mehr Mediziner als ich – bitten, beiligenden Brief zu beantworten?...«; vgl. Mühlleitner (1992a), S. 90; Sigmund Freud-Paul Federn, 20.5.1927, 16.6.1929, 13.2.1932 (SFH).

[27] Isidor Sadger (1867-1942). Arzt, von 1906 bis 1933 Mitglied der »Mittwoch-Gesellschaft« bzw. der WPV; Mühlleitner (1992a), S. 282; May-Tolzmann (1992).

[28] Federn (1919). Eine englische Ausgabe oder Übersetzung wurde nie veröffentlicht; zur Geschichte dieser Schrift vgl. Federn, Ernst (1988).

[29] Wilhelm Stekel (1868-1940). Nervenarzt, Initiator der Wiener »Mittwoch-Gesellschaft« (1902). Vertrat nach dem Bruch mit Freud (1912) seine eigene Version der Psychoanalyse. Nach dem Nürnberger Kongreß (1910), auf dem das Zentralblatt gegründet wurde, traten verschiedene Unstimmigkeiten zwischen Freud und Stekel auf. Letzterer verließ die Psychoanalytischen Bewegung – nicht ohne den Versuch, als Schriftleiter (gemeinsam mit Adler) die von Freud herausgegebene Zeitschrift für sich zu beanspruchen. In einem Protokoll Federns wer-

wollte. Vor seinem Wiener Besuch soll er in der Schweiz gewesen sein. Überall stellt er sich als den hin, dem Unrecht getan wurde, und beruft sich dabei auf Versprechungen, die Jones ihm gemacht haben soll.[30] – Der andere Wiener Redakteur der Psyche, Silberer[31], der schon längst nicht mehr zu unseren Freunden zählt, wenn er es überhaupt jemals war, hat vor kurzem die Redigierung seines rein formal nicht entsprechenden Jahresberichtreferates über Mystik zum Anlaß einer Anflegelung der Redaktion genommen, die die Gelegenheit benützte, um ihm die weitere Mitarbeiterschaft aufzukündigen. Mitglied des Vereins ist er leider noch immer. Bei dieser Gelegenheit sei bemerkt, daß die Mitarbeiterschaft der Vereinsmitglieder an Psyche und Eros (bis jetzt Pfister und Marcinowski[32]) zwar nicht gut verboten werden kann, daß man aber Gelegenheiten wahrnehmen soll, um Mitglieder, denen ihr Taktgefühl dies nicht von selbst verbietet, zu verstehen zu geben, daß dies jedenfalls als unfreundlicher Akt gegen unsere eigenen Journale aufgefaßt werden muß.

Nachtrag (zu Ferenczis Bericht No. 1 vom 20. Okt. 1920).

---

den die Vorgänge um Stekels Trennung festgehalten; vgl. Mühlleitner (1992a), S. 320; Nitzschke (1992b); Vgl. Wittenberger (1995a). S.93 f.

[30] Aus einem Brief von Jones an Freud geht hervor, daß Jones Tannenbaum zugesagt hatte, ihn als Redakteur des Journal zu berufen, wenn er seinen eigenen Zeitschriftenplan aufgebe. Die Idee wurde aufgrund einer Intervention von Brill fallen gelassen; vgl. Freud (1993e), S. 343f., S. 381; Jones (1960-1962), Bd. 3, S. 52.

[31] Herbert Silberer (1882-1923). Lebte als Journalist und Privatgelehrter in Wien und war seit 1910 Mitglied der WPV. Freud nannte ihn einen »feinen Dégénéré«. Aus dem obigen *Rundbrief* geht hervor, daß er, gemäß seiner Interessenrichtung, das Kapitel »Mystik und Okkultismus« in dem Band *Bericht über die Fortschritte* übernommen hatte, daß aber sein Manuskript zurückgewiesen worden war. Möglicherweise wurde der betreffende Abschnitt, der dem von Reik bearbeiteten Kapitel »Religionswissenschaft« als »Anhang« beigefügt ist, aufgrund von Silberers Beitrag redigiert; vgl. Mühlleitner (1992a), S. 301; Nitzschke (1988; 1992a); Freud (1974a), S. 267; RB 7.10.1920/L; Bericht 1921, S. 227-233.

[32] Johannes Jaroslaw Marcinowski (1868-1935). Nervenarzt und Sanatoriumsleiter, 1913 Mitglied der Berliner, 1919-1925 der Wiener Psychoanalytischen Vereinigung. Er baute 1919 einen Bauernhof bei Bad Tölz zu einem Sanatorium aus, das bis 1927/28 bestand. In *Psyche and Eros* erschienen 1920-1922 sechs Aufsätze von ihm, z. T. von Tannenbaum übersetzt; Mühlleitner (1992a), S. 223.

1. Ars Amandi Psa. ist tatsächlich der Titel eines kleinen Büchleins von Sachs, das jetzt in Berlin gedruckt werden soll.
2. Ob sich der an Rank gerichtete Vorschlag bezgl. des Budapester Sekretärs verwirklichen lassen wird, scheint mehr als fraglich. –
Mit herzlichen Grüßen

                        Freud m.p. Hanns Sachs m.p.[33] Rank

P.S. Der Brief Ferenczis kam nur in einem handschriftlichen Exemplar nach Wien. Wir hoffen einerseits, daß Ferenczi ihn auch den anderen Mitgliedern zugehen ließ, bedauern aber andererseits, wenn er wirklich soviel Arbeit damit hatte, daß er ihn viermal schreiben mußte, und hoffen, daß er bald eine zweckmäßigere Lösung findet.

[Handschriftlicher Zusatz von Otto Rank auf Kopie im ORA]
Da die Sitzung[34] jeden Mittwoch, wird der Brief am Donnerstag abgehen.[35]

[Handschriftlicher Zusatz von Hanns Sachs auf Kopie im BIPA]:
Da Mittwoch die Vereinssitzungen stattfinden, geht der Wiener Brief jeden <u>Donnerstag</u> ab.

---

[33] Nur das Exemplar im BIPA hat die Originalunterschriften. Das im ORA trägt die Unterschriften in Ranks Handschrift mit dem Zusatz »m[anu] p[ropria]«, d.h. die versandten Exemplare dieses RB waren von Freud und Sachs eigenhändig unterschrieben worden.
[34] Sitzung der WPV.
[35] Der letzte Satz ist von Rank handschriftlich hinzugefügt.

6.10.1920/B
[Kein gedruckter Briefkopf][1]

Nr. 1.[2]
Berlin-Grunewald, 6.10.20
Bismarckallee 14

Bericht.
Der Poliklinik[3] sind durch Eitingons Bemühungen neue Geldmittel zugeflossen, die uns u. a. ermöglichen werden, einen weiteren Arzt mit Besoldung anzustellen. Der Zuspruch von Patienten ist stark, es fehlt nur an Arbeitskräften. Dr. Sachs trifft am 8. Okt. ein, wird mit Analyse von Ärzten sofort stark beschäftigt sein. Für die Poliklinik sind weitere Kräfte nötig. Besondere Bitte an Ferenczi, Frau Klein[4] zu baldiger Übersiedelung hierher zu veranlassen, zwecks Vornahme pädagogischer Kinder-Analysen.
Ende Oktober beginnt Abraham einen einführenden Kurs für Ärzte und Studenten. Dauer sechs Wochen. Außerdem werden andre Mitglieder des

---

[1] Maschinenschriftlicher Brief; Links oben in Abrahams Handschrift »Wien« und rechts oben in Freuds Handschrift »Berlin«.
[2] Die Nummer besagt, daß es sich um den ersten RB aus Berlin handelt. Diese Art der gesonderten Zählung wurde bis April 1921 beibehalten, dann aber wegen der Verwirrungen, zu denen sie führte, stillschweigend aufgegeben.
[3] Die Poliklinik der Berliner Psychoanalytischen Vereinigung war am 14. Februar 1920 eröffnet worden. Eitingon finanzierte sie und leitete sie gemeinsam mit Simmel. Als besoldete Assistentin («Hausärztin«) war Anna Smeliansky angestellt, auch Simmels Arbeit wurde bezahlt; vgl. Neiser (1978), S. 20. Im Dezember 1920 kam Hárnik hinzu; vgl. Eitingon (1922), S. 508. In einem längeren Artikel »Psychoanalyse der Massen« (Vossische Zeitung vom 24. Aug. 1919) begründet Dr. E. Simmel eingehend die Notwendigkeit einer solchen Institution im »Interesse der Volksgesundheit«; vgl. *IZP* 5(1919), S. 311. Bereits zwei Jahre später, am 15. März 1922, wurde in die »Preußische Gebührenordnung für approbierte Ärzte und Zahnärzte« im §22 »Psychoanalyse« in den Leistungskatalog aufgenommen. Zur Geschichte der Poliklinik siehe *Zehn Jahre Berliner Psychoanalytisches Institut* (1932); Bannach/Maetze (1971).
[4] Melanie Klein (1882-1960). Psychoanalytikerin in Berlin, später in London. Bekannt wurde sie besonders durch ihre Arbeiten zur Kinderanalyse. Ihr Verhältnis zu Anna Freud war nicht ohne Konflikte; vgl. u.a. Sayers (1991).

Vereins kleinere Vortragsreihen halten.

Vorschlag an Jones als Zentralpräsidenten, auf dem Wege über Genf (Flournoy, de Saussure[5]) mit den französischen Interessenten[6] in Verbindung zu treten. Unter Hinweis auf das vorzügliche Einvernehmen der Nationalitäten auf dem diesjährigen Kongreß sollte schon jetzt der Hoffnung Ausdruck gegeben werden, sie das nächste Mal zu sehen.

In gleicher Absicht hat sich Abraham mit Delgado[7] (Lima) in Verbindung gesetzt, dessen Schriften er für den Literatur-Bericht referiert hat.

Jones wird um Briefbogen der Vereinigung gebeten, damit das verabredete gleiche Format der Berichte eingehalten werden kann.[8]

Abraham

---

[5] Raymond de Saussure, (1894-1971). Arzt und Privatdozent in Genf, Schüler von Freud (Wien), Alexander (Berlin) und Loewenstein (Paris). Ab 1919 Mitglied der Schweizerischen Gesellschaft für Psychoanalyse.

[6] Auf dem Haager Kongreß hatten offensichtlich einige Franzosen ihr Interesse bekunden lassen, waren aber mit Hinweis auf den zurückliegenden Weltkrieg noch nicht selbst erschienen.

[7] Honorio Delgado (1892-1969). Psychiater in Lima, erster spanischsprachiger Vertreter der Psychoanalyse. Er veröffentlichte seit 1918 Arbeiten zur Psychoanalyse, gründete im selben Jahr die *Revista de Psiquiatria*, deren Hauptzweck »die Verbreitung psychoanalytischer Gedanken« in der spanischsprachigen Welt war. Abraham referierte seine Werke im Kapitel »Literatur in spanischer Sprache« des *Berichts über die Fortschritte* (1921, S. 366f.). Delgado besuchte Freud 1922 in Wien und nahm sowohl am Kongreß desselben Jahres in Berlin als auch 1927 an dem in Innsbruck teil. In den 30er Jahren entfremdete er sich der Psychoanalyse und wurde nach 1940 ihr heftiger Feind; vgl. KB, *IZP* 5(1919), S. 311f., León/Kagelmann (1991).

[8] Jones schickte sehr bald Papier mit dem gedruckten (englischen) Briefkopf der *International Psycho-Analytical Association* an alle Komitee-Mitglieder, das von da an in der Regel für die RB verwendet wurde. Ab 1922 änderte sich diese Praxis. Die RB wurden zunehmend auf einfachem Briefpapier ohne offiziellen Briefkopf geschrieben. Andererseits begann Rank auch das Briefpapier des Verlages und Jones das der British Psychoanalytical Society zu verwenden. Am häufigsten schrieb Ferenczi ohne Briefkopf, Abraham hin und wieder. Insgesamt wurden die RB zwischen 1920 und 1927 auf Briefpapier mit 13(!) unterschiedlichen Briefköpfen geschrieben und zwischen 1928 und 1936 auf Papier mit drei weiteren Briefköpfen.

7.10.1920/L
[Briefkopf: *International Journal of Psycho-Analysis*][1]

Oct. 7. 1920[2]

Dear Colleagues and Friends:
I hope I may be allowed to save myself much time by writing in English. To begin with, I want to express my gratification and sense of responsibility at being elected President of the Association, together with my relief at the thought that I shall have your support and advice regularly and throughout. Among the other valuable functions of this correspondence will therefore be the opportunity of exercising our united influence on the official control of all matters concerning the Association itself.
(1) At a meeting of the Council of our Society on Oct. 2, it was decided to add Mr Flügel to the Council, and to promote Dr Cole[3] to full membership of the Society, also to elect Dr Rickman[4] as Associate Member.
(2) We have surrendered the rooms of the Press[5], but have arranged with our successor there that he is to store and use most of our furniture gratis,

---

[1] Maschinenschriftlicher Brief.
[2] Freud schrieb an Jones gleichsam als private Antwort auf diesen Rundbrief: »Your first circulating letter was highly interesting for both of us. As you will learn by our next, the transactions with the man Kola are progressing in a very favourable manner. May be we will soon have our cares behind us and big chances of activity before us. But Rank is rather cool and cautious than enthusiastic in the matter and I dont blame him for it.« Vgl. Freud (1993e), S. 393.
[3] Estelle Maude Cole. In Irland geboren, seit 1919 als außerordentliches Mitglied der British Psychoanalytical Society bezeugt, 1928 wieder ausgetreten. Zu ihren bekanntesten Veröffentlichungen gehören *Three Minutes Talks about Children* (1928) und *Education for Marriage* (1938) ; vgl. KB, *IZP* 14(1928), S. 284; *Who was Who among English and European Authors*. 1931-1945. Detroit: Gale Research Company 1978, S. 327.
[4] John Rickman (1891-1951). Psychiater, wurde am 4.10.1922 zum o. Mitglied der British Psychoanalytical Society wählt. Er hatte im April 1920 eine Analyse bei Freud begonnen und setzte sie 1929 bei Ferenczi fort. Dies blieb nicht ohne Folgen für die Beziehung zwischen Freud und Ferenczi. Er wurde bald der wichtigste Mitarbeiter von Jones in der *Press;* vgl. Freud (1993a), S. 364; Freud (1993a), S. 665; Sigmund Freud-Sándor Ferenczi 11.1.1930 (ÖNB); Payne (1952).
[5] Vgl. RB 5.10.1920/W.

in return for which he will allow our plate to remain on the door and the address to be still used for the Press, keeping all letters, etc, till called for. Mr Hiller has the business files at his private rooms and conducts business from there provisionally. Mr Hirschfeld, whose wife is a grateful ex-patient of Prof. Freud's[6], called on me at Dr Pfister's suggestion, and asked me to interview his brothers, who are the proprietors of a large publishing and bookselling firm, and who wish to publish psa. literature. I shall do this at the earliest opportunity and hope to interest them in the sale of the Journal, as well as perhaps to sell to them the stock of our bookshop. Another publishing firm has also expressed similar interest, so that we shall in any case not be at the mercy of Allen & Unwin, who might take advantage of our financial position.[7]

---

[6] Zu Freuds Patientin Elfriede Hirschfeld siehe Falzeder (1994). Ihr Mann sei, schreibt Freud, vor dem 1. Weltkrieg »als Leiter eines großen kommerziellen Unternehmens« sehr reich geworden, später aber wieder verarmt (ebd., S. 70).

[7] Allen & Unwin hatten 1920 mit Jones einen Verlagsvertrag geschlossen, der die *Press* als Londoner Filiale des Wiener Verlages gleichsam überflüssig machte. Über diese Geschäftspraktiken gab es einen langen Briefwechsel zwischen Rank als Verlagsleiter und Jones als Filialleiter, in den sich auch Hiller einschaltete. Letztlich setzte sich Jones, der seine Selbständigkeit verlangte, durch, und Rank konnte in einem Brief vom 4.8.1920 nur noch feststellen: »... Bei Deiner [Jones] letzten Anwesenheit in Wien haben wir konstatiert, daß unsere Londoner Filiale so viel Geld verschlingt, daß die ganze Idee ihrer Gründung dadurch illusorisch wird. Wir stecken hier riesiges Geld in englische Bücher hinein, das wir in absehbarer Zeit nicht hereinbekommen können, weil es für den Betrieb der Filiale gebraucht wird. Dieser Zustand ist ganz einfach unhaltbar, das müssen wir uns klar machen, solange wir nicht über unbeschränkte Geldmittel verfügen. Nun hast Du aus dieser Schwierigkeit einen wie mir scheint guten Ausweg gefunden, indem Du den Vertrag mit Unwin gemacht hast, der unser Kommissionär für England und Amerika ist, und dies für 15% Prozent besorgt, während es uns, wenn wir es allein machen, mehr kostet. Die einzig logisch und kaufmännisch vernünftige Folgerung daraus ist aber die Auflassung der Londoner Filiale, die wenn sie schon früher nicht aktiv sein konnte, es jetzt noch weniger kann, weil wir ja Spesen auf beiden Seiten haben. Du schreibst, daß einerseits wir Bücher direkt weiter verkaufen können & hebst das als Vorteil hervor, was doch ein offenkundiger Nachteil ist, da es sich doch absolut nie lohnen kann, für die wenigen Bücher, die wir bis jetzt verkauft haben und wir weiterhin neben Unwin verkaufen werden, eine eigene Filiale zu halten. Das zweite Argument, das Du anführst, ist, daß wir durch Unwins Hilfe viel mehr Geld einnehmen werden. Zuge-

(3) I have condensed the Jahresbericht (Beiheft der Zeitschrift)[8] to about three quarters, omitting the polemic part (e. g. Italian) and have arranged for its translation by eight people, for publication in the 3rd and 4th numbers of the Journal; the whole of the first volume of the Journal will thus be occupied by collective reviews, and current reviews will begin in the second volume only. One section is already translated and I enclose it herewith for Dr Rank. We must have an American staff for abstracting the literature there, but the Brill[9] problem[10] is in the way. I had hoped to

---

geben: aber wir werden gar nichts davon haben, weil es vom Betrieb der Filiale verbraucht werden wird. Für unseren Gesamtverlag, von dem das englische ja nur eine Abteilung ist, handelt es sich darum, so rasch als möglich aus dem Verkauf des Journals und der Bücher englisches Geld zu bekommen und mit diesem weitere Bücher zu produzieren. Anstatt dessen wird der englische Verlag eine immer größere Last für uns, zwar eine, die wir gerne ertragen würden, wenn wir es könnten. Aber es ist absolut unmöglich, sie auch nur noch ein Jahr zu tragen. Ich wundere mich, daß ich Dir die vollkommene Überflüssigkeit der englischen Filiale überhaupt erst beweisen muß, sie ist doch ohne weiteres klar und ganz sicher, daß wir ohne sie einfach das ganze Geld, das Unwin für uns einnimmt, hier verwenden könnten, um neue Bücher herzustellen...«. (Otto Rank-Ernest Jones 4.8.1920, ORA).

[8] Als »Jahresbericht« wird der Band »Bericht über die Fortschritte der Psychoanalyse 1914-1919« bezeichnet, der 1921 als Nr. 3 der Beihefte der Zeitschrift erschien und dessen Manuskript im Herbst 1920 im wesentlichen vorlag. Er setzte die früheren Berichte im Jahrbuch der Psychoanalyse fort und sollte nun weitergeführt werden; es erschienen jedoch nur noch einzelne wenige Artikel.

[9] Abraham Arden Brill (1874-1948). Psychiater, gründete 1911 die New Yorker psychoanalytische Gesellschaft; vgl. u.a. Oberndorf (1948a,b).

[10] In den vorangehenden Monaten hatte es Schwierigkeiten mit Brill gegeben, u.a. wegen seiner Beteiligung an der Leitung des Journal und Jones' Kritik an seinen Freud-Übersetzungen; vgl. Freud (1993e), S. 344, 361, 371. Brill hüllte sich in langes Schweigen. Am 21.10. schreibt Freud an Jones, er habe einen klärenden Brief von Brill erhalten: »It was all jealousy, hurt sensibility and the like«, Freud (1993e), S. 395f.; vgl. auch Jones (1960-62), Bd. 3, S. 53-55). Außerdem verzögerte sich damals die Überweisung einer Geldspende von Brill für den Verlag, die auf das Konto von Ernst Freud in München eingehen sollte; vgl. RB 14.10.1920/W und RB 28.10.1920/W, außerdem gibt es einen Brief Freuds vom Februar 1923, in dem erneut dieses Problem behandelt wird: »Die Sache mit Brill's Donations ist nicht ganz so wie Jones sie darstellt, auch um einige Punkte klarer. Es ist kein Zweifel daran, daß Brill's Sendungen aus zwei Anteilen be-

get a letter from him before this about the Congress and the Munich money, but as none has arrived, I propose to write to him next week. The same remark holds also for the question of the American assistant editors.[11]

(4) Re the proposal made at the Congress that we should all follow the N. Y. example in having in each society a special corresponding secretary whose duty would be to be responsible for the local abstracts, reports, and other literary matters affecting the journals. I have reminded the Presidents of the Swiss and Dutch groups of this, and beg the Presidents of the three Central groups[12] to commend the proposal to their respective societies.

(5) Re Dr Ferenczi's proposal about the Statutes of each society. I do not think it would be possible, or perhaps desirable, that each society should have quite identical statutes, though certainly the question of having individual important clauses adopted by each group deserves serious consideration. At present the statutes are not even printed by all the groups, on account of printing costs. I should like to ask Dr Rank's opinion as to the expediency of having the statutes of the eight societies printed together in the Zeitschrift and Journal (Z. and J. for short), with a number of separate reprints of them. They would then be compared by members of all groups and the desirability of adopting suitable ones from other groups would be seen more vividly. Part of Dr Ferenczi's suggestion falls under the task entrusted to the central executive by the Congress, e. g. consideration and report on the conditions of membership, such as the necessity of the new member previously reading a paper. I intend soon to draft with Mr Flügel

---

standen 1) aus den von ihm gesammelten Geldern und 2) aus seinem Beitrag, den er mir als Royalties, Darlehen oder Geschenk angeboten hatte. Ich lehnte ihn ab, weil er nicht klar gemacht hatte was für Bedeutung er eigentlich hatte, und diese Ablehnung war der Grund, daß er die Summe für die *Press* bestimmte. Die Adresse von Ernst wurde dann gewählt, nicht weil sie mein Eigentumsrecht betonen sollte, sondern weil wir ein bequemes Depot im Ausland brauchten. In diesen beiden Punkten irrt also Jones: hingegen stand nach meiner Meinung, daß alles von Brill Geschickte und Geschenkte Eigentum der *Press* sei, nie im Zweifel.« Sigmund Freud-N.N (Lieber Herr Doktor), 27.2.1923 [LoC].

[11] Gemeint sind die amerikanischen Redakteure des Journal, auf deren Ernennung Brill – der fest vorgesehen war – Einfluß zu nehmen suchte.

[12] D. h. Freud (Wien), Abraham (Berlin) und Ferenczi (Ungarn).

a circular to the various societies asking them to discuss and express their opinions on a number of definite questions of this kind. I hardly see the necessity of consulting all societies for each new member, which would mean much work and expense, unless there is a reason to think that something may be known of the new member in a certain foreign group.

(6) Pfister wrote to me that Dr Spielrein[13] informed the Institute J. J. Rousseau at Geneva[14] that the Congress had appointed her the official representative of the Association at that Institute. I have of course done nothing in the matter, beyond asking Pfister to inform Bovet[15] privately of the state of affairs, including the lady's mentality.

(7) To Dr Ferenczi. I wrote to Rivers warmly commending Róheim, and Dr Rickman had two interviews with him on the subject. Unfortunately there seems no prospect of an ethnological post. Rivers said that there were a number of young men personally known who were waiting for the few posts available. I will ask Dr Eder, who is at present in London, if he can use his influence with prominent Jews here to find something; I should say that in Rivers' opinion there might be prejudice of a national and racial sort as well in the case of official bodies like universities. Rickman tells me that Róheim asked him to find an English publisher for

---

[13] Sabina Spielrein (1885-1941). Ärztin russischer Herkunft und Analysandin C. G. Jungs. Nach dem Abbruch der Analyse 1909 und dem Beginn eines dramatischen Briefwechsels mit Freud wurde sie 1911 Mitglied der Wiener und 1923 der Russischen Psychoanalytischen Vereinigung. Lebte von 1914 bis 1923 wieder in der Schweiz, ab 1920 in Genf. 1941 wurde Frau Spielrein mit ihrer Tochter von den Nazis bei einer Massenhinrichtung wahrscheinlich erschossen; vgl. Carotenuto (1986); Mühlleitner (1992a), S. 308; Kerr (1992); Wittgenstein (1992).

[14] Das Institut J. J. Rousseau, ein pädagogisches Labor an der Genfer Universität (seit 1970 »École de Psychologie et des Sciences d'Éducation«) war 1912 gegründet worden. Zu Spielreins Tätigkeit dort und ihrer Behauptung, beim Kongreß in Den Haag sei sie für eine Assistentenstelle am Institut »ausersehen« worden, vgl. Kerr (1994), S. 576f; siehe auch RB 13.10.1920/B, RB 2.11.1920/L, Punkt (9).

[15] Pierre Bovet (1878-1964). Mitbegründer und Leiter des Institut J. J. Rousseau, seit 1920 Professor für experimentelle Pädagogik in Genf. Wurde 1919 Mitglied der Schweizerischen Gesellschaft für Psa; vgl. u.a. *Schweizer Biogr. Archiv*, Bd. 4.

his Totemism book.[16] I hope you will remind Róheim that our *Press* is extremely anxious to publish it and that it is a bad principle to disperse good psa. literature.

I am happy to tell you that your letter from Budapest arrived on the third day. Concerning your remark about Psa in Paris, someone called Berguer has published there a book called La vie de Jésus au point de vue psychologique et psycho-analytique![17] I am seeking for a copy.

(8) As I am writing to friends I may be permitted to add some personal news, that my wife presented me yesterday with our first child[18]; both are doing excellently. Following the fashion of other analysts (Rank, Hitschmann, Flügel, etc), we began with a daughter. The doctor, a member of our society[19], observed that the child's first reaction to this world, before the cord was severed, was to suck her thumb! I wonder if this happens in the womb itself as a preparation for the arousing of oral excitability for the nipple.

With warmest greetings to you all

yours
Ernest Jones.

---

[16] Róheims Buch *Australian Totemism* war schon vorher zur englischen Veröffentlichung im Verlag vorgesehen gewesen; vgl. Freud (1993a), S. 382. Es kam aber erst 1925 bei Allen & Unwin heraus. Róheim hatte zu dem Thema in Den Haag einen Vortrag gehalten; vgl. *IZP* 6(1920), S. 396f.

[17] Berguer (1920); Referat von Oskar Pfister in *Imago*, 6(1920), S. 291f.

[18] Gwenith Jones (1920-1928), das erste Kind von Jones aus seiner zweiten Ehe mit Katharina, geb. Jokl.

[19] Vermutlich ist der Kinderarzt David Forsyth gemeint.

11.10.1920/Bp
[Briefkopf: Internationale Zeitschrift für Ärztliche Psychoanalyse][1]

Bp am 11.X.1920

Lieber Herr Professor, Liebe Kollegen!
1. Bis jetzt keinen Brief von Euch bekommen. –[2]
2. Ich wiederhole den Rank bereits geschriebenen Vorschlag, die Diskussion über die Referate von Binswanger[3] und Stärcke[4] <u>in den Vereinigungen</u> durchführen zu lassen und die gesammelten Diskussionsbeiträge – etwa als Beiheft der Zeitschrift – herauszugeben.[5] Jones müßte die zwei Referenten ersuchen, Abzüge oder Abschriften ihrer Referate jeder Vereinigung zukommen zu lassen, die Präsidenten der Vereinigungen müßten dann (<u>auch von Jones</u>) ersucht werden, bis zu einem bestimmten Zeitpunkt die Diskussions-Sitzungen abzuhalten und die Sitzungsberichte an Rank zu schicken. –
3. Die Angriffe gegen die Psychoanalyse sind an der Tagesordnung. Nach dem erwähnten medizinischen »Klatschblatt« haben zwei Tagesblätter das ungünstige Referat von Prof. Korányi veröffentlicht. Ich reagierte nur insofern, als ich der Behauptung, die Mehrheit der namhaftesten Gelehr-

---

[1] Handschriftlicher Brief; die Adressen von Ferenczi und Rank und die Angaben zum Heller Verlag sind gestrichen.
[2] Dieser Satz ist gestrichen. Vermutlich ist ein Brief eingetroffen, bevor Ferenczi das vorliegende Schreiben beendet hatte.
[3] Ludwig Binswanger (1881-1966). Schweizer Psychiater, Besitzer und Leiter eines Sanatoriums in Kreuzlingen, 1910 erster Präsident der Zürcher Ortsgruppe der IPV. Bemühte sich lange Zeit um den Brückenschlag zwischen Psychoanalyse und akademischer Psychiatrie; vgl. Mühlleitner (1992a), S. 46; Freud (1992b).
[4] August Stärcke (1880-1954). Holländischer Psychiater, 1911-1917 Mitglied der Wiener, dann der Niederländischen Psychoanalytischen Vereinigung. Erhielt 1921 den Preis für den besten Beitrag zur ärztlichen Psychoanalyse für seine Arbeiten »Der Kastrationskomplex« und »Psychoanalyse und Psychiatrie«; vgl. Mühlleitner (1992a), S. 313; Stärcke (1921a); Stärcke (1921b).
[5] Gemeint ist hier der Haager Kongreßvortrag von Binswanger (1920) und das Koreferat von Stärcke (1921b). Eine gemeinsame Veröffentlichung kam ebenso wenig zustande wie eine Parallel-Diskussion in den psychoanalytischen Vereinigungen. Wohl aber wurde Stärckes Beitrag in erweiterter Form als Beiheft 4 der Zeitschrift veröffentlicht; vgl. *IZP* 7(1921), S. 533.

ten seien alle Gegner der ψα durch das Zitieren einiger Namen und Hinweis auf den letzten Kongreß entgegentrat.[6] Darauf haben die contrajewish Zeitungen die Sache aufgegriffen und benützten die Gelegenheit, Angriffe gegen den in den Werken von Steinach[7], Einstein, Ehrlich[8],

---

[6] Ferenczi hat zur Untermauerung einen Zeitungsausschnitt beigelegt: Die Notiz lautete: »Der wissenschaftliche Wert der Psychoanalyse. Herr Dr. S. Ferenczi ersucht uns um Veröffentlichung der folgenden Zeilen: 'Im gestrigen Morgenblatt erschien ein kurzer Auszug des Referats über Gründung eines psychoanalytischen Instituts aus der Feder des hochgeachteten Internisten der Budapester Universität Prof. Baron Korányi. Die Diskussion über die darin enthaltenen Angaben gehört meiner Ansicht nach nicht vor das Forum der Öffentlichkeit. Da aber einmal die Frage nach dem wissenschaftlichen Wert der Psychoanalyse angeschnitten wurde, erlaube ich mir darauf hinzuweisen, daß sich bereits Gelehrte von bedeutendem Ruf der Psychoanalyse angeschlossen haben. Ich erwähne unter anderem den Professor an der Harvard-Universität Dr. James Putnam, die Vortragenden an der Londoner Universität Prof. Forsyth, Dr. Stoddart und Dr. Flügel, den Professor an der Bonner Universität, Dr. Frost, den Professor der Leydener Universität und Direktor der psychiatrischen Klinik Dr. Jelgersma, den ordentlichen Professor an der Universität in Cambridge, Dr. Rivers, ferner Prof. Jones (London), Prof. Moricheau-Beauchaut (Poitiers). Viel Anerkennung für die Psychoanalyse zollen Prof. Bleuler (Zürich), Prof, Régis (Bordeaux), Prof. Stanley-Hall (Clark-University U.S.A.). Es ist vielleicht ein Zeichen der Zeit, daß der Begründer der Psychoanalyse, Freud, unlängst auf Vorschlag der Wiener Fakultät zum ordentlichen Professor ernannte wurde. Als Präsident des in Haag soeben abgehaltenen VI. psychoanalytischen Kongresses, an dem zahlreiche Vertreter der Wissenschaft aus Deutschland, England, Holland, den Vereinigten Staaten, Ungarn, Österreich, Belgien, der deutschen und französischen Schweiz zum ersten Mal zu friedlicher Arbeit sich vereinigten, konnte ich mich von der stets und überall steigenden Anerkennung für diese Wissenschaft überzeugen. Die Entscheidung über den Wert der Psychoanalyse können wir also getrost der Zukunft überlassen.«
[7] Eugen Steinach (1861-1944). Physiologe, der sich als Leiter einer Abteilung der Biologischen Versuchsanstalt der Akademie der Wissenschaften in Wien mit den Problemen der Sexualphysiologie beschäftigte und die »Samenleiterunterbrechung« bei Freud durchführte. Bekannt geworden durch seine Erforschung der Sexualphysiologie; vgl. Jones (1960-1962), Bd. 3, 134; Sigmund Freud-Sándor Ferenczi 22.1.1924 (ÖNB); BLÄ.
[8] Paul Ehrlich (1854-1915). Deutscher Arzt, Entdecker des Salvarsans, des bahnbrechenden Mittels zur Syphilisbehandlung. Er erhielt 1908 gemeinsam mit

Marx und Freud herrschenden Geist zu richten. Eine reaktionäre Revue schließlich schrieb einen unflätigen Leitartikel gegen die Psa. – Natürlich enthalte ich mich jeder weiteren Äußerung. Interessant ist, daß gleichzeitig einige nächste Angehörige der angreifenden Partei (Familienmitglieder, Freunde) großes Interesse für die Psa. bekunden. –
4. Ranks Bericht vom 5/X. soeben bekommen. Die Frage des Vereinsabzeichens[9] wurde beim letzten Beisammensein der Mitglieder bereits *in positivem* Sinne entschieden. (Wir treffen uns jetzt nur bei mir zum »schwarzen Kaffee«[10],) Bis jetzt 2-mal: 1) Kongreßbericht, 2) (gestern) meine Arbeit über den »Tic«.[11]
5) Das handschriftliche Exemplar meines Briefes schicke ich gewöhnlich nach Wien. Die übrigen Exemplare sind (von meiner Frau) mittels Kopierpapiers vervielfältigt und gleichzeitig versendet worden. So auch heute. –
6) Ich denke, daß Adlers Buch zu meinem Referatengebiet gehört (Allgemeine Neurosenlehre). Ich bin bereit, dieses Referat zu übernehmen.[12]
7) Die im Bericht enthaltenen Anregungen werde ich nach Möglichkeit fördern.

Dank und Gruß von
Ferenczi

Élie Metchnikoff den Nobelpreis für Medizin; vgl. Britannica CD. Version 97. Encyclopaedia Britannica, Inc., 1997; BLÄ.
[9] Ödipus-Vignette, die ab 1919 als Logo in drei Variationen als Verlagsfirmenzeichen u.a. auf den Titelblättern aller Veröffentlichungen und den Briefbögen des IPV-Vorstands abgebildet ist; vgl. Marinelli & Arnold (1995), S. 7.
[10] »Schwarzer Kaffee« wurde traditionell in der Wiener Vereinigung gereicht; vgl. Wittels (1924), S. 117. Das ist wohl ein – mit Rücksicht auf die Zensur – indirekter Hinweis auf die gleichsam im Untergrund stattfindenden Versammlungen der ungarischen Vereinigung.
[11] Ferenczi (1921a).
[12] Offenbar waren die Autoren des Bandes *Bericht über die Fortschritte* (siehe RB 7.10.1920/L), in dem Ferenczi das Kapitel »Allgemeine Neurosenlehre« bearbeitet hatte (S. 87-123), als feste Referenten ihrer Gebiete eingesetzt worden. Adlers Buch (1920) ist weder in Ferenczis Sammelreferat (1921b) erwähnt noch sonst von ihm besprochen worden.

12.10.1920/L
[Briefkopf: *The International Psycho-Analytical Press*][1]

Oct. 12. 1920.

Dear Friends:
As Vienna has changed its day to Thursday, the day chosen for London, I had better change to Tuesday so as to preserve an even distribution.[2]
(1). At the annual Business meeting of our society last night the recommendations noted in (1) of my last letter were adopted. In the secret ballot for the re-election of associate members[3] Dr. Jago[4] was black-balled by two votes and so was not re-elected[5]; it is perhaps unfortunate, for although he had no good character, he was seriously working at psa. and is now being analysed by Flügel. I expounded the financial state of the *Press*, which produced some consternation, and it was agreed to have a general meeting next Friday chiefly taken up with a discussion of what can be done to remedy matters; we shall surely get some subscriptions, but I don't know how much.
(2) <u>To Prof. Freud.</u> The meeting was consulted as to their views about the assistant editors and I was asked to transmit them to you, a unanimous vote for Bryan and Flügel, with which I fully agree and therefore commend to you.[6]

---

[1] Maschinenschriftlicher Brief; Jones hat die Angabe »No. 2« handschriftlich in den Briefkopf eingefügt.
[2] Die Angabe der Wochentage bezieht sich auf das Absenden der RB.
[3] Die British Psychoanalytical Society hatte bei ihrer Neugründung 1919 beschlossen, »außerordentliche Mitglieder«, die alle Rechte von Mitgliedern genießen sollten, »mit Ausnahme des Stimmrechtes in den geschäftlichen Angelegenheiten der Vereinigung«, für die Dauer eines Jahres zuzulassen; d. h. sie mußten jedes Jahr wiedergewählt werden; vgl. *IZP* 6(1920), S. 186.
[4] William Jago (1854-1938). Außerordentliches Mitglied der *British Psychoanalytical Society;* ging 1925 nach Sansibar; vgl. KB der *IZP* 11(1925), S. 140.
[5] Jago scheint entgegen der obigen Angabe von Jones doch in seiner ao. Mitgliedschaft bestätigt worden zu sein; vgl. *IZP* 7(1921), S. 119; 8(1922), S. 110.
[6] Bryan und Flügel erscheinen in der Tat ab Jahrgang 1921 als Redakteure des Journals. Der Jahrgang 1920 wurde von Jones bis zur Klärung der Frage der englischen und amerikanischen Redakteure allein ediert; vgl. Freud (1993e), S. 361.

(3) I interviewed the Hirschfeld Brothers[7] this afternoon, who made a good impression as to their interest in psa., seemed agreeable to the idea of buying our stock of books and making themselves known as purveyors of psa. literature, and are to inspect the stock tomorrow and quote a price for it.

(4) Karl Hermann Voitel[8], a medical student, has written from Leipzig to the following effect: »Die Gesellschaft für psychoanalytische Forschung zu Leipzig, die am Anfang vorigen Jahres mit Unterstützung Prof. Freuds gegründet wurde, möchte in die Internat. Psa. Vereinigung als deren Ortsgruppe Leipzig aufgenommen werden. Da die Mitglieder aber meist Studenten sind, denen es bei der jetzigen Finanzlage unmöglich ist, beide Vereinszeitschriften zu halten und einen größeren Betrag für die Zentralleitung aufzubringen, so bitten wir deshalb um <u>Korporative</u> Aufnahme«. I know nothing of this group and beg for information from Prof. Freud and the Berlin members, also for suggestions as to possible alterations of our financial rules in case the society is a genuine one. Is there no known analyst at Leipzig?[9] I am not answering the letter until I get your replies.

(5) <u>To Abraham.</u> De Saussure was present at the Congress and Flournoy has recently sent an article to the Zeitschrift.[10] Do you suggest that we make overtures to the other Geneva pseudo-analysts (Claparède[11], etc),

---

[7] Die Inhaber des Londoner Verlagshauses »Hirschfeld Brothers«.

[8] Karl Hermann Voitel (gest. 1929) hatte als cand. med. 1919 in Leipzig eine »Gesellschaft für psychoanalytische Forschung« gegründet, deren Aufnahme in die IPV zunächst abgelehnt wurde (siehe RB 175/B). Der Kern der Gruppe konstituierte sich 1927 als »Leipziger Arbeitsgemeinschaft der Deutschen Psychoanalytischen Gesellschaft« (*IPZ* 1928, S. 427). Voitel blieb einer ihrer »eifrigsten Mitarbeiter«, wurde aber trotz Praxis-Eröffnung bis zu seinem frühen Tod kein Mitglied der DPG; vgl. *IZP* 5(1919), S. 228; vgl. auch den Nachruf von Therese Benedek im KB, *IZP* 16(1930), S. 271.

[9] Ab 1922 leitete Therese Benedek die Leipziger Gruppe. Zu den aktivsten Mitgliedern gehörten neben Voitel der Lehrer Hermann Ranft und der Arzt Herbert Weigel; vgl. KB, *IZP* 14(1928), S. 427.

[10] Flournoy (1920a). Dieser Aufsatz wird in einer Zusammenfassung unter »Kritik und Referate« besprochen; vgl. *IZP* 7(1921), S. 372.

[11] Édouard Claparède (1873-1940). Psychologe und Pädagoge; 1912 Mitbegründer des Institut J. J. Rousseau, seit 1915 Professor für experimentelle Psychologie in Genf. Teilnehmer am 1. Internationalen Psychoanalytischen Kongreß 1908 in Salzburg. Gemeinsam mit Théodore Flournoy Herausgeber der *Archives*

who have refused to join the Swiss group?[12] Perhaps you will discuss the details with Sachs who is the best informed and write to me further. I have written to Claparède asking for an exchange between his Archives and our Journal, but have as yet got no answer. With Delgado I am also in connection. Note-paper for the Vereinigung is being printed and will be sent in about a week's time.

(6) <u>To Rank</u>. I hope you will try to keep any eventual Italian Zeitschrift in the hands of the *Verlag*, just as the English Journal. I gravely doubt if the time is yet ripe in Italy for a journal, and fear that if one is given out by an Italian publisher it will soon be full of wild analysis. What do you think of the chance of a Romance Journal (combined French, Italian, Spanish), or of one in French only, since all Italians and Spaniards read French? Personally I think we had better wait a couple of years and content ourselves with translations for the present.

(7) I think the two suggestions of Rank's excellent, that we have an annual international discussion on the same theme, provided we find a suitable one, especially for the purposes of publication, and that we adopt the Oedipus sign for all official papers; I beg him to send me materials for the latter purpose, for it would be better that we use the same sample of sign.

(8) Pfister has promised me not to support Tannenbaum further in any way, but unfortunately had already sent him a short article.

<u>New Literature</u>, which will be reviewed in the J.

Dr Bousfield. The Elements of Practical Psycho-Analysis. (Kegan Paul, 10/6)[13]

André Tridon. Psychoanalysis. Its History, Theory & Practice. (Kegan Paul, 10/6)[14] (An American lay analyst, rather Jungian; Bousfield's book is also not good and written only for advertisement).

---

de Psychologie; wie Freud Ehrenmitglied der American Psychopathological Association; vgl. RB 7.10.1920/L; *Schweizer Biogr. Lexikon*.

[12] Im Jahre 1920 war in Genf eine psychoanalytische Gruppe unter dem Vorsitz von Claparède gegründet worden. Sie hatte keine Aufnahmebeschränkungen und war keine Untergruppe der Schweizerischen Gesellschaft für Psychoanalyse. Von ihr spaltete sich Ende 1920 eine »kleinere, spezieller ausgebildete psychoanalytische Gruppe« ab, zu der mehrere Mitglieder der Schweizerischen Gesellschaft gehörten; vgl. *IZP* 8(1922), S. 234f., 540; Kerr (1993), S. 575f.

[13] Bousfield (1920); besprochen von Jones in *IJP* 1(1920), S. 324-328.

[14] Tridon (1919); besprochen von Jones in *IJP* 1(1920), S. 476-477.

Tansley. The New Psychology. (Allen & Unwin).[15]
Macpherson. The Psychology of Persuasion (Methuen).[16]
Dr Constance Long. The Psychology of Dreams (Baillière, Tindall & Cox).[17] Jung.
Varendonck. The Psychology of Day Dreams. (Allen & Unwin).[18]
Forster. Studies in Dreams. (Allen & Unwin).[19]
Kimmins. Children's Dreams. (Longmans). (Great material).[20]
Heckel. La névrose d'angoisse. (Masson, Paris). Poor.[21]
Two good American books on ethnology concern themselves with psa. (Lowie, Primitive Society, Boni & Livewright.[22] Schleiter, Religion & Culture, Columbia University Press)[23], as do numerous new books on psychopathology, e.g. Geikie Cobb, Manual of Neurasthenia[24]; Functional Nervous Diseases, edited by Crichton Miller[25] (where McDougall[26] insists on the Viennese rights to the name psycho-analysis), etc, etc.
With cordial greetings

                 Ernest Jones

---

[15] Tansley (1920); besprochen von Jones in: *IJP* 1(1920), S. 478-480 und *IZP* 7(1921), S. 363 f.

[16] McPherson (1920).

[17] Long (1920); besprochen von Jones in: Journal 2(1921), S. 231-232.

[18] Varendonck (1921); nicht besprochen.

[19] Arnold-Foster (1921).

[20] Kimmins (1920); besprochen von Low in: *IJP* 1(1920), S. 481-483.

[21] Heckel (1917); nicht besprochen.

[22] Lowie (1920); nicht besprochen.

[23] Schleiter (1919); besprochen von Jones in: *IJP* 1(1920), S. 336-337.

[24] Cobb (1920); besprochen von Jones in: *IJP* 1(1920), S. 330-332.

[25] Miller (1920); besprochen von Bryan in: *IJP* 1(1920), S. 332-333.

[26] William McDougall (1871-1938) war ein Pionier der Erforschung des Sozialverhaltens. Bis 1920 war er Professor für experimentelle Psychologie in Oxford, danach ging er in die USA. Er nahm u.a. an anthropologischen Expeditionen nach Australien und Neu-Guinea teil und führte in Göttingen Experimente zum Farbensehen durch. Zu seinen bekanntesten Werken gehören eine Einführung in die Sozialpsychologie und »The Group Mind«. McDougall vertrat in einigen Schriften die Vererbung erworbener Eigenschaften und arbeitete in seinen letzten Lebensjahren auch über Parapsychology; vgl. *Britannica CD*. Version 97. Encyclopaedia Britannica, Inc., 1997.

13.10.1920/B
[kein gedruckter Briefkopf][1]

Berlin-Grunewald 13.10.1920
Bismarckallee 14
Berlin Nr. 2
Antwort auf Budapest, Wien, London Nr. 1

Lieber Herr Professor, liebe Freunde,
Unser erster Bericht, von mir (Abraham) spät nachts nach langer Arbeit geschrieben, war allzu kurz und sachlich. Gern ergreife ich heute die Gelegenheit, zu sagen, wie sehr wir drei uns mit den ersten Briefen gefreut haben, die in überraschend kurzer Zeit (je drei Tage) hier eintrafen. Und um dieses Mal das Persönliche gebührend zu betonen, sage ich zuerst Jones und Frau unsre herzlichsten Glückwünsche! Ich bitte Sie, lieber Jones, uns auch im nächsten Brief über das Ergehen von Mutter und Kind zu berichten.
Wir können zwar nicht von der Ankunft eines Kindes berichten, aber von derjenigen unsres »dritten Mannes«[2], Sachs. Seine Adresse ist »Berlin-Grunewald, Humboldtstraße 41, Pension Kruse«. Sachs und ich wohnen ganz benachbart, kommen daher oft zusammen und haben bereits zwei Komitee-Sitzungen mit Eitingon gehabt.
Sachs spricht am 21. im »Monisten-Bund«[3] über »Das Ubw. und die Einheit im Seelischen«. Ferner arrangierte er zwei Kurse: 1. Einführung in die psa. Theorie mit besonderer Berücksichtigung der Traumdeutung, 2. Anwendung der Psa. auf die Geisteswissenschaften.

---

[1] Maschinenschriftlicher Brief.
[2] Das Motiv des »dritten Mannes« zieht sich seit Homer durch Philosophie und Literatur; worauf Abraham hier genau anspielt, bleibt offen.
[3] Der am 11. Januar 1906 von Ernst Haeckel (Ehrenvorsitzender) und Albert Kalthoff in Jena (später Sitz in Hamburg) gegründete Verein zur Förderung der darwinistischen Weltanschauung hatte das Ziel, eine monistische Weltsicht (im Gegensatz zum Dualismus oder Pluralismus) auf der Basis der Allgemeingültigkeit der Naturgesetze zu begründen. Seine Organe waren Blätter des deutschen Monistenbundes (1906-08), *Der Monismus* (1908-14), *Das monistische Jahrhundert* (1912-14), *Monistische Monatshefte* (1915-1931).

Über unsre ärztlichen Kurse füge ich ein Programm für Rank bei.[4]
Sachs wird in kurzer Zeit mit didaktischen Analysen bis zur Grenze des Möglichen beschäftigt sein. Drei bis vier sind bereits sicher, dazu eine therapeutische Analyse.[5]
Zu Analyse und Kursen meldete sich u. a. Dr. Franz G. Alexander aus Budapest. Er gibt an, Dich, l. Ferenczi, zu kennen, und hat mit Frau Révész[6] gearbeitet. Kannst Du uns Näheres über ihn sagen?
Nunberg[7] wird anscheinend nicht hierher kommen. Eventuell reflektiert unser Institut auf Hárnik. Eitingon wird Dir, l. Ferenczi, Genaues schreiben. Wir betrachten es als nobile officium, das Institut nach Möglichkeit solchen Kollegen zu öffnen. Falls H. hierher kommt, so darf er neben der poliklinischen Tätigkeit, welche die Vormittage ausfüllen würde, auf genügend private Analysen rechnen, um von Anfang an hier reichlichen Unterhalt zu finden. Seit der Rückkehr vom Kongreß habe ich so viel Konsultationen, daß ich die Patienten auch mit Hilfe der niedergelassenen Kollegen nicht bewältigen kann. Ein tüchtiger Analytiker ist also sehr willkommen.
Unsre Vereinssitzungen finden am 2. und 4. Donnerstag jedes Monats statt.
Ein gedrucktes Exemplar unsrer Statuten folgt mit dem nächsten Bericht.
Zum Wiener Bericht: Über die Sache Kola hat Sachs eingehend berichtet. Vorteile und Nachteile des Projektes liegen so auf der Hand, daß wir sie hier nicht zu erörtern brauchen.

---

[4] Abgedruckt als Reklamenotiz am Ende von Heft 4(1920) der *IZP*.
[5] Terminus technicus für den Begriff der »Lehranalyse« für Ausbildungskandidaten. Die folgenden Erörterungen in den Ortsgruppen zu Ausbildungsfragen übernehmen die hier erstmals gemachte Unterscheidung zwischen diesen beiden Analyseformen erst ab 1925.
[6] Erzsébet Révész (1887-1923). Nervenärztin. Mitglied der Wiener, dann der Ungarischen Vereinigung. Heiratete 1919 Sándor Radó; vgl. Mühlleitner (1992a), S. 269.
[7] Hermann Nunberg (1884-1970). In Zürich ausgebildeter Psychiater polnischer Herkunft, seit 1915 Mitglied der Wiener Psychoanalytischen Vereinigung. Nunberg blieb bis 1931 in Wien. Über seine damaligen Verhandlungen wegen eines Wechsels an die Berliner Poliklinik siehe auch Max Eitingon-Sigmund Freud 19.10.1920 [LoC]; Mühlleitner (1992a), S. 236; E. Federn (1992).

Der Plan einer internationalen Diskussion sagt uns sehr zu. Wir bitten um Vorschläge zum Thema. Die Sammlung von Kindergesprächen[8] werden wir fördern. Ich selbst habe einiges Neue, das ich demnächst einsende.
Mit der literarischen Tätigkeit habe ich bei unsern Mitgliedern viel Schwierigkeit. Ich hoffe auf Besserung innerhalb eines Jahres, sobald junge Kräfte herangezogen sind. Jetzt hängt alles an einer zu kleinen Zahl von Personen. Boehm bietet ein Referat an über W. Liepmann[9], Psychologie des Weibes.[10] Wird ein solches gewünscht?
Ich habe das laufende Referat der speziellen Neurosenlehre[11] übernommen. Solange mir aber nichts Referierbares zu Gesicht kommt, kann ich auch nichts liefern. Den andern geht es auch so! Uns wird keine Literatur zugeschickt, wie etwa dem *Verlag*. Um den guten Willen zu beweisen, erkläre ich mich schon im Voraus bereit, die italienischen Arbeiten aus dem neuen Journal, falls es gegründet wird, zu übernehmen.
Tannenbaum war während des Kongresses hier, suchte die Poliklinik auf, traf aber niemanden von denen, die er treffen wollte. Hernach hat man nichts mehr von ihm gehört.
Marcinowski (übrigens nicht bei uns, sondern in Wien Mitglied) scheint der einzige in Deutschland zu sein, der auf T[annenbaum] eingegangen ist. Trotzdem M. manche gute Beobachtung veröffentlicht hat, muß ich immer wieder zur Vorsicht mahnen. Seine ärztliche Tätigkeit diskreditiert die Psa. aufs Übelste. Die Resultate seiner Analysen bekommen wir oft genug zu sehen. Sie sind in vielen Fällen haarsträubend. Ich sah neuerdings einen unglaublichen Fall: eine Person, die von M.s Frau[12] monatelang in einer methodisch ganz verkehrten Form behandelt war. Schließ-

---

[8] Vgl. in RB 5.10.1920/W den Absatz »Verlagstätigkeit«.

[9] Walter Liepmann. Promovierte 1924 in Freiburg i.Br. zum Thema *Deutung und Heilung eines Falles von Zwangsneurose und einer hysterischen Neurose durch Psychoanalyse*.

[10] Liepmann (1920). Ein Referat von Boehm ist nicht erschienen.

[11] Im Bericht über die Fortschritte (1921) wurde das Kapitel »Spezielle Pathologie und Therapie der Neurosen und Psychosen« von Abraham und Hárnik bearbeitet (S. 141-162); vgl. auch RB 11.10.1920/Bp.

[12] Gustl Marcinowski. Frau von Bronislaw Marcinowski; gelernte Krankenschwester, die mit ihrem Mann in der Leitung von psychoanalytisch orientierten Sanatorien zusammenarbeitete; vgl. Mühlleitner (1992a), S. 224; siehe auch RB 5.10.1920/W.

lich hatte M. sie selbst übernommen und ihr ein schriftliches Exposé über den Aufbau ihrer Neurose diktiert, das sie wie ein Evangelium bei sich trug. Ich habe es gelesen, aber verstehen konnte ich es nicht. Bei M. ist die Psa. mit einem Gebräu von Mystik und allem möglichen vermengt.

Budapest.
Briefe bitte nicht an mich, sondern an Eitingon (Berlin-Wilmersdorf, Güntzelstraße 2) zu adressieren. Sie gehen dann an Sachs und zuletzt an mich zur Beantwortung.
Für die Einführung der Ödipus-Vignette als obligatorisches Vereinszeichen können wir uns nicht begeistern. Sieht es nicht zu sehr nach Loge oder Geheimbund aus? In der Korrespondenz mit Uneingeweihten wird es nur Befremden erregen.

London.
Eitingon beabsichtigt im Januar nach New York zu gehen[13] und erbietet sich, die Angelegenheit Brill persönlich zu ordnen. Vielleicht könnte man Br. seinen Besuch in Aussicht stellen.
Die Stelle eines besonderen Vereinssekretärs für das literarische Gebiet wird Sachs vorläufig inoffiziell übernehmen.
Die Aufnahme neuer Mitglieder allgemein den andern Vereinen mitzuteilen, um ihr Votum zu erhalten, scheint uns ein zu schwerfälliges und auch kaum nützliches Verfahren.
Der Frage der Diplom-Erteilung stehe ich, wie auch Sachs und Eitingon, sehr skeptisch gegenüber. Gerade Pfister, der die Technik so wenig beherrscht, will einen solchen Befähigungsnachweis einführen![14]
Zur Sache Spielrein: nach unserm Wissen ist Frau Sp. von der Vereinigung nicht autorisiert, sich dem Institut Bovet gegenüber als unsre offizielle Vertreterin zu bezeichnen?

Allgemeines.
Wir sind sehr erfreut über die außerordentlich rege Verlagstätigkeit und bedauern nur immer wieder, daß sie Ranks Arbeitskraft ganz aufzehrt.
Wie steht es mit englischen Übersetzungen für meine Frau?

---

[13] Dieser Reiseplan wurde nicht realisiert (vgl. z.B. Max Eitingon-Sigmund Freud, 10.12.1920, LoC).
[14] Vgl. auch RB vom 20.9.1920/Bp, Punkt 2.

Noch ein Vorschlag: Da einstweilen keine Preise verteilt werden können, würde sich eventuell eine ehrenvolle Erwähnung bestimmter Autoren empfehlen. Auf ärztlichem Gebiet käme Stärcke, auf anderm Róheim in erster Linie in Betracht.[15] Bitte um Äußerung!
Zum Schluß noch die Bemerkung, daß wir schon jetzt die kaum eingeführte regelmäßige Kommunikation der Komitee-Mitglieder nicht mehr entbehren möchten. Die Idee, lieber Herr Professor, war ausgezeichnet und verdient konsequent durchgeführt zu werden.
Herzlich grüßend

Abraham

---

[15] Freud hatte 1918 den Beschluß gefaßt, »alljährlich aus den Zinsen der Budapester Stiftung [A.v.Freund] zwei hervorragend gute Arbeiten, je eine aus dem Gebiet der ärztlichen und der angewandten Psychoanalyse, mit Preisen auszuzeichnen« (1919d), S. 335. Da die Stiftung nicht in der geplanten Form realisiert werden konnte, wurde die Preiszuteilung nach dem ersten Mal zunächst eingestellt. »Durch eine neuerliche Spende des Direktors der Berliner Poliklinik (Dr. Max Eitingon)« kam es 1921 zur einzigen Wiederholung – mit Stärcke und Róheim als Preisträgern; vgl. Freud (1921d).

14.10.1920/W
[Briefkopf: *Internationale Zeitschrift für ärztliche Psychoanalyse*]¹

Wien, am 14. Oktober 1920

Liebe Freunde!
Wir bestätigen dankend den richtigen und prompten Empfang des ersten Rundbriefes (Budapest, Berlin, London) und freuen uns, durch diesen ständigen Kontakt so viele interessante Neuigkeiten zu erfahren. Von hier ist diesmal nicht so viel zu berichten.
Verlag: Herr Kola, mit dem Rank gesprochen hat, scheint weiter sehr geneigt, unseren *Verlag* zu übernehmen und dem seinen anzugliedern. Er gründet eine A.G. mit einem Kapital von 50 Millionen Kronen, den »Richard Kola Verlag«, dem er unser Unternehmen als selbständige Abteilung angliedern will. Er kauft den Psa.Verlag und übernimmt Rank als seinen Angestellten als Leiter dieser psa. Abteilung. Kapital brauchen wir gar keines. Er gibt uns volle Entwicklungsmöglichkeit für unsere Literatur: kurz alles, was wir wünschen können. – Über Details wurde noch nicht gesprochen. Sein Verlag soll am 1. Januar die Tätigkeit beginnen, da wir aber schon bestehen und sogar größtenteils bei den Kolaschen Druckereien arbeiten lassen, stünde einer eventuellen früheren Übernahme unseres Betriebes nichts im Wege. Der Verlag – der in dieser Woche auch zum endgiltigen Abschluß der Hellerschen Verrechnung² kommt – wird jetzt Bilanz und Inventuraufnahme machen und auf Grund derselben einen Kaufpreis ermitteln, den Kola für die Übernahme aller Werte und Aktivposten zu bezahlen hätte. Wir hoffen, daß diese Summe so hoch ausfallen wird, daß sie das bisher vom Fond³ in den Verlag investierte

---
¹ Maschinenschriftlicher Brief.
² Eine Auseinandersetzung mit dem Verlag von Hugo Heller, einem frühen Mitglied der »Mittwoch-Gesellschaft«, war nötig, weil dort vor 1919 u.a. die psychoanalytischen Zeitschriften und einige Freud-Werke erschienen waren, deren Rechte und Restbestände der Verlag übernahm; vgl. *IZP* 7(1921), S. 533. Heller hatte im übrigen zunächst die Auslieferung für den Verlag durchgeführt; vgl. auch Sigmund Freud-Sándor Ferenczi 1.1.1919 und 6.1.1919 (ÖNB).
³ Der Fonds, von dessen Mitteln der Verlag damals weitgehend lebte, war zunächst aus Freudschen Mitteln gespeist (vgl. RB 20.9.1920/Bp), dann durch eine von Eitingon besorgte Spende seines New Yorker Vetters aufgefrischt worden; vgl. Sigmund Freud-Max Eitingon 16.5.1920 (LoC).

Kapital deckt und daß Kola keinen Anstand nehmen wird, die geforderte Summe auch zu bezahlen. Da er ferner Rank direkt aufgefordert hat, seine Gehaltsansprüche als Verlagsleiter bei den Verhandlungen zu nominieren, ist zu hoffen, daß er dessen Minimalforderung von K 10.000[4] monatlich akzeptieren wird, welche wirklich unter den heutigen Lebensverhältnissen die unterste Grenze des Einkommens bei nur halbwegs annehmbaren Lebensbedingungen darstellt. Diese zwei Punkte: Kaufsumme und Gehalt, werden bei den, etwa in einem Monat beginnenden direkten Verhandlungen entscheidend sein. Inzwischen bleiben natürlich die Beziehungen zu Kola – auch durch Vermittlung seines uns sehr wohlwollend gesinnten Prokuristen Dr. Steiner – aufrecht. –
Wegen des von Brill seinerzeit dem Verlag überwiesenen Geldes, das wieder zurückgegangen war, hat Professor jetzt an Brill geschrieben und ihm gesagt, daß der Verlag es gut brauchen könnte.[5]
Róheims Buch erscheint jetzt sicher in unserem Verlag[6], da er schon die Überweisung einer bestimmten Summe als Beitrag zu den Herstellungskosten angekündigt hat (bes. für Jones). –
Vom Jahresbericht fehlen noch immer die Beiträge von Eitingon, Boehm, Róheim und Rank (letzterer schon in Arbeit; Boehm schon angekündigt).[7] Besonders peinlich ist das Fehlen des Eitingonschen, da er ganz voran zu stehen kommt und die ganze Druckereiarbeit dadurch aufgehalten ist. –
Róheim soll von Ferenczi angespornt werden. (Für <u>Jones</u>: Der italienische Literaturbericht, der allerdings schlecht ist, möge von Jones nicht ganz weggelassen werden bei der Übersetzung, da er doch das einzige

---

[4] Entspricht heute der Kaufkraft von etwa 2000,- DM.

[5] Der erste Brief von Freud an Brill in der LoC ist vom 26.10.1920, der in Rede stehende Brief ist verschollen. Die Spende Brills (vgl. RB 7.10.1920/L) war nach einem ersten Überweisungsversuch ohne Erklärung wieder zurückgegangen; vgl. Freud (1993a), S. 396, Anm. 2.

[6] Wahrscheinlich Róheims Arbeit »Das Selbst« (1921), die in vier Teilen in Imago erschienen war.

[7] Im Bericht über die Fortschritte (1921) verfaßte Boehm das Kapitel »Sexuelle Perversionen« (S. 52-80), Róheim das über »Ethnologie und Völkerpsychologie« (S. 163-194) und Rank das über »Traumdeutung« (S. 26-43). Eitingon hatte den Abschnitt »Das Unbewußte« übernommen (im Bericht als 2. Kap. gedruckt: S. 19-25), den er aber trotz mehrfacher Mahnung nicht zustande brachte und der schließlich kommissarisch von Reik bearbeitet wurde (vgl. auch Max Eitingon-Sigmund Freud 10.12.1920, LoC).

Bild der italienischen Literatur gibt. Redaktionell hat uns der betreffende Referent[8] alle Freiheiten gelassen und der englische Übersetzer kann davon Gebrauch machen.)
Verein: Gestern war die erste Sitzung der Vereinigung; nichts besonders zu berichten. – Die rein formellen Geschäfte (Statuten etc.) werden hoffentlich immer mehr in den Hintergrund treten, und wo ihnen nicht auszuweichen ist, da hoffen wir, daß das Präsidium sie intern erledigen wird.

Nunberg hat sich prinzipiell bereit erklärt, nach Berlin zu gehen, und sich bereits mit der dortigen Poliklinik in Verbindung gesetzt. –

Prof. Alf. Fr. Pribram[9], der Historiker unserer Universität, der übrigens in England geboren ist und viel dort gelebt hat, erzählte Prof. Freud, daß in Cambridge, wo er mehrere Wochen im Sommer als Gast weilte, ein sehr starkes Interesse für die Psa., besonders für die in Totem und Tabu versuchten Anwendungen derselben, besteht. (Das gleiche bestätigte ein zweiter Wiener Professor, Rob. F. Arnold[10].) Pribram hat auch die Redaktion aller auf Österreich bezüglichen Artikel der nächsten Auflage der Encyclopedia Britannica (vielmehr ihrer Ergänzungsbände) übernommen und verspricht, einer ausführlichen Erwähnung der Analyse darin Raum zu schaffen.
Schließlich – last not least – sprechen wir Jones unsere herzlichsten Glückwünsche, auch auf diesem Wege, aus. – Sein Hinweis auf die anderen Analytiker, die mit Töchtern begonnen haben, ist wohl als Trost zu verstehen; um so merkwürdiger, daß Jones nur solche nennt, die auch mit diesen Töchtern aufgehört haben, und die anderen, möglicherweise sogar

---

[8] Edoardo Weiss (siehe RB 28.10.1920/W).
[9] Alfred Pribram (1859-1942). Professor für mittlere und neuere Geschichte in Wien, mit Freud persönlich bekannt. Am 30. November 1921 nahm er an einer Sitzung der WPV teil, auf der Hans Kelsen über den »Begriff des Staates und Freuds Massenpsychologie« sprach; vgl. ÖBL; Fallend (1995), S. 216.
[10] Robert Arnold (1872-1938). Professor für deutsche Literaturgeschichte in Wien (ÖBL). Als Literaturhistoriker beschäftigte er sich besonders mit dem Film als Gegenstand der Theaterwissenschaft.

bedeutenderen Analytiker[11] nicht, die sich mit der ersten Tochter nicht zufrieden gaben.
Mit herzlichen Grüßen

[Freud/Rank][12]

P.S. Auf dem Berliner Brief vermißten wir die Unterschrift Eitingons, zu der jetzt noch die Sachs' hinzukommt. –

[Handschriftliche Notiz von Freud:][13]

Prof. Alf. Fr. Pribram, der Historiker unserer Universität erzählt, daß in Cambridge, wo er mehrere Wochen als Gast verweilte, ein sehr starkes Interesse für die Psychoanalyse, besonders für die in Totem und Tabu versuchten Anwendungen derselben besteht.
Pribram hat auch die Redaktion aller auf Österreich bezüglichen Artikel der nächsten Encyclopedia Britannica (vielmehr ihrer Ergänzungsbände) übernommen und verspricht, einer ausführlichen Erwähnung der Analyse darin Raum zu schaffen.

---

[11] Natürlich vor allem Freud selbst.
[12] Die Unterschriften finden sich nur auf dem Exemplar des BIPA, sie fehlen auf der Kopie im ORA.
[13] Befindet sich nur im ORA.

18.10.1920/Bp
[Briefkopf: Dr. Ferenczi Sándor, Idegorvos[1]][2]

Budapest, 1920 Oktober 18.

Liebe Freunde,
1. Ich freue mich außerordentlich über die günstigen Aussichten des Wiener *Verlags*. Sobald der Vertrag geschlossen ist, müssen wir
a) über das für unsere Zwecke verfügbare Kapital
b) über die Bedingungen, die uns (resp. Rank) gestellt werden orientiert werden, dann sollte Rank einen allgemeinen Betriebsplan ausarbeiten, zu dem jeder von uns seine Bemerkungen machen könnte, usw. Mit einem Wort, es wird lebhaft zugehen!
2. In der Voraussetzung, daß das Geschäft mit Kola zustande kommt, mache ich Rank sofort einen privaten Vorschlag. Mein Verleger, Dick[3], ist sehr unverläßlich. Da ich keine Zeit, auch keine Lust habe, mich um den Vertrieb meiner ung. Werke und Übersetzungen zu kümmern, übervorteilt er mich nach jeder nur möglichen Art. Unlängst machte mir eine Wiener ung. Firma[4] einen sehr günstigen Vorschlag: Ich soll ihr die ung. ps.an. Werke – u zw. nur die nächste Auflage, allerdings eine starke: je 4000 Exemplare, überlassen; man zahlt mir (sagten sie) 12 ½ % vom Brutto! Wien ist jetzt nämlich ein günstiges Zentrum zum Verkauf und zur Herstellung ung. Bücher für die besetzten ung. Gebiete geworden; wohin von hier aus kaum etwas exportiert wird. – Natürlich würde ich es vorziehen, die ung. Bücher dem internat. *Verlag* zum Vertrieb zu überlassen. Dick könnte weiter den Vertrieb im Stammland Ungarn besorgen. – Einige ung. ψα Werke sind seit Monaten vergriffen und sollen in 3. resp. 4. Auflage erscheinen.

---

[1] Ungarisch: Nervenarzt.
[2] Handschriftlicher Brief.
[3] Manó Dick. Ungarischer Verleger und Buchhändler, Mitglied der am 17. März 1918 wieder aktivierten »Ungarischen Psychoanalytischen Vereinigung«, die sich »zu Ehren des Begründers der Psychoanalyse« fortan auch den Untertitel »Freud-Verein« gab; vgl. KB, *IZP* 5(1919), S. 57.
[4] Gemeint ist wohl eine in Wien ansässige ungarische Firma.

Bezüglich dieser wäre die Sache akut[5]; ich möchte nämlich von Dick um jeden Preis fort. – Einzelheiten können wir natürlich erst besprechen, wenn das Geschäft mit Kola abgeschlossen ist. Der Verbrauch Ungarns an ung. ψα Büchern ist ein recht bedeutender. Die ung. Übersetzung der Traumdeutung (von mir und Hollós[6]) kann nicht erscheinen, weil Dick kein Papier hat. –
N.B. die ung. Bücher sind mein Eigentum, sie [sind] bei Dick nur zum Vertrieb. Ausgenommen ist die ung. Traumdeutung, deren Hausgabe auf gemeinsames Risiko (von Dick und mir) gedacht war.
3) Zu Jones' Bericht vom 7.X.:
a) Ich halte es für eine dringende Aufgabe, die amerikanische Organisation zu neuem Leben zu erwecken, – wenn es geht – mit Brill, wenn er aber länger streikt: ohne ihn. Es ist nicht möglich, daß wir es dulden, daß infolge des neurotischen Verhaltens eines Einzelnen die ψα Bewegung in einem ganzen Weltteil einschläft. Leider kann ich hierüber keine positiven Vorschläge machen.[7]
b) In der nächsten Sitzung will ich Dr. Eder[8] mit der Leitung des Referatenwesens betrauen. Dr. Szilágyi[9] behält das Referat über ung. Literatur, Róheim den über Ethnologie, ich das über Neurosenlehre.

---

[5] Bereits Anfang 1920 wurden Ferenczis Werke als »in neuer Auflage erschienen« angekündigt; vgl. *IZP* 6(1920), S. 110.
[6] István Hollós (1872-1957). Psychiater und Chefarzt der staatl. Irrenanstalt Nagyszeben, in der er als erster die psychoanalytische Behandlungsmethode in die Anstaltspsychiatrie einführte. Er war Gründungsmitglied der Ungarischen Psychoanalytischen Vereinigung von 1913, in Lehranalyse bei Ferenczi und Federn. Nur knapp entkam er der Ermordung durch ungarische Faschisten (Pfeilkreuzler) und emigrierte mit seiner Frau in die USA. Über sein Schicksal berichtet Hollós im »Brief eines Entronnen«. Ein großes Konvolut unerschlossener Briefe zwischen ihm und Paul Federn befindet sich in der Library of Congress (Washington), die als Selbstanalyse – so Hollós – einen tiefen Einblick in die Folgen seines Schicksals geben. Nach dem Krieg kam er zurück nach Ungarn und arbeitete zwischen 1950 und 1952 in der psychiatrisch-neurologischen Abteilung eines Budapester Krankenhauses. Übersetzte auch Freuds »Traumdeutung«; vgl. Ungarische Psychoanalytische Vereinigung. Freud-Verein. *IZP* 5(1919), S. 59; Hollós (1974);. Harmat (1988), S. 385.
[7] Vgl. RB 7.10.1920/L, Punkt (3).
[8] Vgl. RB 7.10.1920/L, Punkt (7).

4) Zu Jones' Bericht v. 12.X.:
a) Wir sind vollkommen außerstande, englische oder französische Bücher oder Zeitschriften zu kaufen. Ich wäre Jones sehr dankbar, wenn er neue Bücher, die er nicht braucht oder schon gelesen hat, leihweise uns überließe. Ich bin gern bereit, französische Bücher für die Zeitschriften (u. Journal) zu referieren. Auch Cruchet's Tic-Arbeiten[10] möchte ich gerne lesen.
b) Für das interessante Zitat aus Elliot[11] herzlichen Dank.
5) Zu Abrahams Bericht Nr. 1.
Ich vermisse die Antwort auf meine Frage bezügl. des anzustellenden 2. Arztes der Poliklinik, die ich in meinem 1. Bericht stellte (Dr. Hárnik).
6) In der Wochenschrift »The Nation« (New York) v. 29. Mai 1920 finde ich folgende Annonce:

Lecture on
»America's Contribution to Psycho-
analysis.«or Kempe and his Dynamic Mechanism
by André Tridon famous
psychoanalyst.
At the Bramhall-Playhouse /38 E. 27th St.
On June 3. Thursday 8^{30} p.m.
Reserved Seats $1.10. General Admission 55c.

Tickets by mail from Symon Gould, 107 E. 4. St. N.Y.City

Wer weiß etwas?[12]
Herzlich grüßend

Ferenczi

---

[9] Géza Szilágy (1875-1958). Dichter, Journalist und Dramaturg. Ab 1919 Mitglied der Ungarischen Psychoanalytischen Vereinigung; vgl. Magyar Életrajzi Lexikon.
[10] Wahrscheinlich Cruchet (1902) und Cruchet (1907).
[11] Gemeint sein könnte sowohl der amerikanisch-englische Schriftsteller T(homas) S(tearne) Eliot (1888-1965), als auch die englische Schriftstellerin George Eliot (1819-1880). Allerdings findet sich in RB 12.10.1920/L keinerlei Zitat. Möglicherweise gab es eine Anlage, die verschollen ist.
[12] Antwort in RB 26.10.1920/L.

19.10.1920/L
[Briefkopf: *International Psycho-Analytical Association*][1]

London 3.
Oct. 19. 1920

Dear Friends:

(1) I propose that we [gestrichen: shall] always begin by acknowledging the receipt of letters, which should be numbered: thus, received Berlin 2, Budapest 2, Vienna 2.

(2) My chief news is of a business nature. The meeting of our society on last Friday, the 15th, was chiefly devoted to a statement of the position of our *Press*, with a discussion as to its future, especially from a financial point of view. Next week I will circulate copies of our financial accounts. The tone of the meeting was good, with certain exceptions, and the up-shot was that those present promised to subscribe £ 315 in the next few months (apart from myself). The greater part of it has already been paid, £ 9 more has been promised since, and there will be a further sum from those net present at the meeting, perhaps £ 50.[2] We have not yet heard from Hirschfeld[3], but I hope to sell him our stock of books this week for at least £ 150. We have paid all our debts except to the *Verlag*, and still have a considerable balance in hand, with also something owing to us. I gave Rank 300 dollars in August from Mrs. Putnam[4] (donation), and the 1000 dollars that Brill sent to Munich should arrive some time. These are large sums, so our financial position is very good, now that we have reduced expenses by closing the shop. Our debt to the *Verlag* is about £ 230, which will now be paid at once. As the English valuta is rapidly falling because of the cessation of coal export due to the strike, I have thought it best not wait till we have a larger sum, and have sent off tonight £ 195, notifying also Kola in Vienna.

---

[1] Maschinenschriftlicher Brief.

[2] Die hier beschriebene Spendenaktion spielt auch im Briefwechsel zwischen Freud und Jones eine bedeutende Rolle; vgl. Freud (1993a), S. 398 ff. In der Beurteilung der Zusammenarbeit mit Rank stellt Jones am 12.11.1920 erstmalig fest, daß diese – zumindest für das *IJP* – »absolutely invaluable« sei.

[3] D.h. vom Verlagshaus »Hirschfeld Brothers«.

[4] Marian Putnam (geb. 1857). Witwe von James Putnam.

This Rank can change at whatever he thinks is the most favourable moment. The duration of our coal strike is very uncertain; the opinion is that it will last either very short (10 days) or three months. In any case our valuta must go down further, though this may perhaps not apply to Austria if the valuta there also sinks.

Two criticisms were made by our members. First, that they had no voice in the conduct of the *Press*, and secondly that London publishers would be glad to publish both the Journal and our books without our providing any capital (which is true). I laid great stress on the advantages of our having an independent international *Verlag*, whose objects were scientific rather than commercial. It was therefore a shock to me to get the Vienna letter yesterday and hear, for the first time, that there is a proposal for another firm to buy and own our *Verlag*. If this is carried out I cannot answer for what our members may say; it may place me in an extremely awkward position. From the hint dropped to me by Rank last June I understood that the relation to Kola was only for certain purposes in common (e. g. buying paper, etc.), and had no idea that we were to sell our *Verlag* and to transfer our Managing Director to be an official of Kola's. As the other members of the committee seem to be fully informed about the matter, I wrote last night to Rank and begged him to send me some news of the proposal ad its advantages, so that be need not burden his next Rundbrief with a familiar discussion. In principle I should he strongly against our losing our valuable independence, but I assume that there are counter reasons outweighing this. But one must be clear about the fate of the English money, for our members would probably ask for it back if they felt that they had subscribed to it on a false basis. Also how is the future relation of the *Press* to Kola contemplated? As we were still »at war« when our *Press* was founded it had to be legally a purely British firm, and its relation to the *Verlag* is based on private understanding only. Even now, for an Austrian firm to have a branch in London involves very cumbrous restrictions, including their sending every year to our Government a full copy of all their book-keeping accounts (of the main firm, not only of the branch). I apologise for taking up the time of the members with these details, but they seem to me to be of great practical importance.

(2) Forsyth[5] has not attended any meetings for six months, and informed Hiller that he disapproved of the *Press* (? also the society) »because it was a one man's show«.[6]

(3) To Rank: I have officially informed our Treasurer, Stoddart[7], that the price of our *J.* to members will be raised for the second volume from 18.- to 20.-[8]. Should this be altered on the next number of the *J.*, or only on the second Jahrgang?

(4) A. G. Tansley[9], Professor of Botany a Cambridge University, who has just written a good book called The New Psychology[10], read a paper on Oct. 13th on Freud's Theory of Sex from a Biological Point of View, before the British Soc. for the Study of Sex Psychology.[11] He regretted the Ablehnung of biology in the preface to the Drei Abhandlungen, and asked me the meaning of the passage, which I should be glad to hear from

---

[5] David Forsyth (1876-1941). Gründungsmitglied der »London Psycho-Analytical Society« (1913) und der British Psycho-Analytical Society (1919). Forsyth war bei Freud 1919 in Analyse. 1931 lud Forsyth Freud nach London ein, um die »Huxley Commemorative Lecture« zu halten, vgl. u.a. Freud (1993e), S. 350, Vgl. Molnar (1996), S. 159.

[6] Vgl. Freud (1993a), S. 397f.

[7] William Stoddart (1868-1950). Gründungsmitglied der »British Psycho-Analytical Society« 1919; vgl. KB, *IZP* 6(1920), S. 185; vgl. auch »Medical Who is Who« (1914).

[8] Wahrscheinlich Pfund Sterling.

[9] Arthur George Tansley (1871-1955). Botaniker, prägte 1935 den Begriff »Ökosystem« als Bezeichnung für den Funktionskreis aus Lebensgemeinschaft und Lebensraum als natürliche ökologische Einheit. 1922 Analyse bei Freud. 1925 ordentliches Mitglied der British Psycho-Analytical Society. Als Mitglied der Bloomsbury Group war er befreundet mit James Strachey und Virgina Woolf; vgl. Freud (1993e), S. 468.

[10] Tansley (1920); besprochen von Jones in: *IJP* (1920), S. 478-480 und *IZP* 6(1921), S. 363 f.

[11] Folgende Notiz erschien in der Rubrik *Zur psychoanalytischen Bewegung – Personalia*: »Am 13. Oktober hielt Prof. A. G. T a n s l e y von der Cambridge University in der British Soc. for the Study of Sex Psychology einen Vortrag über F r e u d s Sexualtheorie vom biologischen Standpunkt«; vgl. *IZP* 7(1921) S. 107. Im Vorwort zur vierten Auflage der *Drei Abhandlungen zur Sexualtheorie* weist Freud darauf hin, daß das an die Biologie angrenzende Stück der psychoanalytischen Lehre, die Sexualtheorie, noch immer unverminderten Widerspruch hervorrufe; vgl. Freud. (1920 e), S. 31.

Professor himself. T. was enthusiastically in favour of the theory, which he declared to be throughout essentially sound from a biological point of view and supported by much evidence from that science.

(5) Note-paper and envelopes have been sent to all members today.

(6) The plan of an international discussion might be useful if we could find a suitable theme, which is not easy. Ferenczi's proposal to continue the Congress symposium would not find any interest in London. Our members have asked to have a general discussion on »Battle dreams«, especially in the light of Prof's paper at the congress on the repetition of traumata.[12]

(7) I quite agree with Ferenczi's attitude of reserve against attacks, as it wastes time and affect, and does no good. If anyone should react it should be a junior member, and they usually feel more to do so than seniors.

(8) <u>To Rank</u>. I am very glad to hear that we can have Róheim's book[13], but hope you will remind him of the suggestion I made to him at The Hague, that he should write a full introduction for these not familiar with psa and especially with Totem und Tabu. This is essential in a book that should find many readers outside our circle. I have not omitted the Italian literature, but only the polemical part, reducing the whole to about a quarter.

(9) <u>To Abraham</u>. So far as I know, Dr. Spielrein's statement was quite invented by her, and has no foundation in fact.[14] I am, like you all, most sceptical about the diploma question, and it will be only formally dealt with in our proposed circular.

(10) <u>To Eitingon</u>. It is an excellent idea that you should try to come to terms with Brill personally. I must write to him this week and will let you know of any answer, as I hope Prof. will if he writes to him. I should like to know whether you intend to visit London first, which would be very agreeable.

I wish to thank you very warmly, as all the other members, for their kind congratulations, and am glad to say that my wife and baby are progressing most excellently.

---

[12] Freud sah eine Ausnahme von der Regel, daß der Traum eine Wunscherfüllung sei, in den sogenannten »traumatischen« Träumen; vgl. Freud (1920f).

[13] Roheim (1921).

[14] Vgl. RB 7.10.1920/L, Punkt (6).

I fully echo Abraham's final remark about the value that one already sees in this regular communication, and do not doubt that we shall perfect the technique of it still further. At first I was in favour of a fortnightly letter, but am beginning to be converted on that point also.
With cordial greetings to all.

Ernest Jones

P.S. To Rank: I will do what I can with Eder about propaganda in Palestine.[15]

---

[15] Bereits vor dem Nazi-Regime in Deutschland stand Eder dem zionistischen Gedankengut nahe. Neben seiner analytischen Tätigkeit engagierte er sich zwischen 1933 und 1936 für jüdische Flüchtlinge. Entsprechend seinen zionistischen und sozialistischen Neigungen, sowie seinem beruflichen Interesse an der Psychoanalyse, verfügte er, mit den Geldern der David Eder-Stiftung an der Hebräischen Universität in Jerusalem eine Bibliothek zu gründen; vgl. Jones (1936); Glover (1937).

20.10.1920/B
[kein gedruckter Briefkopf][1]

Berlin-Grunewald, 20.10.1920
Berlin Nr.3
Antwort auf Budap., London
& Wien Nr. 2[2]

Lieber Herr Professor, liebe Freunde,

Von uns ist dieses Mal zu berichten, daß sich auch weiter Ärzte melden, welche nach den Möglichkeiten zur Ausbildung in der Ps.-A. fragen. Es sind natürlich nicht immer solche, die für die Zukunft besondere Leistungen erhoffen lassen. Aber einige dürften Gutes versprechen. Wir haben nun eine Anzahl solcher Lernbegieriger als Gäste in unsern Sitzungen. Die letzte Sitzung war von 16 Personen besucht – eine noch nie erreichte Zahl. Natürlich nehmen wir alle diese Neulinge vorläufig nicht als Mitglieder auf.

Bei Ärzten und Publikum scheint das Interesse an der PsA in ständigem Zunehmen. Das geht auch daraus hervor, daß Ärzte öfter Patienten die ps-a Behandlung empfehlen, was früher sehr selten vorkam.

Um so mehr bedauern wir die vielen Anfeindungen, von denen Du, lieber Ferenczi, aus Budapest berichtest.

Budapest.

Den Vorschlag einer Diskussion über Binswanger-Stärcke begrüßen wir als ganz besonders gute Idee.

London.

Wir bitten die Berichte[3] an Eitingon zu adressieren!

---

[1] Maschinenschriftlicher Brief.
[2] RB 11.10.1920/Bp, 12.10.1920/L und 14.10.1920/W.
[3] Vgl. RB 5.10.1920/W. Im Korrespondenzblatt wurde in unregelmäßigen Abständen über die einzelnen Aktivitäten der verschiedenen Ortsgruppen berichtet. Diese Berichte waren manchmal ausführliche Zusammenfassungen einer wissenschaftlichen Diskussion, manchmal nur eine lapidare Mitteilung, daß dieser und jener Vortrag stattgefunden hatte. Im Rahmen dieser Berichte wurden in unregelmäßigen Abständen auch die Mitgliederlisten der psychoanalytischen Vereinigungen veröffentlicht.

Was den Leipziger Verein[4] betrifft, so ist uns seine Existenz bereits bekannt. Wir schlagen Folgendes vor. Der Verein solle sich mit unsrer Berliner Vereinigung (Schriftführer Dr. Liebermann[5], Berlin-Grunewald, Humboldtstr. 6a) in Verbindung setzen, und uns zu einer Sitzung einladen. Ein Mitglied unserer Vereinigung werde dann gern der Einladung folgen und mündlich mit den Herren verhandeln.
Eitingon fährt oft nach Leipzig, da seine Eltern dort wohnen und ist bereit, die Verhandlungen zu führen.
Wien.
Nunberg's Brief an Eitingon enthielt eine Menge von Bedenken so daß wir glauben, daß er eher ablehnen als akzeptieren wird.
Sachs hat in dieser Woche bereits 24 Analyse-Stunden, in der nächsten 30, ab 1. November voraussichtlich 42.
Zum Kurs über Anwendung der PsA auf die GW[6] hat sich fast der gesamte Berliner Verein gemeldet. Der Vortrag im Monistenbund ist verschoben. Bei Reuss & Pollak[7] beginnt am Mittwoch 10. Nov. ein 10stündiger Cyclus, für den sich bereits starkes Interesse zeigt.
Ab Ende Oktober lautet die Adresse von Sachs: Berlin W. 15, Meinekestraße 22, bei Geheimrat Jacobsohn. Der Umzug erfolgt, weil S. wegen der starken Beschäftigung näher zur Stadt wohnen muß.
Von Abraham erschien in der »Neuen Rundschau« ein populärer Aufsatz: »Die PsA als Erkenntnisquelle für die Geisteswissenschaften«.[8] Leider fehlt es an genügenden Exemplaren zum Versandt.
Mit herzlichen Grüßen
            M. Eitingon
Abraham   Dr. Hanns Sachs

---

[4] Vgl. RB 12.10.1920/L, Punkt (4).

[5] Hans Liebermann (1883-1931). Analysand Eitingons und eines der ersten Mitglieder der Berliner Psychoanalytischen Vereinigung. Veröffentlichte als erster Psychoanalytiker einen Artikel über »Psychoanalyse und Universität«. Dort begründet er »die Notwendigkeit der Einführung der Psychoanalyse als Unterrichtsfach an der Universität, und zwar sowohl in die medizinische wie in die philosophische Fakultät«; vgl. »Der Kritiker«, 1919, Nr. 15, 14. Juni; KB, *IZP* 5(1919), S. 311; siehe auch Eitingons Nachruf in: *IZP* 17(1931), S. 296f.

[6] D.h. Geisteswissenschaften.

[7] Reuss & Pollack: Berliner Verlagsanstalt in Schöneberg.

[8] Abraham (1920).

21.10.1920/W
[Briefkopf: *Internationale Zeitschrift für ärztliche Psychoanalyse*][1]

Wien, 21. Oktober 20

Liebe Freunde!
Wir bestätigen den Empfang der Berichte:[2] London No II, Berlin No 2, Budapest No 2 (und 3 soeben während des Schreibens eingetroffen) und ersuche bei dieser Gelegenheit Ferenczi gleich, seine Berichte von nun fortlaufend zu numerieren. Berlin ersuchen wir um die Unterschriften auch der beiden anderen Herren, die offenbar im Interesse der raschen Versendung entfallen sind, auf die wir aber doch Wert legen. Da wir es auch hier so halten, daß der Professor die Briefe, die Rank am Donnerstag schreibt, mit unterzeichnet, so gehen die Wiener Briefe eigentlich erst am Freitag ab, welches der definitive Tag bleiben soll.[3]
Verlag: Keine besondere Neuigkeit. Zeitschrift VI/3 und Imago VI/4 werden in der letzten Oktoberwoche versandt. Die übrige Produktion geht weiter. (Über den Jahresbericht am Schluß näheres.) – Gestern brachte die Neue Freie Presse ein Feuilleton über das Tagebuch[4] aus der Feder von Stefan Zweig[5], das ziemlich Aufsehen machte und die Nachfrage nach dem Buch sichtbar steigerte. Es wird gewiß auch seine politische Rückwirkung auf Kola nicht verfehlen, der eigentlich durch das Tagebuch auf unseren *Verlag* aufmerksam wurde. – Unser Verlag wird jetzt inventarisiert und bilanziert, vorher hat [es] keinen Sinn, mit Kola weiter zu verhandeln. Im allgemeinen ist immer noch Skepsis am Platze, von der ich eigentlich Ferenczi eine ziemlich starke Priese verordnen möchte. Ich hatte sie von Anfang an Kola gegenüber, nicht ohne Begründung, und habe sie heute immer noch. Bei der ersten Unterredung mit ihm hatte ich den Eindruck, es mit keinem hervorragenden Geschäftsgeist zu tun zu haben, was mit der Tatsache, daß er als reichster Mann in Österreich gilt,

---

[1] Maschinenschriftlicher Brief.
[2] RB 11.10.1920/Bp, 12.10.1920/L, 13.10.1920/B und 20.10.1920/Bp.
[3] Da es in Den Haag offenbar keine eindeutige Absprache zu den Korrespondenz-Tagen gab, dauerte es einige Zeit, bis sich alles eingespielt hatte; vgl. auch RB 12.10.1920/L, 24.11.1920/B, 8.12.1920/B.
[4] Gemeint ist das von Hermine Hug-Hellmuth herausgegebene *Tagebuch eines halbwüchsigen Mädchens* (1919); vgl. dazu auch Graf-Nold (1988).
[5] Vgl. Zweig (1985).

in keinem Widerspruch steht. Bei der zweiten Unterredung wurde ich in diesem Eindruck noch bestärkt, blieb mir aber bewußt, daß dies für den Abschluß unseres Geschäftes momentan nur von Vorteil sein kann. Ob für unsere Zukunft, weiß ich allerdings nicht. Denn aus dem Exposé seines Verlages, das ich heute empfing, spricht ein so krasser Dilettantismus, oder eine solche geschäftliche Naivität, daß sich dahinter unmöglich eine besondere Geriebenheit verstecken kann. Auch sein mir freundschaftlich zugetaner Prokurist[6], mit dem ich eine Unterredung haben sollte, hat trotz Aufforderung nichts weiter von sich hören lassen. Nichtsdestoweniger arbeite ich im ursprünglichen Sinne weiter und werde mich um so mehr freuen, wenn aus der für uns ungeheuer wichtigen Sache, deren Bedeutung ich gewiß nicht unterschätze, etwas werden sollte. Die Entscheidung darüber wird aber jedenfalls noch mehrere Wochen, wahrscheinlich sogar bis Jahresschluß dauern.

Brill schrieb mir (Rank) einen vom 28. September datierten Brief, der vor einigen Tagen ankam und in den knappen Zeilen eine ebenso unverständliche wie offenbar inhaltsreiche Mitteilung enthält. Er schreibt – und ich gebe den Inhalt möglichst wortgetreu wieder – daß es ihm endlich gelungen sei, die 57.142 Mark 85 Pf., die ursprünglich durch Lippman, Rosenthal & Co[7] geschickt worden waren, an die Deutsche Bank, Filiale München, auf das Konto Ernst Freuds[8] zu überweisen. Er hofft, wir würden nun weiterhin keine Schwierigkeiten haben, das Geld zu beheben (Im Schlußsatz bedauert er, infolge verschiedener Umstände am Besuch des Kongresses verhindert gewesen zu sein).[9] – Nun ist das Geld – ich kann

---

[6] Dr. Steiner, vgl. RB 5.10.1920/W, Abschnitt I. Verlag.

[7] Lippmann, Rosenthal und Co. war eine 1859 gegründete Privatbank mit Hauptsitz in Amsterdam.

[8] Ernst Freud (1892-1970). Architekt, jüngster der drei Söhne Sigmund Freuds.

[9] Der Brieftext lautet im Original: »Dear Dr. Rank: I have finally succeeded in sending 57142,85 Marks, the monay which was originally sent through Lippman, Rosenthal & Co., drawn on the Deutsche Bank, filiale, Munchen, to Ernest Freud. I hope that you will have no further trouble in obtaining this money. I sincerely regret my inability to come to the Congress, but various things prevented me from doing so. With kindest regards, Cordially Brill« [ORA]. Auch in Freuds Brief an Ernest Jones vom 21.10.1920 wird das Thema der Geldüberweisung ausführlich behandelt; vgl. Freud (1993e), S. 395f.

die ganze komplizierte Vorgeschichte[10], die hoffentlich außer Jones auch die anderen aus meiner Erzählung im Haag erinnern, nicht wiederholen – ursprünglich eben nicht, wie wir von London aus mittels Kabel verlangt hatten, durch Lippman in Amsterdam gegangen, sondern ursprünglich an die Deutsche Bank, München, Konto Ernst Freud, wo es tatsächlich von der Steuerbehörde entdeckt wurde, aber niemals zur Auszahlung gelangte, sondern aus bis heute ungeklärten Gründen wieder nach Amerika zurück ging. Der jetzige Brief Brills ist also ebenso unverständlich wie seine bisherige Handlungsweise und wir wissen wieder nicht, wo wir das Geld erreichen können und auf welche Weise. Dazu kommt, daß Ernst Freud derzeit mit nicht stabiler Adresse Italien bereist; ich habe ihm heute express rekommandiert geschrieben (postlagernd Neapel, die Adresse, die bis Ende Okt. gelten soll), er möge der Deutschen Bank <u>für den Fall</u> des Eintreffens des Geldes die Weisung geben, daß 27.000 Mark an Eitingons Konto einzuzahlen sind, die der *Verlag* dem amerikanischen Fond schuldet, der Rest von 30.142,85 an die Mitteldeutsche Creditbank, Konto Kola, wo der *Verlag* sein Markkonto hat. Gleichzeitig habe ich an

---

[10] Zu dieser Vorgeschichte ist folgender Brief Freuds an seinen Sohn Ernst sehr aufschlußreich: »Lieber Ernst, wie Du weißt, habe ich begonnen, mich Deines Kontos bei der D. Bank in München zu bedienen. Bis jetzt erliegen dort außer Deinem Rest 1200 Mk, eingezahlt von Strauss in Frankfurt, 1200 Dollars in Mark von Dr. Brill, sein Beitrag zum Fond für die englische ψα Zeitschrift, also nicht mein Eigentum. ich nehme an, daß die Bank Dich von diesen Einlagen verständigt und daß Du mir ihre Zuschriften voll einsendest.
Nun behauptet aber Rank, daß es sehr wahrscheinlich zur Beschlagnahme aller Konti österr. Angehöriger im Ausland kommen wird, und verlangt, daß ich dies Konto aufgebe und fremde Gelder unter dem Namen von Dr. Jones an einer neutralen Stelle ansammle.
Ich bitte Dich daher, möglichst bald zu veranlassen, daß alle Einlagen – am einfachsten gibst Du dies Konto überhaupt auf – an die Adresse <u>Lippmann, Rosenthal & Co</u> – Amsterdam, Speigelstraat 8 für Dr. Ernest Jones, London, übertragen werden. Ich kann dann von hier aus direkt darüber verfügen.
Ich hoffe, Du beweist Dich auch in diesen geschäftlichen Dingen als flink und verläßlich und grüße Dich herzlich
Papa
P.S. Heute sind die von Rank aus Holland mitgebrachten Lebensmittel ausgepackt worden.« Sigmund Freud–Ernst Freud, 6.2.1920 [LoC].

Lippman geschrieben, er möge uns von den event. Eintreffen des Geldes sofort verständigen und auch angeben, wer verfügungsberechtigt ist; denn falls das Geld an Lippman kommt, wissen wir ja gar nicht auf wessen Namen, da Ernst Freud dort kein Konto hat.[11] – Während ich glaube, daß das Geld durch Brills Bankier (Lewisohn) automatisch wieder an die Deutsche Bank geleitet wurde, möchte der Professor die Brillsche »Umkehrung« auf eine homosexuelle Kränkung beziehen und dementsprechend den wirklichen Sachverhalt darin erblicken, daß Brill jetzt das Geld an Lippman gesandt hat, wie es ursprünglich verlangt worden war. Die Kränkung Brills, an der ja kein Zweifel sein konnte, wird noch dadurch einen heute an den Professor gelangten Brief Brills bestätigt, worin er direkt sagt, daß er gekränkt sei, weil man ihm die Übersetzungsrechte der Bücher des Professors, die er bisher ausschließlich hatte, abgenommen hatte. (Die »Vorlesungen« hat bekanntlich Professors Neffe Bernays in New York englisch herausgegeben.[12]) – <u>Von der ganzen Geldangelegenheit ist in dem Brief an den Professor mit keinem Wort die Rede.</u>
<u>Englisches Journal</u>: Mit der Wahl der beiden Redakteure Flügel und Bryan ist der Professor sehr einverstanden. Wir möchten aber auch die Frage der amerikanischen Redakteurschaften <u>möglichst bald</u> gelöst haben, damit das Titelblatt endlich seine definitive Gestalt bekomme und schlagen vor <u>Brill</u>, den man nicht umgehen kann und auch irgendwie versöhnen muß, ferner <u>Frink</u>[13], der sehr gelobt wird und im März nach Wien kom-

---

[11] Das hier angedeutete komplizierte Verfahren hatte zum Ziel, aus Gründen der Steuerersparnis getrennte Konten für Freud, Jones und den Verlag einzurichten; vgl. Freud (1993e), S. 391.

[12] Freud (1916-17a). Diese Übersetzung erschien unter dem Titel *A General Introduction to Psychoanalysis* (New York: Boni and Liveright 1920). Sie war so unbefriedigend, daß sich Jones für eine neue englische Übersetzung einsetzte; vgl. Jones (1960-1962), Bd. 3, S. 22 f., auch Freud (1993e), S. 369, 371f.

[13] Horace Frink (1883-1935). Gründungsmitglied und bereits 1913 Präsident der »New York Psycho-Analytic Society«, die am 24. Oktober 1911 von A. A. Brill gegründet wurde. Zu dieser kleineren, von der »American Psychoanalytic Association« [APA] unabhängigen Vereinigung, gehörten anfangs nur Ärzte. Frink galt als hervorragender Pionier der Psychoanalyse in Amerika. Zu Beginn der 20er Jahre trennte er sich von seiner Frau, kam mit seiner zweiten Frau erneut zu Freud in Analyse und erkrankte schwer. Sein Leben nahm ein tragisches Ende; vgl. Kurzweil (1993), S. 82 ff.

men will. Als dritten eventuell Oberndorf[14] (die Präsidenten der Gruppe) von dem wir aber gar nichts wissen. Die Entscheidung über den Dritten überlassen wir Jones.

Mit Heller ist die langwierige Abrechnung endlich zu einem gewissen Abschluß gekommen. Er zahlt uns die für den kommissionsweisen Verkauf unserer Bücher und Zeitschriften vereinnahmten Beträge aus und wir sind – Gott sei Lob und Dank – mit ihm ganz fertig. Bis auf die Ostermesse-Abrechnung[15], die als Nachtrag gesondert behandelt werden muß. Er hat bei dieser Gelegenheit auch mitgeteilt, daß die »Vorlesungen« vom Professor (das vierte Tausend) nahezu ausverkauft sind und, daß wir das Werk in unseren *Verlag* übernehmen können (wir haben bereits seit einigen Monaten eine Auflage von 2000 fertig liegen, mit deren Ausgabe wir dann bald beginnen können).

Was das italienische Journal und die italienische Bibliothek betrifft, die wir event. von Bianchini übernehmen wollen, stehen Nachrichten aus Italien noch aus.[16]

Fond: Beiliegend zwei Zeitungsausschnitte zur Illustration des von Ferenczi im letzten Brief über den Freud-Fond Mitgeteilte. Die Ausschnitte, die wir natürlich nicht von Ferenczi erhalten haben, sollen die Runde machen und uns dann wieder eingesandt werden.[17] Übrigens wurde der Professor von einem hier lebenden ungarischen Redakteur[18] aufgefordert, zu den Angriffen Stellung zu nehmen und ihm dazu das betreffende Blatt zur Verfügung gestellt. Er hat jedoch abgelehnt. – Was den Vorschlag Abra-

---

[14] Clarence Oberndorf (1882-1954). Gründungsmitglieder der New Yorker Vereinigung. Einer der ersten amerikanischen Analytiker, der sich einer Lehranalyse, über die schon 1911 auf dem Kongreß in Weimar gesprochen wurde, unterzog. – 1914, als Paul Federn sich in New York aufhielt, begann er seine Analyse, die später bei Freud in Wien fortgesetzt wurde.

[15] Seit Ende des 18. Jahrhunderts wurden Bücher in Rechnung geliefert, die Abrechnung erfolgte zu einem vereinbarten Zeitpunkt, spätestens aber zur Leipziger Ostermesse eines jeden Jahres.

[16] Siehe RB 5.10.1920/W, Abschnitt Verlagstätigkeit.

[17] Mit der Sammlung und gelegentlichen Veröffentlichung von Zeitungsausschnitten, die sich mit psychoanalytischen Themen im engeren und weitesten Sinne befaßten, wurde bereits 1913 im Zentralblatt begonnen. Der hier erwähnte Zeitungsausschnitt ist nicht erhalten.

[18] Konnte nicht identifiziert werden.

hams[19] betr. die Preise anlangt, meint der Professor damit noch zu warten, bis wir wissen, ob wir das Verlagsgeld freibekommen und damit event. die Preise wieder aktivieren können.

Verein: Die Idee der internationalen Diskussion wollen wir gewiß im Auge behalten, aber doch lieber warten, bis sich ein geeignetes Thema darbietet; das von Ferenczi vorgeschlagene über Psychiatrie hat sich ja schon auf dem Kongreß als ungeeignet erwiesen. – Abrahams Argument gegen das Verlagszeichen können wir nicht teilen; dasselbe ist ja doch als offizielles Verlagszeichen nichts weniger als ein Geheimbundzeichen. – Frau Spielrein ist auch unseres Wissens in keiner Weise offiziell zu irgend etwas delegiert worden, soll aber doch im Ganzen schonend behandelt werden.

Für Jones lege ich einen Bericht der Leipziger Gruppe aus unserer Zeitschrift bei.[20] Es handelt sich um eine brav arbeitende Gruppe junger Studenten, unter der Führung eines Mediziners, Prof. Knopf[21], der sich jedoch nicht offiziell als Leiter geriert, sondern dies einem Stud. Voitel überläßt, der auch bisher über die Mitglieder der Gruppe berichtet hat; nach seinen Mitteilungen sollen übrigens auch an anderen deutschen Universitäten Keime ähnlicher Vereinigungen bestehen. Ihre Angliederung an die »Internationale« kann nur wärmstens befürwortet werden. Allerdings können wir sie nicht als eine ordentliche Gruppe aufnehmen, sondern nur als eine Art »associate« (was entsprechend verdeutscht werden müßte). Bezüglich der Beiträge könnte man ihnen wohl entgegenkommen, da die Verhältnisse hier wohl anders liegen als in der Schweiz[22], wo es sich ja um ausübende Analytiker oder Mitglieder in

---

[19] Vgl. RB 13.10.1920/B, Abschnitt Allgemeines.

[20] Tätigkeitsbericht für das Sommersemester 1920, der »Gesellschaft für psychoanalytische Forschung in Leipzig«; vgl. *IZP* 6(1920), S. 290.

[21] Vermutlich Leo Knopf (geb. 1878). Er hatte 1909 zum Thema »Anatomische Untersuchungen von zwei Fällen von Syringomyelie« promoviert; vgl. Knopf (1909).

[22] Für die Schweizer Mitglieder war das Junktim zwischen Mitgliedsbeitrag und Zeitschriftenabonnement eine unzulässige Vermengung von ideellen und geschäftlichen Interessen. Einige hatten den Eindruck, daß sie durch die Verpflichtung, ein Zeitschriftenabonnement für die beiden offiziellen Organe der IPV zu erwerben, für kommerzielle Interessen ausgenutzt werden sollten; vgl. dazu auch den RB 2.11.1920/L mit Pfisters Brief an Jones.

sonstigen Stellungen, nicht aber um eine Gruppe von ausgesprochen Studierenden, handelt. Vielleicht könnte man ihnen, sagen wir für die Dauer 1 Jahres, einen Mitgliedsbeitrag und ein Zeitschriften-Abonnement konzedieren, oder aber ihnen den Vorschlag machen, daß die besser Situierten bezahlen, die anderen nicht (alles provisorisch auf die Dauer eines Jahres, wobei sie die meisten Rechte ordentlicher Mitglieder nicht hätten, mit dem Hinweis darauf, daß sie keine Ärzte seien und wir die allgemeinen Bestimmungen ihretwegen nicht ändern können.)
Vor kurzem hat sich ein ausgebildeter Psychiater Dr. Schwab[23] beim Professor gemeldet, um an seiner Klinik zu arbeiten. Professor hat ihn an die Poliklinik gewiesen (und auch einen Brief dorthin eingeschickt[24]; warum geht Nunberg nicht nach Berlin? er wollte doch). –
Was Abraham von den Referaten schreibt, berührt einen der wundesten Punkte unserer ganzen literarischen Tätigkeit. Dem *Verlag* fliegt Literatur auch nicht wie die gebratenen Tauben ins Haus (besonders heutzutage nicht, wo die Verleger mit den Rezensionsexemplaren furchtbar geizen). Wir stöbern vielmehr davon soviel auf als uns bei einem nicht organisierten bibliographischen Apparat zufällig möglich ist. Diese Bücher verlangt dann die Redaktion der Zeitschrift – und nur diese nicht der *Verlag* erhält Rezensionsexemplare. – Natürlich ist diese Art höchst unvollkommen und darum haben wir s.Z.[25] jeder Gruppe einen Teil dieses Aufstöberns und Verlangens der Literatur überlassen. Daß dies sehr zweckmäßig ist, hat die Schweizer Gruppe bewiesen, die sich bis jetzt auch nicht beklagt hat, daß ihr nichts zu Gesicht gekommen sei, sondern uns im Gegenteil von Zeit zu Zeit bibliographische Berichte und Referate zusendet. Außerdem macht sie von der Möglichkeit Gebrauch, die Verlagskarten[26] zu benützen, die wir s. Z. eigens drucken ließen, um eben auch den nicht direkt im Verlag tätigen Redaktionsmitgliedern, Gelegenheit zum Verlangen von Arbeiten zu geben. Wir haben auch diese Karten

---

[23] Friedrich Schwab (geb. 1887). Er hatte 1918 in Heidelberg zum Thema »Selbstschilderung eines Falles von schizophrener Psychose« promoviert. Später beschäftigte er sich intensiv mit parapsychologischen Phänomenen; vgl. Z.B. Schwab (1923).
[24] Dieser Brief konnte nicht aufgefunden werden.
[25] D.h. »seiner Zeit«.
[26] Diese Karten tragen den Briefkopf des Verlages und dienten als offizielles Mitteilungsmedium Ranks.

damals an alle Redakteure gesandt und sind bereit, im Falle sie nicht angekommen oder verbraucht sein sollten, dieselben zu wiederholen. Wir legen auch eine derartige Karte bei, um zu zeigen, wie sie zu benutzen ist, um völlig unabhängig vom Verlag zu wirken. Daß das Referieren eine undankbare Arbeit ist, soll nicht bestritten werden, aber es ist leider ein notwendiges Übel und muß jedenfalls mit sehr viel guten Willen unternommen werden, nicht aber mit einer Nonchalance wie sie der Jahresbericht[27] zeigt, der sich jetzt, da der größte Teil vollständig gesetzt ist, während von anderen Referenten überhaupt noch kein Manuskript eingegangen ist, als ziemlich unbrauchbar erweist. Um den Referenten die Sammlung der während der Kriegszeit außerhalb der engeren psa. Literatur erschienen Arbeiten zu erleichtern, habe ich jedem derselben ein Literaturverzeichnis seines Gebietes zugestellt, aber ausdrücklich dazu bemerkt, daß es unvollständig ist und daß außerdem jeder Referent noch die Jahrgänge unserer Zeitschrift von 1914 – 1919 selbst durchsehen muß, da ich die Zeitschrift im Besitze jedes Mitgliedes voraussetze und dies auch für den einzelnen eine unverhältnismäßige geringe Arbeit bedeutete. Ich habe natürlich beim Eingang der Manuskripte nicht die Zeit gehabt, jedes Einzelne durchzulesen, sondern sie – unter Voraussetzung der Gewissenhaftigkeit der Referenten – in die Druckerei gesandt. Jetzt, da ich die noch ausstehenden Referate jeden Tag erwarte – leider vergeblich – habe ich mich selbst daran gemacht, die Literatur für mein Referat zusammenzustellen und bin dabei im Laufe eines mehrstündigen Suchens auf die erschreckende Tatsache gestoßen, daß von der psa. Literatur ungefähr die Hälfte im Jahresbericht überhaupt nicht vorkommt – darunter nicht etwa nur Arbeiten von Adler, Stekel etc., zu deren Ausschließung natürlich auch kein Grund vorliegt, sondern sogar auch eine Anzahl von Arbeiten vom Professor, Sadger etc. etc.. Dieser beschämende Mangel erklärt sich nun durch dreierlei Versäumnisse der Referenten: 1./ Hat zu der von mir zusammengestellten und ausdrücklich als unvollständig bezeichneten Literatur kein Referent aus seiner eigenen Lektüre irgend etwas hinzugefügt, obwohl genug hinzuzufügen gewesen wäre. 2./ Haben die meisten Referenten, die in meinem Verzeichnis genannten Arbeiten, welche sie offenbar nicht einsehen konnten, einfach gestrichen,

---

[27] Bericht über die Fortschritte der Psychoanalyse 1914-1919; erschienen 1921 als Nr. 3 der Beihefte der *IZP*. Das Manuskript lag im Herbst 1920 im wesentlichen vor.

anstatt sie wenigstens im Literaturverzeichnis – wenn auch unbesprochen – stehen zu lassen. 3./ Hat keiner der Referenten dem von mir ausdrücklich betonten Umstand Rechnung getragen, daß in meiner Zusammenstellung die Zeitschrift überhaupt nicht berücksichtigt war. Es fehlen also in dem Jahresbericht – wie er jetzt vorliegt – nahezu sämtliche Original-Arbeiten, Mitteilungen und diejenigen Referate, welche eben hienüberzunehmen gewesen wären. Angesichts dieser Tatsache lehnt es der Professor entschieden ab, einen Jahresbericht in dieser Form zu publizieren und will keine Kosten, Mühe und Zeitversäumnis sparen, um den Jahresbericht in entsprechender Weise zu vervollständigen. Er hat sich sogar angeboten den nächsten Sonntag mit mir dazu zu verwenden, um die Bibliographie aus den Zeitschriften-Bänden zusammenzustellen, was ich aber – wie ich hoffe im Sinne aller Beteiligten – nicht zugegeben habe. Ich werde diese Arbeit am Sonntag mit Reik[28] machen und dann jedem der Referenten, einen Bürstenabzug seines bisher gesetzten Referates nebst einem Verzeichnis der notwendigen Ergänzungen zugehen lassen. (Eitingon und Boehm, deren Referate noch ausstehen, erhalten diese Nachträge gleichfalls; <u>Jones</u> soll die Übersetzung des Jahresberichtes stocken).

Da das Erscheinen des Jahresberichtes ohnehin jetzt weiter verzögert wird, werden wir bei dieser Gelegenheit, auch die bis jetzt fehlende Rubrik der französischen Literatur, die ziemlich reichhaltig, einführen und haben beschlossen beim jungen Flournoy[29] in Genf, der an unserer Zeit-

---

[28] Theodor Reik (1888-1969). Psychologe. Sein umfangreiches Studium – neben Psychologie studierte er Literaturwissenschaft, Philosophie und Religionswissenschaft (Freud riet ihm vom Zweitstudium der Medizin ab) – prädestinierte ihn für die Rolle eines »Laienanalytikers«. 1913/14 Lehranalyse bei Abraham. Von 1919-1928 praktizierte Reik in Wien und leitete die am 1.1.1920 eingerichtete »Zentralstelle für Psychoanalytische Literatur«. 1928 ging er nach Berlin und 1934 unter dem ersten Emigrationsdruck nach Den Haag. 1938 schloß er sich – gerade noch rechtzeitig – dem Emigrantenstrom nach Amerika an. Dort hatte Reik als Nichtmediziner große Schwierigkeiten, von psychoanalytischen Organisationen anerkannt zu werden, so daß er seine eigene, die *National Psychological Association for Psychoanalysis* gründete, der ein eigenes Institut angeschlossen wurde; vgl. Mühlleitner (1992a), Peters (1992).

[29] Henri Flournoy (1886-1956). Arzt und Privatdozent, Sohn von Theodor Flournoy. Studierte Medizin in Genf und lehrte ab 1920 dort Psychotherapie. Schüler von van Ophuijsen, Freud und Nunberg. 1928 in die Psychoanalytische

schrift mitarbeitet, anzufragen, ob er bereit, dieses Referat in kurzer Zeit zu liefern. Literatur hierzu stellen wir ihm gleichfalls zur Verfügung. Endlich müssen wir für verschiedene – in den bisherigen Rubriken nicht unterzubringende Arbeiten – eine neue Rubrik schaffen, die Reik übernommen hat. – Ganz vernachlässigt haben endlich alle Referate die Tatsache, daß es Bücher gibt (wie z.B. die Kaplanschen[30] aber auch andere), deren einzelne alle oder Abschnitte oder Kapitel verschiedenen Referaten zugehören; der Jahresbericht hat jedoch die Aufgabe, den Leser über die Fortschritte eines bestimmten <u>Gebietes</u> zu orientieren, nicht ihm bloß zu sagen, daß ein Buch mit diesem Titel erschienen ist, von dessen Inhalt dann nur event. ein Satz bekanntgegeben wird. – Dann sollten sich die einzelnen Referenten in der selben Stadt gelegentlich aussprechen – es wäre sogar der Mühe wert, eine Vereinssitzung zu verwenden. – Es könnte dann nicht vorkommen, daß beispielsweise Boehm in Berlin auf eine nach 3/4 Jahren erfolgte Urgenz seines Referates erwidert, er habe sich die ganze Zeit bemüht, ein theoretisches Problem betreffend die Persuasionen, das ihn schon seit Jahren beschäftige, gelegentlich des Referates in seinem Bericht zu lösen. Darüber belehrt, daß ein Jahresbericht nicht der Ort sei, um schwierige Probleme zu lösen, und daß wir den Bericht mit seinem gelösten Problem gar nicht hätten drucken können, antwortete er bescheiden, daß er nunmehr also eine trockene Aufstellung des Gelesenen geben werde. Darauf muß man ihm wieder schreiben, daß auch das nicht die Form eines Referates sei, welches dazu diene, die <u>Fortschritte</u> der Psa. darzustellen.[31] Und das alles wäre doch so einfach und ohne Zeit- und Energieverschwendung zu lösen, wenn ein Berliner Kollege sich gelegentlich bei Boehm erkundigt hätte, was denn sein Bericht mache und ihn bei dieser Gelegenheit montiert hätte! – Dies nur ein Beispiel für viele andere! –

Gesellschaft Paris aufgenommen, seit 1930 auch als Mitglied der Schweizerischen Gesellschaft für Psychoanalyse verzeichnet; vgl. Molnar (1996), S. 76; Gressot (1956). Unter seinen zahlreichen Veröffentlichungen sind auch eine Reihe in der *IZP* erschienen.

[30] Von diesem Autor sind zwei Bücher und mehrere Aufsätze über Psychoanalyse ausführlich rezensiert bzw. mehrmals im Bericht kursorisch erwähnt; vgl. Kaplan (1914); besprochen von Rank in: *IZP* 3(1915), S. 118 f.; ders. 4(1916); besprochen von Ferenczi in: *IZP* 4(1916-17), S. 120 f.

[31] Siehe RB 14.10.1920/W, Ende des Abschnitts Verlag.

Doch genug davon! Wir bedauern es selbst am meisten, daß dieser der Festigung unserer persönlichen und freundschaftlichen Beziehungen dienende Briefverkehr gleich zu Beginn durch einen solchen Mißton gestört wird, aber als Freund und Analytiker muß man es verstehen, daß diese aufrichtige Schimpferei – etwas anderes ist es ja im Grunde nicht – nötig ist, wenn einem nicht angesichts fortwährender und fortwährender Schwierigkeiten die Geduld endlich reißen soll. Vielleicht liegt in dem Schimpfen auch ein Stück Selbstanklage, das insoferne begründet wäre, als mich die hohen Kosten der Druckänderung und die starke Verspätung des Erscheinens wirklich bedrücken und ich vielleicht, wenn ich nicht gar so überbürdet wäre, die Fehler hätte früher bemerken und im Keime richtig stellen können. Aber ich glaube doch alles menschenmögliche was in meiner Macht lag, getan zu haben, um das Beste zu erreichen und wenn ich mir jetzt etwas vorwerfen kann, wäre es nur das, daß ich es von Anfang an den Referenten zu leicht gemacht habe, statt ihnen die ganze Arbeit zu überlassen.

Es wird sich notwendig erweisen, von Zeit zu Zeit die beiden Ortsgruppen, die im Komitee nicht vertreten sind, also Holland und die Schweiz, von verschiedenen in unserem Briefwechsel erwähnten Tatsachen, Vorschlägen, Plänen, welche die Vereinigung oder einzelne Personen speziell interessieren können oder müssen, Mitteilung zu machen.
Wir schlagen vor, daß diese Auszüge ad usum delphini[32] sagen wir allmonatlich (also nach dem 4. Briefwechsel)[33] gemacht werden. Den

---

[32] Wörtlich: gekürzt, zensiert. Bezieht sich auf den Dauphin (Sohn) Ludwigs XIV. (und alle folgenden Kronprinzen), bei dessen Erziehung sämtliche als anstößig empfundenen Stellen aus Texten, die im Unterricht gebraucht wurden, gestrichen wurden. In derselben Weise verfuhr man später bei sogenannten Schultexten (z.B. bei Gustav Schwabs »Die schönsten Sagen des klassischen Altertums«). Darüber hinaus werden mit der Wendung ad usum delphini alle »gereinigten« Texte bezeichnet, die man in ihrem vollen Wortlaut Schülern oder einer breiten Öffentlichkeit vorenthalten will. Hier spielen die Briefschreiber auf Freuds Zitat in der 6. Vorlesung über »Voraussetzung und Technik der Deutung« an; vgl. Freud (1916-17a), S. 98.

schweizerischen kann ich übernehmen, da ich mit Oberholzer[34] ohnehin in Briefwechsel stehe[35], den holländischen könnte am besten Jones vom Präsidium aus verfassen.

<u>An Jones:</u> Pfister schreibt mir, daß Mackenzie[36] ihm erklärt habe, er wünsche lieber in die Schweizer Gruppe einzutreten; er hätte überhaupt Jones nur seine Bereitwilligkeit zum Eintritt erklärt.[37] Ich schlage vor, ihn aus der Londoner Gruppe zu streichen, weil es nach seiner Darstellung den Anschein hat, als hätte man ihn dort zum Eintritt genötigt, während wir uns in Wirklichkeit gar nicht um ihn zu reißen brauchen: er ist ein »Anhänger« aller analytischen Richtungen ohne Unterschied und hat soviel ich weiß, bisher überhaupt keinen Mitgliedsbeitrag bezahlt, nimmt auch – obwohl Besitzer eines Palazzo in Genua – an der Höhe des Schweizer Beitrages[38] Anstand.

<u>An Abraham:</u> Ref. über Liepman, Psychologie der Frau von Boehm[39] erwünscht (aber erst nach Fertigstellung seines Jahresbericht-Ref.) Was das laufende Referentenwesen betrifft, so habe ich ja schon im ersten Brief versprochen, bald mit der Mitteilung der neuen Literatur zu beginnen, u.zw. zunächst der bei der Redaktion infolge Anforderung einlangenden als auch der überhaupt erscheinenden, so weit sie mir überhaupt bekannt wird. Wir müssen bedenken, daß es sich bei der ganzen Sache eigentlich doch nur um die <u>deutsche</u> Literatur handelt, die zwischen Berlin und

---

[33] Rank geht hier irrtümlich von einem vierwöchigen Schreibrhythmus aus. Dieser Vorschlag wird noch im Zusammenhang mit Ranks »autoritärem« Umgang mit den Kollegen von Bedeutung sein.

[34] Emil Oberholzer (1883-1958). Psychiater und Psychoanalytiker, Mitglied der der Zürcher Vereinigung. Er geriet zunehmend in Gegensatz zu Oskar Pfister und der »Laienanalyse«; vgl. RB 11.3.1921/W.

[35] Der in der Library of Congress vorhandene Briefwechsel zwischen Freud und Oberholzer erstreckt sich von 1912 bis 1926.

[36] William Mackenzie (1870-1942). Arzt; Herausgeber mehrerer Zeitschriften, darunter *Pall Mall Gazette, Black and White.* Von 1920 bis 1940 Generalsekretär der *Union Internationale de Secours aux Enfants* in Genf. Seit 1930 Vizepräsident der *Caritas Catholica.* MacKenzie veröffentlichte u.a. Gedichte und Novellen. Er starb in Genf; vgl. Who was Who 1941-1950. Bd. 4, London: Adam & Charles Black 1952, S. 734.

[37] Vgl. auch Brief von Mackenzie an Pfister im Anhang RB 2.11.1920/L.

[38] Er betrug 1920 zehn Schweizer Franken.

[39] Vgl. RB 13.10.1920/B.

Wien aufgeteilt werden muß (vielleicht beteiligt sich übrigens Hattingberg[40] in München und Landauer[41] in Frankfurt auch). Das kann doch keine solche Schwierigkeiten bilden, ist aber bisher doch wesentlich an der Passivität der Berliner gescheitert. Alle anderen nationalen Literaturen sind im Vergleich zu der deutschen auch im Jahresbericht verhältnismäßig gut referiert!

Ferenczi, der gerne französische Sachen referieren möchte, erinnere ich daran, daß er schon seit längerer Zeit die Kinderpsychologie von Claparède[42] zum Ref. hat; ferner möchte ich wissen, ob Cl. ihm auch die Archives schickt (ferner habe ich Ferenczi vor einigen Jahren zwei Hefte des American Journ. of Psychol. geliehen, die mir jetzt zu den Bänden fehlen und die ich nicht mehr bekommen kann; vielleicht ist er so gut nachzusehen, ob er sie noch findet; bitte diese Privatbemerkung zu entschuldigen, es fällt mir eben jetzt ein).

Weiter glücklicherweise nichts mehr, es ist auch schon zu spät dazu.
Mit herzlichen Grüßen
Rank Freud[43]

---

[40] Hans Ritter von Hattingberg (1879-1944). Jurist und Mediziner. Als Psychotherapeut wird er Mitglied der Münchner Vereinigung. Nach seiner Auseinandersetzung mit der Psychoanalyse wendet er sich zunehmend religiösen Fragen in Verbindung mit der ärztlichen Psychotherapie zu; vgl. Mühlleitner (1992a).
[41] Karl Landauer (1887-1945). Mediziner. 1912 in Lehranalyse bei Freud und psychiatrisch tätig bei Wagner-Jauregg. 1919 gründete er mit Heinrich Meng das Frankfurter Psychoanalytische Institut, das im »Institut für Sozialforschung« (Adorno/Horkheimer) eingegliedert war. 1933 emigrierte Landauer nach Amsterdam. 1943 wurde er in das KZ Bergen-Belsen deportiert und dort von den Nazis ermordet; vgl. Rothe (1996).
[42] Claparède (1920) Die Rezension wurde nicht von Ferenczi, sondern von de Saussure geschrieben; vgl. *IZP* 8(1922), S. 381.
[43] Unterschriften nur auf dem Exemplar im BIPA.

24.10.1920/Bp
[Briefkopf: *Internationale Zeitschrift für ärztliche Psychoanalyse*][1]

Budapest, am 24. Okt. 1920
(abzusenden am 25./X).
Liebe Freunde,
a) Für <u>Berlin</u>:
1. Dr. Fr[anz] G[abriel] A[lexander][2], über den Information verlangt wurde, ist Sohn des gleichnamigen Prof. der φιλοσοφια an der B[udapester]. Universität. Vater[3], Sohn und Schwiegersohn[4] (Prof. der ψλογια[5]) emigrierten <u>unlängst</u>.[6] Den Sohn, der sich zum Kurs meldete,

---

[1] Handschriftlicher Brief; einer der wenigen Briefe, die in mehr als einer Ausfertigung vorliegen: ein Exemplar ist datiert am 24.10.1920, das andere am 26.10.1920. Beide Schriftstücke wurden von Ferenczi geschrieben, wobei das zweite eine Abschrift des ersten ist.
[2] Franz Alexander (1891 – 1964). Psychiater, siedelte 1920 nach Berlin über, dort psychoanalytische Ausbildung. Im Herbst 1921 Mitarbeiter an der Poliklinik, ab 1923 als Mitglied der Berliner Vereinigung belegt. Ab 1924 Dozent des Berliner Psychoanalytischen Instituts. Im Mai 1930 bekommt A. eine Einladung zum internationalen Psychohygiene-Kongreß nach Washington. Dem folgte eine Einladung als Gastprofessor nach Chicago. Auf seine Bitte hin wurde die Gastprofessur für Psychiatrie in eine für Psychoanalyse umgewandelt. Damit war er der erste amerikanische Professor für Psychoanalyse. Anfeindungen in Chicago veranlaßten A. nach Auslaufen des Gastvertrages eine eigene psychoanalytische Vereinigung zu gründen. Hierzu gehörten Leo Bartmeier und Karl Adolph Menninger. 1932 wurde ein Institut gegründet und durch Karen Horney aus Berlin verstärkt; vgl. u.a. Peters (1992), S. 320-327.
[3] Bernát Alexander (1850-1927), Philosoph und Literaturwissenschaftler; vgl. Harmat (1988), S. 244.
[4] Géza Révész (1878-1955), Experimentalpsychologie, zuerst während der Räterepublik in Budapest, später in Amsterdam.
[5] D.h. der Psychologie.
[6] Nach dem Ersten Weltkrieg 1918 kam in Ungarn für eine kurze Zeit eine bürgerliche und danach – im März 1919 – eine Räteregierung an die Macht. Diese wurde besonders von linken Intellektuellen, die zum großen Teil jüdischer Abstammung waren, unterstützt. Die Räteregierung unter Béla Kun ernannte Ferenczi am 25.3.1919 zum Professor für Psychoanalyse unter der Bedingung, daß er seine Privatpraxis aufgibt. Nach dem Sturz der kommunistischen Räterepublik durch das antisemitische Horthy-Regime mußten viele Intellektuelle emigrieren.

kenne ich wenig, weiß nur, daß er an der hiesigen psychiatrischen Klinik praktizierte und sich mit der abenteuerlichen Idee befaßte, die psychoanalytische Therapie (und Theorie) mit der biochemischen zu kombinieren, speziell mit der Abderhalden'schen Methode.[7] Frau Radó-Révész hält ihn für psychologisch wenig begabt, mit etwas Neigung zur Hochstapelei.[8] Er soll sich jetzt in besonders schwieriger Lage befinden und sucht quasi ein ultimum refugium. Da er in den chemischen Methoden geschult und verläßlich sein soll[9], wäre ihm eher zu raten, sich mit der chemischen, statt mit der Psychoanalyse zu beschäftigen. Allerdings wäre dem Bedauernswerten mit diesem Rate wenig gedient. Sollte er abgewiesen werden, so bitte ich das ohne Berufung auf die Budapester Informationen zu tun.

2. Die Einführung der Ödipus-Vignette halte ich für ungefährlich.

3. Hárnik nimmt die Berufung nach Berlin an und wird spätestens in 6 Wochen übersiedeln. Allerdings ist er so mittellos, daß er vom Berliner Fond[10] nebst den vorgeschlagenen monatlichen 750 M. die einmalige Vorstreckung von 2000 M. bitten muß; diese Summe braucht er zur Liquidierung seiner hiesigen Position, zur Übersiedelung und Reisespesen. Eventuell könnte er diese Summe (oder einen Teil davon) später zurückzahlen. (Dies zugleich die Antwort auf Eitingons liebenswürdigen Brief. Ich bitte ihn, mich auch seiner Frau bestens zu empfehlen.)

Vor allem jene, die mit der Räteregierung zusammengearbeitet hatten. Unter ihnen die Psychoanalytiker Jenö Hárnik, Sándor Radó, Géza Róheim und Borbála Ripper. Letztere wurde unter den Namen Barbara Lantos in London eine bekannte Analytikerin. Auch andere Intellektuelle emigrierten, z.B. die Schriftstellerin Zsófia Dénes, eine Cousine Gizella Ferenczis und weitere Mitglieder der »zweiten Reformgeneration«; vgl. Harmat (1988), S. 42 ff.

[7] Ein nicht mehr durchgeführter Schwangerschaftsnachweis nach dem Schweizer Physiologen Emil Abderhalden (1877-1950). Er untersuchte die biologische Wirkung von Enzymen, Hormonen und Vitaminen und entdeckte die Abwehrenzyme, auf deren Nachweis aus der Plazenta die sog. Abderhalden-Reaktion beruht.

[8] Vgl. dazu Peters (1992), S. 320 ff.

[9] Zu seinen ersten Veröffentlichungen gehören: Alexander &. Révész (1912) und Alexander & Szerna (1913).

[10] Die Berliner Psychoanalytische Vereinigung unterhielt einen Fonds zum Ausbau therapeutischer und Unterrichtstätigkeit ihres poliklinischen Instituts; vgl. *IZP* 9(1923), S. 241.

Wien:
1. Die zu referierenden Bücher dankend angekommen. »Alkoholfrage«[11] und »Innere Sekretion«[12] bleiben bei mir, »Bewußtseinsenge«[13] wurde Hermann[14], »Gemütsbewegungen«[15] Hollós zugeteilt. Eisler[16] ist bereits zum Referaten-Diktator[17] ernannt. – Róheims Referat[18] bringt Radó nach Wien. – Hermann nimmt das Jahresreferat über »das Unbewußte«[19] an, setzt aber voraus, daß er nur von Anfang 1920 zu referieren hat.
2. Verlagsangelegenheiten verfolge ich mit fieberhaftem Interesse.[20]
London (Letzter Brief vom 12.X. wahrscheinlich wegen der Strikes.)
1. Die Angelegenheit mit Róheims Buch erledigt. Er will sein Buch nur im *Verlag* erscheinen lassen.[21]
2. Das Buch Macpherson's (Psychology of Persuasion)[22] würde mich interessieren.(An Rank: über das Thema »Überzeugung« gab ich für die

---

[11] Kickh (1920).

[12] Gley (1920); die Rezension in *IZP* 7(1921), S. 220 ff..

[13] Mager(1920); vgl. *IZP* 7(1921) S. 96.

[14] Imre Hermann (1889-1984). Ungarischer Psychiater, der als Medizinstudent im Laboratorium bei Géza Révész (s. o. Anm. 3) experimentelle Psychologie betrieb und sich mit Fragen der Entwicklungs- und Wahrnehmungspsychologie befaßte. Als Assistent von Révész eröffnete er eine psychoanalytische Praxis, nachdem er eine Lehranalyse bei Ferenczi durchgeführt hatte. 1919 wurde er – zusammen mit Eisler – Mitglied der Ungarischen Psychoanalytischen Vereinigung.

[15] Thalbitzer (1920).

[16] Jósef Eisler (gest. 1944). Ungarischer Nervenarzt, wurde 1919 Mitglied der Ungarischen Psychoanalytischen Vereinigung. Er praktizierte als erster Psychoanalyse in einer Poliklinik. 1944 wurde er in einem Konzentrationslager ermordet. Am 16. Dezember 1920 hielt er in der WPV einen Vortrag zum Thema »Zur Theorie der Gegenübertragung«; vgl. Fallend (1995), S. 144, 205.

[17] Ironische Anspielung auf Ranks Bemerkungen zum Referatenwesen in RB 15.10.1920/W.

[18] Róheims Beitrag für den Bericht (S. 164-194) aus den Fachgebieten »Ethnologie und Völkerpsychologie«.

[19] Hermanns Beitrag zum Bericht erfolgte jedoch über das Gebiet »Normalpsychologische Grenzfragen« (S. 1-18), während Reik (in Vertretung von Eitingon) über »Das Unbewußte« (S. 19-25) referierte.

[20] Bezieht sich auf die Verhandlungen mit dem Kola-Verlag (vgl. RB 5.10.1920/W).

[21] Vgl. RB 14.10.1920/W, Abschnitt Verlag.

Imago noch in 1913 eine Arbeit, – die ich am Münchner Kongreß hielt. Wenn Du glaubst, daß sie nicht publizierbar ist, sende sie mir zurück; vielleicht ist sie in abgekürzter oder sonstwie abgeänderter Form noch immer brauchbar).[23]

Herzlich grüßend

Ferenczi

Nachtrag:
1. Der ausführliche Wiener Bericht v. 22.X. (Freitag) gestern angekommen. Auf seinen Inhalt kann ich erst im nächsten Brief eingehen.
2. Da eine der hiesigen amerik. Hilfsmissionen auf meine Vermittlung hin Hárnik 1000 M. schenken will, wird es wahrscheinlich genügen, wenn der Berliner Fonds die anderen 1000 M. vorstreckt.
3. Brief hat wegen vorübergehenden Unwohlsein einen Tag Verspätung.

---

[22] MacPherson (1920).
[23] Der Kongreßvortrag »Glaube, Unglaube und Überzeugung« erschien zunächst nur ungarisch: A pszichoanalizis haladása [Die Fortschritte der Psychoanalyse] bei M. Dick (Budapest), 1. Aufl. 1919 und 2. Aufl. 1920 und wurde 1922 im Bd. 13 der *Internationalen Psychoanalytischen Bibliothek* auf Deutsch veröffentlicht; vgl. Ferenczi, (1922).

26.10.1920/L
[Briefkopf: *International Psycho-Analytical Association*]¹

London: 4 Oct. 26.²
Answer to Budapest, Berlin, Wien 3.³

Dear Friends:
(1) Flügel is giving an official course of lectures at the London University. Everyone here is crowded with patients and we badly need new analysts.
(2) I am greatly obliged to Berlin and Vienna for their help about the Leipzig group. I will discuss the matter with Flügel and let you know what we propose.
(3) To <u>Sachs</u>: I congratulate you on your successes, but hope they will not lead you to strain your health. As you are busy I will get some one else to translate your Tempest⁴ if you have not done so already; can you arrange that some one else (Anna Freud?) does the second part of my Symbolism?⁵
(4) To <u>Rank</u>: Will you please acknowledge the receipt of MS for the Journal so that I may know it has not been lost in the post. I sent you some on Oct. 1, 3, 7, and accompanying this letter.
(5) To <u>Ferenczi</u>: I am sending you Cruchet's book⁶ by this post. Can you tell me with what safety one send books to Budapest nowadays? I made a mistake in saying that Berguer's book was published in Paris; it should be

---

¹ Maschinenschriftlicher Brief.
² Die Datierung ergibt sich aus der internen Numerierung und dem Inhalt des RBs.
³ RB 20.10.1920/Bp, 20.10.1920/B und 15.10.1920/W.
⁴ Sachs (1917-1919).
⁵ Die Übersetzung von Ernest Jones' »The theory of symbolism« besorgte Hanns Sachs nach der zweiten Auflage aus den »Papers on Psychoanalysis« in: *IZP* 5 (1919), S. 244-273; der zweite Teil erschien in: *IZP* 8(1922), S. 259-289.
⁶ Hier könnte eines von Cruchets Tic-Büchern gemeint sein (vgl. auch RB 20.10.1920/Bp, Abschnitt 4), aber auch sein 1920 erschienenes Buch über die »Luftkrankheit« (Cruchet 1920a, b).

Geneva. As to your question about Tridon and Kempf.[7] Tridon seems to be a journalist (but perhaps is a doctor!)[8] who has just written a long popular book on psa.[9] very bad and confused; I have reviewed it for the Journal.[10] Kempf is an assistant of White[11] at Washington, who tries to combine physiology a la Pavlov with psychology. He is hailed by Tridon as one of the four great psycho-analysts of the world (with Freud, Adler & Jung)! I recently tried to read his book on Autonomic Functioning and the Personality[12], but could not understand the language (my American is getting out of date!), so sent it to Rivers of Cambridge for review; he has returned it with the remark that he cannot understand any of it. Would you like to try?

(6) To <u>Vienna</u>. At the Congress it was formally agreed that the New York Society be invited to express their views as to the choice of American editors for the Journal (a course which was followed by the London one).

---

[7] Edward Kempf (1885-1971). Wird 1922 erstmals als Mitglied der Amerikanischen Psychoanalytischen Vereinigung genannt. Ellenberger zählt Kempf zu den Neo-Psychoanalytikern, was sein Lehrbuch der Psychiatrie zu bestätigen scheint. Im August 1923 besuchte er Freud in Lavarone. Stanley Hall hatte den Kontakt vermittelt. Über sein Gespräch mit Freud schreibt Kempf dann später in seinem Artikel »Bisexual Factors in curable Schizophrenia«; vgl. Ellenberger (1973), S. 862 f.; Kempf (1920); G. Stanley Hall-Sigmund Freud, 19.6.1923 [LoC]; Kempf (1949), S. 3; KB, *IZP* 8(1922), S. 238.

[8] André Tridon war in psychoanalytischen Kreisen offensichtlich nicht sehr gut angesehen. Frink nannte ihn einen »gewissenlosen Schwindler« (vgl. RB/W 11.3.1921) und in der *Standard Edition* wird vermerkt, daß Tridon zu einer nichtautorisierten amerikanischen Ausgabe von Teilen der *Traumdeutung* ein Vorwort geschrieben hat; vgl. *Standard Edition,* Bd. 5, S. 627.

[9] Tridon (1919).

[10] Jones (1920e).

[11] William White (1870-1937). Psychiater und Direktor des St. Elizabeth's Hospital in Washington. »Begründer der amerikanischen Psychopathologie«. Er war eine Art Mentor von Harry Sullivan, der zeitweise am St. Elizabeth's Hospital in Washington arbeitete. Er versuchte, schwer psychotisch Kranke psychoanalytisch zu behandeln; vgl. Frink (1922); auch *Britannica CD*. Version 97. Encyclopaedia Britannica, Inc., 1997.

[12] Kempf (1918).

In a personal letter from Professor[13] he says that he appoints Brill and tells me to write to Brill and ask him to choose the other two. Now comes the WIEN 3[14] letter saying that Brill and Frink are to be the two, and that I am to choose the third. We can not follow all three courses and I should like to know which of them Vienna really wishes me to follow. Nothing would please me more than that Brill should work with us, and I am more anxious to avoid offending him than all other Americans. But can we be sure that he will agree with Frink, or should I not ask his opinion? Further would it not be more correct to ask Brill, who is secretary, to put the matter before his society? He probably could do so in such a way as to ensure the appointment of whomever he wishes, as I did in London.

From various recent reports I have had from America and from reading their recent literature I am sorry to say that I get a very bad impression of situation there. Everything possible passes under the name of psa, not only Adlerism and Jungism, but any kind of popular or intuitive psychology. I doubt if there are six men in America who could tell the essential difference between Vienna and Zürich, at least at all clearly. I am convinced that no one is more loyal to us in heart than Brill, though unfortunately he cannot be called so in conduct. Still we cannot replace him if we wanted to (this in answer to Ferenczi's suggestion).[15]

(7) To Rank. Re Holland and Switzerland. Would it not be better if we both wrote to both countries once a month, you about the numerous *Verlag*s and Redaktions questions, and I about the societies and Vereinigungen? I fully agree with you about the necessity of remaining in constant and regular contact with them, as also with America. By the way, there was recently founded a Washington Psychoanalytic Society[16], under

---

[13] Unter den von Andrew Paskauskas veröffentlichten Briefen Freuds an Jones findet sich kein Brief diesen Inhalts; vgl. Freud (1993e).

[14] Vgl. RB 15.10.1920/W, Abschnitt *Englisches Journal*.

[15] Vgl. RB 20.10.1920/Bp, Abschnitt 3.a).

[16] Es handelt sich hier nicht um die Neugründung bzw. Wiederbelebung der Washington-Baltimore Society, die sich 1918 auflöste – vgl. Kurzweil (1993), S. 84, sondern um die von William White (Washington) betriebene Kampagne zur Auflösung der 1911 gegründeten American Psychoanalytic Association, mit dem Ziel, die lokalen Vereinigungen gegenüber der offiziellen nationalen Organisation (APA) zu stärken; vgl. May-Tolzmann (1976), S. 1232. Jones' Verdacht,

White, but they seem to have such a vague idea of what psa really is that I do not propose to invite them at present to join the Association.
(8) As Mackenzie never answered our Treasurer's letters, I wrote to him myself about a week ago. I find it strange that he should notify his change from the British to the Swiss group through Oberholzer, Pfister, Rank[17], etc. He had originally asked to join the British group and he was informed of his acceptance. We don't want him of course against his will, but I see no reason why he should not pay the full Swiss subscription, in spite of the low Italian valuta.[18]
(9) <u>Abraham and Rank</u>. When Rank sent me Kolnai's brochure[19] for translation I gave it to Bryan, who is now at work on it. As Frau Dr. Abraham[20] also has it, I suggest that she begins her translation at the middle of the book, and am sure that Bryan will agree with that.
(10) To <u>Rank</u> especially. I am greatly obliged for your letter which I will answer separately, especially the editorial matters. But I wish you had answered my question about the future relation of the *Press* to the *Verlag* in the event of a fusion with Kola, for that is an important matter and one that is not obvious to me.
I enclose a full list of our donations.[21] As I know the private affairs of all the people I can say that those who have made sacrifices are Miss Low[22] and Mrs Riviere, and those the least Flügel and Mrs Porter.[23]

White wolle eine neue, lokale Vereinigung gründen, liegt nahe, erfolgte jedoch erst 1924.
[17] Zwischen den Namen Oberholzer/Pfister und Pfister/Rank befindet sich über der Zeile ein →.
[18] Vgl. Brief von Mackenzie an Pfister im Anhang an RB 2.11.1920/L.
[19] Kolnai (1920).
[20] Abraham, Hedwig Marie geb. Bürgner (1878-1964). Frau von Karl Abraham.
[21] Nicht im ORA
[22] Barbara Low (1877-1955). Kindergärtnerin, Analysandin von Sachs und Jones, Laienanalytikerin und Dozentin am Londoner Psychoanalytischen Institut, entschiedene Gegnerin Melanie Kleins; vgl. Grosskurth (1993).
[23] Nancy Porter-Gregg wird erstmals 1922 in der Liste der außerordentlichen Mitglieder der British Psychoanalytical Society geführt und fehlt im Mitgliederverzeichnis ab 1926. Im Jahre 1938 wandte sie sich an Freud, offensichtlich mit der Bitte, von ihm analysiert zu werden. In seiner Antwort lehnt Freud freundlich, aber entschieden ab; vgl. KB, *IZP* 8(1922), S. 111; Sigmund Freud-Nancy Porter-Gregg, 12.10.1938 [LoC].

I also enclose two financial statements[24] of the *Press*-affairs, which I hope will make many points clear. It is impossible to make them perfectly accurate, partly on account of the fluctuations in the American exchange, and partly because we do not know how much we owe you. The latter we approximately estimate at 215 pounds. You told me in The Hague that you had paid about £30 for books sent to us; the rest is the complete sum of subscribers to all journals (Z and J) without deducting discount or Filiale expenses: much of it has not yet been paid to us.

My two letters on our financial affairs was evidently misunderstood; they should have been more detailed. You overlooked the proviso »if we were to liquidate now«, i. e. if we were to close business as in bankruptcy. In that case we should, it is true, have a surplus of nearly 100 pounds, as I said, which you will find in the balance sheet. (ca. £87).

But when you talk of our sending you this £100 and also the £150 to get from the sale of our stock books, you overlook two things: (1) you are counting the 150 pounds twice over, for it is already counted in the liquidation as parts of our assets, and (2) you forget that such a balance sheet is purely hypothetical, for we do not propose to close business; on the contrary, we hope that the Journal and publishing of English books will continue. There is all the difference between potential assets and actual fluid money. For instance, many debts owing to us will not be paid till the end of the year; the furniture we are not selling, but we have rented so as to secure the continuation of our address, which is valuable; stationary is very much to us, but hardly anything to a stranger, for our name is printed on it, etc.

It is true that after going myself into the accounts carefully (several evenings) I think they are more favourable to us than appeared from the only hasty glance I was able to give in August; still the two statements are quite compatible with each other, and the main conclusions remain the same. My chief point then was that there would have been a deficit had it not been covered by about 400 pounds of donations, and I was not sure how much of the latter we should obtain in the future. The results of the special appeal we made last week proved to be more successful than I

---

[24] Nicht im ORA; vgl. dazu Freuds Briefe an Jones vom 21.10.1920 und 18.02.1921, in denen ausführlich auf diese Fragen eingegangen wird; vgl. Freud (1993e), S. 395-412.

dared hope, or could guarantee beforehand. At present, therefore, we are in an excellent financial state.

I regret to say that Hirschfeld[25] refused to buy the books, after keeping us waiting ten days, but we are now negotiating with several other booksellers.

If you tell us exactly how much money we owe you well send it at once. If there is anything you do not understand in the enclosed statements please ask, and in any case send me your comments on them.

I hope you did not mind my remarking on the disadvantages of a fusion with a commercial firm, but I did not know of any advantages, nor do I yet. I do not see why further cooperation with the *Press* on the new lines, which should bring us much profit, together with the American fund[26] and Brill's money[27] should not be able to provide for you the improved conditions of working that, as we all know, you so urgently need. But, of course, you can be the best judge of this. Only do not depend too much on Steiner, who is a very sharp business man, as I know well.

To end on a personal note. I am glad to answer all the friendly inquiries about my family in the most favourable way; both mother and child are doing excellently.

With cordial greetings to all

Ernest Jones

---

[25] Das Londoner Verlagshaus »Hirschfeld Brothers«.
[26] Bezieht sich auf den Fonds, der zunächst aus Freundschen Mitteln gespeist worden, und dann durch eine von Eitingon initiierte Spende seines New Yorker Vetters aufgestockt worden war (vgl. Sigmund Freud-Max Eitingon 16.5.1920, LoC).
[27] Vgl. RB 14.10.1920/W; vgl. auch Freud (1993e), S. 396, Anm. 2.

27.10.1920/B

[Briefkopf: *International Psycho-Analytical Association*][1]

Berlin 27.10.1920
Antwort auf Bud., Lond. Nr. 4[2]
Wien Nr. 3.[3]

Liebe Freunde,
Die Berichte gehen von allen Seiten stets pünktlich ein, und zwar immer in der Reihenfolge: Budap. Lond., Wien, in welcher wir sie auch beantworten.

Budapest.
Die Angelegenheit Hárnik hat sich zu unserer Zufriedenheit entschieden. H. kommt demnächst nach Berlin, wird mit Gehalt von der Poliklinik angestellt und kann außerdem privat behandeln. Mit Nunberg schweben noch Vershandlungen. Frau Klein erwarten wir später.

London.
Das Thema »Battle dreams«[4] scheint uns zur Diskussion wenig geeignet, weil nur einzelne Mitglieder darüber Erfahrungen haben, und auch diese nicht in dem Umfang, daß wir die Diskussion bereichern könnten. Wenn man das Thema, welches zuerst vorgeschlagen wurde, weit fast, etwa: Psychiatrische Fragen in ps-al Beleuchtung«, so brauchte man sich nicht streng an die beiden Hauptredner des Kongresses halten, und auch die Londoner wären dann vielleicht einverstanden.
Eitingon's Reise hängt noch vom Gesundheitszustand seiner Frau ab, die an einem Leberleiden erkrankt war, sich jetzt aber auf dem Wege der Besserung. Wenn er reist – und das wird hoffentlich der Fall sein, so wird er auf der Rückreise von Amerika London berühren.[5]

---

[1] Maschinenschriftlicher Brief.
[2] RB 24.10.1920/Bp und 19.10.1920/L.
[3] RB 15.10.1920/W.
[4] Vgl. RB 19.10.1920/L, Abschnitt (6); zum Thema »Schlachtenträume«; vgl. auch Freud (1919d).
[5] Die Reisepläne mußten geändert werden. Eitingon fuhr mit seiner Frau nach Meran, weil er als ehemaliger Offizier keine Einreiseerlaubnis in die USA bekam; vgl. Max Eitingon-Sigmund Freud 10.12.1920 (LoC). Auch blieb der Ge-

Frau Spielrein erhält durch Eitingon's Vermittlung von privater Seite eine Unterstützung, die ein Eingreifen des Fonds unnötig macht. Frau Dr. S. hat sich mit dem Arrangement einverstanden erklärt. Damit scheint diese Sache für unsere Korrespondenz erledigt.
Für Sie, lieber Jones besonders, aber auch für die anderen Com.-Mitgl. wird Folgendes von Interesse sein. Seit der Rückkehr vom Kongr. analysiere ich (Abr.) Frau Dr. Herford[6] aus London. Ich bin von ihren Eigenschaften aufs angenehmste überrascht, da ich förmlich von ihr gewarnt worden war. Sie ist sehr intelligent, arbeitet mit großem Eifer mit, studiert die Literatur und verhält sich in unsern Vereinssitzungen sehr bescheiden als Lernende. Auch im persönlichen Verkehr macht sie uns allen einen guten Eindruck. Daß sie ihre PsA nicht in England beendet, liegt an einem neurotischen Widerstand. Sie bleibt 3 Monate. Die Analyse schreitet gut fort, da Frau H. trotz ihres Alters eine wirklich anerkennenswerten Eifer zeigt, alle Widerstände zu überwinden. Ich weiß, daß Sie, l. Jones und auch Bryan sie bisher ablehnten. Ich hoffe bestimmt, daß Sie ihr Urteil nach der Analyse werden ändern können. Im Interesse unserer Sache liegt es doch, wenn die wirklichen Interessenten der PsA zusammenarbeiten. Bisher scheint der Londoner Verein keine Beziehungen mit der Brunswick Square-Klinik[7] zu haben. Mir wäre es aus folgenden Gründen wertvoll, Näheres über die Gründe zu hören:
Schon im Haag meldete sich Dr. Glover[8] von der Klinik bei mir zu Analyse. Er möchte, wie er mir jetzt schreibt, im Dezember zu mir kommen.

---

sundheitszustand seiner Frau instabil, so daß die Rückreise über Mailand und Paris nach Berlin führte und London ausgespart werden mußte; vgl. Max Eitingon-Sigmund Freud 4.4.1921 (LoC).
[6] Ethilda Herford (1872-1956). Ärztin in Reading (England). Postgraduate Ausbildung in Berlin, München, Wien und Budapest. Wurde im Oktober 1921 zum außerordentlichen Mitglied der British Psychoanalytical Society gewählt. 1923 beendete sie ihre Lehranalyse bei Ferenczi. Noch bis Anfang der fünfziger Jahre wird sie als aktives Mitglied im *Korr. Bl.* geführt. Veröffentlichungen u.a.: »The Infantile Mind and its Relation to Social Problems« (1918) und »Mental Hygiene« (1918); vgl. Payne (1957); Who was Who, Bd. 5, 1951-1960. London: Adam & Charles Black 1961, S. 513.
[7] Zur Bedeutung dieser Institution vgl. die RB ab 2.11.1920/L und Freud (1993e), S. 401.
[8] James Glover (1882-1926). Chirurg und Tropenmediziner. 1918 – nach einem Brasilienaufenthalt – arbeitete er in der 1913 gegründeten »Medical Psychologi-

Auch sein jüngerer Bruder[9] will zum gleichen Zweck Berlin aufsuchen. Endlich will noch eine Pädagogin von demselben Institut hierherkommen. Letztere will Sachs analysieren, während ich die Brüder Glover zu übernehmen gedenke. Wir hoffen auf diese Weise eine Reihe von Outsiders für unsre Sache definitiv zu gewinnen. Nach meinem Eindruck wollen die drei sich wegen des bestehenden Konflikts[10] nicht in London analysieren lassen. Wenn wir sie abweisen, fördern wir die »wilde« PsA.. Wenn wir sie annehmen, so hoffen wir unsrer Sache am besten zu dienen, besonders aber wünschen wir einige bisher unbrauchbare Interessenten in brauchbarem Zustande nach London zurücksenden zu können. Wir sind überzeugt, daß dieses Bestreben die Billigung des Com. finden wird. Für etwaige Ratschläge hierzu sind wir dankbar!
Das heute eingetroffene Briefpapier ist sofort in Verwendung genommen.

Wien.
In der morgigen Vereinssitzung sollen alle Klagen der Redaktion bezüglich der Referate nochmals (zum wievielten Male, das ahnen Sie, l. Rank, nicht) besprochen werden.
Ich werde Sachs als besonderen Manager des Referatenwesens vorschlagen. Vielleicht erreicht er mehr bei den Mitgliedern als ich, gegen den sich naturgemäß so manche Widerstände richten. Wer diese internen Verhältnisse kennt, versteht manches!

---

cal Clinic« am Brunswick Square in London, deren Direktor er wurde. Nach seiner Lehranalyse bei Abraham ging er nach London zurück, wurde 1921 Mitglied der British Psychoanalytic Society und 1924 in den Vorstand gewählt. Am 25. August 1926 verstarb Glover in Barcelona; vgl. PB, *IZP* 12(1926), S. 576; Nachruf von Ernest Jones in PB, *IZP* 13(1927), S. 234-241.

[9] Edward Glover (1888-1972). Psychiater. Er ist, wie sein Bruder, 1921 Mitglied der der British Psychoanalytical Society geworden. Nach dem Tod von James Glover übernahm er sämtliche Funktionen seines Bruders in der Vereinigung. Glover wurde einer der einflußreichsten Analytiker in London – besonders in der »Anna Freud–Melanie Klein-Kontroverse«. Auf Grund dieser Auseinandersetzungen verließ er 1944 die Vereinigung und wurde Mitglied der der Japanischen, später der Schweizer Vereinigung; er praktizierte weiter in London; vgl. Wahl (1995), King & Holder (1992).

[10] Den von Abraham hier angedeuteten Konflikt stellt Jones aus seiner Sicht im RB 2.11.1920/L dar.

Ich selbst (Abr.) habe übrigens die sämtlichen einschlägigen Aufsätze der Zeitschrift referiert und auch aus den gelegentlich erscheinenden Literaturverzeichnis entnommen, was darin war. Ich glaube nichts Wesentliches übersehen zu haben. Auch von Adler & Stekel weiß ich kein einschlägiges Buch, das ich in meinem Gebiet hätte referieren müssen. Für spätere Fälle will ich auf einen Fehler Ihrer Technik, l. Rank, aufmerksam machen. 1914 habe ich die gleichen Referate fürs Jahrbuch pünktlich zusammengebracht, indem ich jedem die gesamte Literatur mitteilte und einen ganz nahen Termin stellte.

Letzere Maßregel ist unumgänglich. Hat jemand Monate lang Zeit, so verschiebt er die Arbeit & verlangt dann noch Aufschub. Wir sind doch allesamt ein bißchen Analerotiker. Darauf muß in der angedeuteten Form von vornherein Rücksicht genommen werden. – Im Übrigen kommen wir nächstes Mal auf die Frage zurück. Dem Brief nach Wien füge ich einige Lit.-Nachweise bei.

Die 2 Zeitungsausschnitte betr. den Budapester Fonds[11] gehen an Jones.

Von uns heute nichts Neues. Über unsre verschiedenen Kurse berichten wir nächstes Mal wieder.

Bezüglich des Leipziger Vereins bleiben wir bei unserm Vorschlag, daß einer von uns in persönliche Verbindung mit den dortigen Studenten treten sollte. Wir erwarten noch eine Äußerung von Jones dazu.

Mit unsern besten Grüßen

Abraham   Eitingon[12]

---

[11] Vgl. RB 20.9.1920/Bp und 11.10.1920/Bp; Zeitungsausschnitte sind nicht im ORA.

[12] Der RB ist nur mit diesen beiden Originalunterschriften versehen.

28.10.1920/W
[Briefkopf: *International Psycho-Analytical Association*][1]

WIEN IV
am 28. Oktober 1920

Liebe Freunde!
Wir bestätigen London und Berlin No. 3 (Budapest No. 3[2] hatten wir schon bei Absendung des vorigen Briefes). – Wir bitten aus technischen Gründen die Briefe an Rank zu adressieren.
Zunächst zu den eingegangenen Briefen: Vor allem freuen wir uns über den Berliner Aufschwung, von dem Abraham berichtet, wenn wir auch von Wien nichts ähnliches berichten können – namentlich nicht auf ärztlichem Gebiet – und andererseits von einem gewissen Abflauen der Bewegung in Budapest Anzeichen vorliegen. Sollte sich infolgedessen für Ferenczi die Notwendigkeit eines Domizilwechsels herausstellen, so würden wir ihn zwar in Wien mit offenen Armen empfangen, glauben aber doch in seinem eigenen Interesse ihn Berlin empfehlen zu sollen.
Den Vorschlag von Berlin betr. der Leipziger Gruppe halten wir für die beste Lösung.[3] -
Abrahams Rundschau-Artikel[4] bestätigen wir dankend. -
Über Jones' geschäftliche Mitteilungen wäre sehr viel zu sagen. Nur wenige Bemerkungen zur Klärung. Zwischen Wien und London schwebte von Anfang an ein Mißverständnis in der Verlagssache, das sich bereits gerächt hat und jetzt weitere Folgen zu zeitigen beginnt. Der *Verlag* hat die englische *Press* ins Leben gerufen als eine geschäftliche Unternehmung, die sich heute sogar als noch weit fruchtbarer erweist als seiner Zeit. Jones und sein Verlagsleiter Hiller haben diesen Gesichtspunkt nie besonders gewürdigt – wie mir Jones im Haag zu meinem Erstaunen erklärte – sondern fast ausschließlich das Repräsentative möchte ich sagen daran gewürdigt. Sie wollten in England eine Zentralstelle haben, in der man alle psa. Arbeiten erhalten sollte und von dieser Stelle aus auch Propaganda für die Bewegung und unsere Literatur machen. Dazu gehört

---

[1] Maschinenschriftlicher Brief.
[2] RB 19.10.1920/L, 20.10.1920/Bp.
[3] Vgl. RB 20.10.1920/B, 27.10.1920/B.
[4] Abraham (1920); siehe auch RB 20.10.1920/B.

aber viel Geld, während wir – der *Verlag* – umgekehrt Geld von dort aus dem Verkauf unserer Bücher zu bekommen hofften. Diese Zentral-Propaganda-Stelle war immer und ist auch jetzt zur Vermeidung von Mißverständnissen streng von der *Press* zu trennen, die nichts weiter beinhaltet, als daß wir englische Publikationen unter einer gewissen Firma herausgeben. Wir wollen der Einfachheit halber die erstere kurzweg shop nennen, weil sie sich ja hauptsächlich mit dem Bücherverkauf beschäftigen soll. Nun wurde sie zu einer Zeit gegründet, wo die *Press* noch gar nichts publiziert hatte (sie hat auch bis zum heutigen Tage nur das 1. Heft des Journal herausgegeben) und war ja auch nach der Idee von Jones und Hiller dazu bestimmt, psa. Werke von allen möglichen Verlegern (auch amerikanischen) zu verkaufen. Hiller meinte, wenn sie nur ein Anfangskapital zum Einkauf von Büchern hätten und zur Einrichtung eines Büros, so würde sie bald aktiv werden. Dieses Anfangskapital konnte der *Verlag* aber naturgemäß nicht bereitstellen (weil es sich ja um Pfunde und Dollar handelte) und dieses Kapital wurde aus Spenden von Mitgliedern der englischen Gruppe aufgebracht. Sie hatten es zwar auf einen Aufruf der *Press* hin gezeichnet, aber von dem ganzen Gelde hat die *Press* keinen Penny gesehen, weil es ausschließlich vom Shop verschlungen wurde, der bisher für die *Press* gar nichts leisten konnte, weil die *Press* noch keine Publikationen hatte. Auf dieser Basis sind natürlich die Einwendungen der Londoner Mitglieder leicht zu widerlegen. Sie beklagen sich, daß sie keinen Einfluß auf die Leitung der *Press* haben und daß die *Press* zu viel Geld kostet (engl. Verleger würden unsere Sachen ohne finanzielle Unterstützung drucken). Auf den zweiten Einwand ist zu erwidern, daß auch die *Press* (d.i. der *Verlag*) die englischen Sachen ohne finanzielle Unterstützung druckt und weiter drucken kann; im Gegenteil, darin ein glänzendes Geschäft sieht, aus dem es Nutzen ziehen kann: Es wird eben hier wieder *Press* und shop verwechselt. Der erste Einwand ist vollkommen unberechtigt, denn es ist nie versprochen worden, daß die Spender freiwilliger Gaben für den *Verlag* einen Einfluß auf dessen Führung damit erwerben, weder in finanzieller noch in wissenschaftlicher Hinsicht. Das wäre doch auch praktisch undurchführbar. In wissenschaftlicher Hinsicht hat aber der Professor auf dem Kongreß ausdrücklich die Gruppe aufgefordert, die von ihr gewünschten Redakteure für das Journal vorzuschlagen.[5] Unter diesen Umständen habe ich Jones geraten, die jetzigen Spen-

---

[5] Im Kongreßprotokoll ist vermerkt: »Prof. Freud dankt als Herausgeber des

den, an die sich die Kritik der Mitglieder geschlossen hat, lieber abzulehnen, als damit irgend eine Verpflichtung auf sich zu nehmen, namentlich wenn es den Anschein erwecken könnte, als wäre unter einer Scheinvoraussetzung gesammelt worden. Im übrigen ist durchaus nicht zu befürchten, daß im Falle des Verkaufes an Kola Jones den englischen Mitgliedern gegenüber in eine schiefe Situation kommen könnte, wenn sie dann ihre Spenden zurückverlangen sollten; denn wir wären ja dann auch in der Lage, ihnen das Geld zurückzuerstatten. – Was ihre jetzige Spende betrifft, ist weiterhin zweierlei zu bemerken: 1. Bei Gründung der *Press* haben sie durch ihre Subscriptionszeichnung sich gewissermaßen moralische verpflichtet, die ganze englische Aktie zu unterstützen und sie mußten damals auch wissen, daß das Geld für den Buchshop und zur Bezahlung Hillers verwendet wird. Ist nun diese Sache passiv geworden, so geschah es nicht zum wenigsten darum, weil sie ihr damaliges Versprechen, wie Jones uns auf dem Kongreß erzählte, nicht eingehalten haben. Wenn also heute der shop selbst in Konkurs gehen mußte, hätten sie eigentlich die moralische Verpflichtung, einfach die Schulden <u>des</u> Unternehmens zu zahlen, das auf ihre Versprechungen hin gegründet wurde. Und wie Jones schreibt, scheinen ja die jetzigen Spenden tatsächlich dem schlechten Gewissen der Mitglieder nach dieser Richtung zu verdanken zu sein. 2. Außerdem wurde aber anläßlich der jetzigen Spenden wieder über die Schwierigkeiten gesprochen, Hiller, der nach Wien zum *Verlag* gehen soll, zu bezahlen; und ein Teil der Spenden soll auch im Einverständnis mit den Mitgliedern zu diesem Zwecke verwandt werden. Es ist nicht

---

englischen Journals den englisch sprechenden Gruppen und möchte deren Wünsche bezüglich der Redaktionsführung Rechnung tragen. Vorläufig sei Dr. Ernest Jones (London) provisorisch alleiniger Redakteur; die anglo-amerikanischen Gruppen mögen sich äußern, ob dies so bleiben solle oder ob und wie viele Mitredakteure und wie viele aus jeder Gruppe zu bestimmen seinen. Pfister schlägt vor, auch einen Amerikaner zum Redakteur zu wählen. Jones setzt die Nachteile eines mehrköpfigen Redaktionskomitees auseinander und begründet die Notwendigkeit einer Zentralstelle. Bryan (London) meint, es genüge ein Editor für England. Im übrigen habe die Frage der Redakteurschaft der Verlag zu entscheiden. Stern (New York) schlägt vor, die Gruppen sollen ihre Redakteure wählen. Der Kongreß beschließt, Jones als Hauptredakteur zu bestätigen und eine vorzuschlagende Liste von Subredakteuren aus England und Amerika einzuholen«; vgl. *IZP* 6(1920), S. 389f.

einzusehen, was da noch für Vorbehalte der Spender zu machen sein sollten, wenn sie wenigstens einen Teil des Geldes für einen ganz bestimmten Zweck bestimmt haben!
Ich hoffe mich ziemlich klar gemacht zu haben, wenngleich ich mir nicht verhehlen kann, daß die Sache derart kompliziert wurde, daß selbst eine mündliche Aussprache sie schwer entwirren könnte. – Die »Spenden«, die der *Verlag* bisher erhalten hat, und von denen Jones auch zwei anführt, sind aber ganz und gar nicht mit den wirklichen »Danatians«[6] der englischen Mitglieder zu vergleichen. Die 300 Dollars von Putnams Witwe sind als Beitrag zu den Herstellungskosten seines Buches[7] gedacht und werden diese kaum decken. (Ähnlich verhält es sich mit den K. 25.000, die Róheim uns für sein englisches Werk[8] zur Verfügung gestellt hat, das ungefähr viermal so viel kosten dürfte). – Die einzige wirkliche Spende ist der von Brill dem *Verlag* zugedachte Summe von 1000 Dollar, die so sonderbare Schicksale hatte.[9]
Übrigens scheint sich die Sache jetzt endlich aufzuklären. Einige Tage nach dem uns unverständlichen Brief von Brill kam ein Schreiben von seinem Newyorker Bankier, Lewinsohn, mit der Nachricht, daß ein Scheck auf die 57 Mille Mark auf den Namen Ranks an die Filiale München der Deutschen Bank abgegangen sei. Wir haben uns sofort telegraphisch und brieflich nach München gewandt, sind aber bis heute ohne Nachricht.
Zur Sache Kola noch für Jones, daß wir alle Nachteile der Sache wohl sehen, daß uns aber die Vorteile zu überwiegen scheinen. Eine Schwierigkeit – aber wohl nur eine formale – wird das Verhältnis zu der selbständigen englischen Filiale wohl beinhalten; darin können wir Jones recht geben.
Von Brill hatte auch der Professor ein Schreiben, aus dem er auf einen persönlichen neurotischen Zustand des Schreibers schließen mußte; Professor hat Brill in seiner Antwort beschwichtigt, ihm die Koeditorship des

---

[6] Diese Verballhornung von »Donations« ist eine Anspielung Ranks auf das »Danaidenfaß«. Nach der griechischen Sage mußten die Töchter des Danaus in der Unterwelt ein Faß ohne Boden mit Wasser füllen.

[7] Putnam (1921).

[8] Roheim (1925); vgl. auch RB 7.10.1920/L, Abschnitt (7).

[9] Vgl. Freud (1993e), S. 395f.

englischen Journal angeboten und auch Jones veranlaßt, sich in diesem Sinne mit Brill zu verständigen.[10]
Das von Jones Mitgeteilte zur Sexualtheorie wird der Professor direkt beantworten.[11] -
Zum Thema der »Battle-Dreams« fehlt es uns hier an Material, aber das hindert nicht eine Diskussion der englischen Gruppe darüber. -
Von hier ist zu berichten:
Pfister stellte als Autor des *Verlag*es (es erscheint jetzt ein Buch von ihm bei uns[12]) und als Mitarbeiter der Imago die Forderung, daß er das Abonnement der beiden Vereinszeitschriften aus diesem Guthaben bei uns decken kann und hat auch tatsächlich seinen Schweizer Beitrag mit dieser Begründung nicht bezahlt. Ich schrieb ihm, daß ich dies nicht entscheiden könne, da es eine Vereinsangelegenheit sie, daß aber meine persönliche Ansicht wäre, er solle als Vorstand der ohnehin immer über den Zeitschriftenzwang klagenden Schweizer Gruppe[13] nicht gerade mit schlechtem Beispiel vorangehen. Darauf kam ein ziemlich wütender Brief, er begreife meinen Standpunkt nicht und überhaupt werde die Zeitschriftensache immer unerträglicher (bes. Imago als offizielles Organ). Oberholzer habe ihm wütend erklärt, er hätte die ganze Sache schon bis zum Halse. Da wir Pfister ohnehin seine Bücherbezüge ganz ausnahmsweise zu unseren Inlandspreisen berechnen und von seinem Konto bei uns abschreiben, will er das auch für die Zeitschriften, für die aber sonst auch eine ganz

---

[10] Vermutlich handelt es sich um einen Brief Freuds vom 21.10.1920, der in Freuds Brief vom 21.1.1921 erwähnt wird [Kopie im ORA].
[11] Freud (1993e), S. 403.
[12] Pfister (1920).
[13] Auf dem Kongreß in Den Haag schlug »Ferenczi vor, das 'International Journal of Psycho-Analysis' zum offiziellen Vereinsorgan der englisch sprechenden Gruppen zu machen ... de Saussure (Genf) möchte für die französisch sprechenden Kollegen in der Welschschweiz die Möglichkeit offen sehen, statt der beiden deutschen Zeitschriften die englische zu abonnieren, welchen Vorschlag Pfister dahin ergänzt, daß es allen nicht deutsch sprechenden Mitgliedern frei stehen solle, das englische Journal zu wählen. Dieser Antrag wird angenommen.« Nachdem die Vertreter der amerikanischen und britischen Vereinigungen zustimmten, das Journal zum offiziellen Organ der IPV zu machen »erhebt der Kongreß den Antrag,, das 'International Journal of Psycho-Analysis' zum offiziellen Vereinsorgan neben der 'Zeitschrift' und 'IMAGO' zu machen, einstimmig zum Beschluß«; vgl. KB, *IZP* 6(1920), S. 389.

andere Verkaufsordnung im allgemeinen besteht, da sie auf dem Umschlag vorgedruckte Auslandspreise haben, die von allen anderen Menschen – ob Mitglieder oder nicht – eingehalten werden müssen, da wir nicht unsere eigenen Bestimmungen umgehen können. Andererseits liegt aber auch darüber ein Kongreß-Beschluß vor, zu dem Pfister bekanntlich nicht das Wort ergriffen hat. In diesem Sinne werde ich ihm antworten und hoffe irgendwie friedlich mit ihm auszukommen. Dagegen scheint es nötig, daß von der Zentrale aus einmal der Schweizer Gruppe auf den Zahn gefühlt werde und wir meinen, daß es gut wäre, wenn Jones an Oberholzer in diplomatischer Weise schriebe, etwa anknüpfend an den Kongreß bedauern, daß der Präsident der Schweizer Gruppe nicht vertreten war, daß wir diese Nichtvertretung als stillschweigende Zustimmung zu unseren Beschlüssen auffassen und annehmen, daß die Schweizer auch mit der auf dem Kongreß approbierten Bestimmung des Zeitschriftenbezuges einverstanden und jetzt ausgesöhnt sind, um so mehr, als Pfister – offenbar im Namen der Gruppe – mit dafür gestimmt hat. (Pfister schreibt[14], daß Mackenzie wegen der Zeitschriften austritt.)
Von unserem Vertreter in Italien, Dr. Weiss in Triest, kam heute die Nachricht, daß er für die Vorlesungen[15] einen bedeutenden ital. Verleger gefunden habe, daß ihm de Sanctis[16], der sich für die Analyse zu interessieren scheine, angeboten habe, zu seiner Zeitschrift eine psa. Beilage zu redigieren (allerdings unter einem allgemeinen Titel, etwa »Psychopathologie) und endlich, daß Prof. Bianchini mit unserem Vorschlag einverstanden ist, daß der *Verlag* seine »Bibliothek« übernehme, von der er bereits zwei weitere Arbeiten (Freud: Sexualtheorie[17] und Rank: Mythus[18]) zur Publikation fertig übersetzt habe. –

---

[14] Als Anlage zum RB 2.11.1920/L.
[15] Freud (1916-17a).
[16] Sante de Sanctis (1862-1935). Arzt und Traumforscher. Hatte 1893 bei Auguste Forel Hypnose studiert. Seit 1920 Ordinarius für experimentelle Psychologie an der philosophischen Fakultät der Universität Rom. Freud bezieht sich mehrfach auf ihn; vgl. Personalia, *IZP,* 7 (1921), S. 107f., Freud (1900a, 1907a, 1928a), *Dizionaro Biografica degli Italiani.* Rome: Istituto della Enciclopedia Italiana 1991, Bd. 39.
[17] Tre Contributi alla Teoria Sessuale. Napoli: Bibliotheca Psicoanalitica Italiana, Libreria Psicoanalitica Internazionale 1921.

Bei der Arbeit über den Jahresbericht, die erst nächsten Sonntag fortgesetzt werden kann, sind wir bis jetzt zu folgenden Neuerungen gekommen – : Die in den einzelnen Rubriken[19] nicht unterzubringenden Arbeiten allgemeiner Natur (Kulturgeschichte etc.) werden in einem eigenen Abschnitt von Reik und Sachs behandelt und in diesem Abschnitt soll auch die von Sachs als Spezialgebiet übernommene Mystik aufgehen, der wir glauben keine eigene Existenzberechtigung zuschreiben zu sollen. Ferner schaffen wir die schon geplante Rubrik »Soziologie«, deren Referat wir einem jungen ungarischen Mitglied, Kolnai, anvertrauen wollen, von dem eben jetzt eine Arbeit über Psa. und Soziologie[20] in unsrer Bibliothek erscheint. (Ich habe übrigens vor längerer Zeit die Aushängebogen dieses Werkchens an Abraham geschickt mit der Anfrage, ob seine Frau geneigt wäre, die Übersetzung ins Englische zu übernehmen und wundere mich, daß ich bis heute ohne Antwort auf diese Anfrage bin.) Endlich hat sich die Schaffung einer Rubrik für die psychologischen Arbeiten als notwendig erwiesen, die wir den Mitgliedern der Budapester Gruppe, Dr. Hermann, angeboten haben, der sich als Mitarbeiter der Zeitschr. nicht nur als gut geschulter Allgemeinpsychologe, sondern auch als verläßlicher pünktlicher Referent erwiesen hat. Von fremdsprachigen Rubriken haben wir die französische Flournoy und die russische Spielrein[21] angeboten.

Literatur: Außer dem Buch von Kolnai, das schon fertig ist, und dem Groddeckschen Roman[22], der jetzt ausgedruckt ist, sind in dieser Woche versandt worden: Zeitschrift Heft 3 und Imago Heft 4. (Jones könnte in

---

[18] Il mito della nascita deglia eroi. Napli: Bibliotheca psicoanalitica italiana. Nocera Inferioire 1921.

[19] In der *IZP* wurden ab 1921 zu den bisherigen Abteilungen (vgl. RB 5.10.1920/W) neue Literaturrubriken eingerichtet: Religionswissenschaft, Okkultismus, Ästhetik (und Künstlerpsychologie). Zu diesen meist mit deutschsprachigen Publikationen ausgefüllten Rubriken kamen fremdsprachliche bibliographische Angaben, die in den Rubriken: »Aus der deutschen, englischen, französischen, russischen oder tschechischen Literatur« rezensiert wurden.

[20] Kolnai (1920).

[21] Über die Psychoanalyse in Rußland während berichtet dann allerdings auch Sara Neiditsch (besonders unter Berücksichtigung der Rolle der ersten russischen Psychoanalytikerin Tatiana Rosenthal); vgl. *IZP* 7(1921), S. 381 ff.; Tögel (1988, 1989b).

[22] Groddeck (1921).

seinem Brief an Oberholzer auch den Abschluß der Zeitschriften-Jahrgänge zum Anlaß nehmen.) Zeitschrift Heft 4 wird Anfang des nächsten Monats gedruckt und noch im Laufe des November versandt (enthält den Kongreßbericht).
Personalia: Dr. Feigenbaum[23], der mit Berlin in Unterhandlungen stand hat einen Antrag nach Palästina zu gehen, angenommen und wird sich in etwa drei Wochen einschiffen. Anfangs November hält er in unserer Vereinigung einen Vortrag. – Dr. Nunberg, der heute bei mir (Rank) war, erklärte, daß zunächst Pass-Schwierigkeiten sein kommen verhindert hätten. – Dr. Hárnik aus Budapest wird wie wir hörten anfangs Dezember in Berlin eintreffen.[24]
Ein sympathischer junger Wiener Verleger[25] hat sich an uns mit dem Ersuchen gewendet, ihm Bücher, die wir nicht bringen wollen, zur Publikation zuzuweisen; es ist also außer Reuss & Pollack[26] auch hier eine solche Möglichkeit vorhanden, von der ich empfehlen kann, Gebrauch zu machen.
Mit herzlichen Grüßen
Freud/Rank
P.S. Vom Professor sind die »Selected Papers on Hysteria and other Psychoneuroses« (im Verlag Nerv. and Mental Serie, New York) in dritter vermehrter Auflage erschienen.[27]

---

[23] Dorian Feigenbaum (1887-1937). Psychiater. Nach seinem Militärdienst praktizierte er in der Schweiz und wurde 1919 Mitglied der Schweizer Psychoanalytischen Vereinigung. 1920 ärztlicher Leiter der Irrenanstalt »Ezrath Nashim« in Jerusalem. 1924 ging er nach New York und wurde dort Mitglied der New Yorker Psychoanalytischen Vereinigung. 1932 gründete er zusammen mit F. E. Williams die Zeitschrift *Psychoanalytic Quarterly*.
[24] Hárnik referierte am 2.6.1920 Ferenczis Arbeit »Psychoanalytische Betrachtungen über den Tic«; vgl. Harmat (1988), S. 105. Am 10.12.1920 schrieb Eitingon an Freud, daß »Dr. Hárnik heute hier angelangt (ist)« (LoC). Er nahm die Arbeit sofort auf und von 1926 bis 1932/33 lehrte er am Berliner Psychoanalytischen Institut, »ziemlich dogmatisch am Buchstaben der Freudschen Metapsychologie« festhaltend; vgl. Harmat (1988), S. 77..
[25] Es konnte nicht geklärt werden, um wen es sich gehandelt hat.
[26] Reuss & Pollack: Berliner Verlagsanstalt in Schöneberg.
[27] Freud, Sigmund: Selected Papers on Hysteria and other Psychoneuros. New York: Nervous and Mental Diseases Publishing Company 1920; vgl. *IZP* 7(1921), S. 109.

10.1920/W
[Briefkopf: *International Psycho-Analytical Association*][1]

Wien, am 28. Okt. 1920

Lieber Freundeskreis!

Eine Serie von zufälligen »Entdeckungen« – leider nicht wissenschaftlicher Art – gibt mir die nicht gerade unerwünschte Gelegenheit, einen privaten Rundbrief ohne die Unterschrift des Professors – aber leider nicht ohne sein Wissen – an Euch zu richten.

Die Anfrage wegen des Ringes, die Jones seinem Schreiben beischloß, ist durch eine Unachtsamkeit meinerseits in die Hände des Prof. geraten, und zwar so, daß ich das dünne Blatt, das Jones unter die letzte Seite seines Briefes legte und das dort festsaß, nicht bemerkte und erst vom Professor darauf aufmerksam gemacht wurde.[2] Der Prof. wollte selbstverständlich abwehren und sagte scherzhaft, er werde schon auf diese Frage antworten. Ich erwiderte, daß ich mir dies aber auch nicht werde nehmen lassen – und so sagte er schließlich: Meinetwegen, aber dann gewiß erst zum 70. Geburtstag.

Die zweite »Entdeckung« war, daß der Professor in einem der zahlreichen Briefe, die ich ihm aus anderen Gründen schickte (da wir beide leider nicht so viel Zeit haben, um uns alles erzählen zu können), irgend etwas von der Festschrift[3] fand und mich zur Rede stellte. Das lehnte er allem Anschein nach entschiedener ab, als das erste und wir haben ja schon selbst verschiedentlich gezweifelt, ob der Zeitpunkt der richtige sei. Die Festschrift berührt gewiß seinen »Alterskomplex« empfindlich. – Ich konnte ihn mit der Versicherung beruhigen, daß wahrscheinlich ohnehin

---

[1] Maschinenschriftlicher Brief.
[2] An Ferenczi schrieb Freud in diesem Zusammenhang: »Ich ... danke Ihnen ... für die Absicht, mir einen Ring schenken zu lassen, von der ich zufällig Kenntnis gewonnen habe. Ich bitte Sie, darauf derzeitig zu verzichten und sie vielleicht für den 80. Geburtstag zu reservieren...«; vgl. Sigmund Freud-Sándor Ferenczi 11.10.1920 (ÖNB).
[3] Die Idee einer Festschrift zu Freuds 65. Geburtstag wurde bald aufgegeben (vgl. RB 1.12.1920/B). Erst zu Freuds 70. Geburtstag im Jahre 1926 erschien als dritte Nummer der *IZP* eine Festschrift. Im gleichen Jahr verlieh auch der jüdische Humanitätsverein »B'nai B'rith« dem 5. Heft seiner *Mitteilungen für Österreich* den Charakter einer Festschrift.

nichts daraus wird, was ich auch wirklich glaube, da ich mir nach dem heutigen Stand und nach den Anfragen, die ich bekomme, wirklich nicht denken, daß das rechtzeitig fertig würde; und übereilen dürfte man ja eine solche auch drucktechnisch würdige Gabe ja nicht. – Ich möchte aber daran die Mahnung knüpfen, das voraussichtliche Nichtzustandekommen vorläufig geheim zu halten, damit die eventuelle Arbeitslust nicht gelähmt werde und wir doch vielleicht schöne Arbeiten bekommen und dann die Selbstmahnung, sich durch dieses Wissen nicht von einer etwa geplanten Arbeit abhalten zu lassen! – Ich selbst will offen gestehen, daß ich an dem Zustandekommen der Festschrift auch deswegen nicht denken wollte, weil es mir sicherlich ganz unmöglich gewesen wäre, auch nur den kleinsten Beitrag zu liefern, noch dazu jetzt, wo ich mit Bilanz etz. mehr als überlastet bin.

Endlich eine dritte, für mich die unerfreulichste Entdeckung; nämlich daß durch ein Versehen, für das niemand von uns beiden Schuld trägt, der letzte Brief aus Berlin (No 3) zur Kenntnis des Dr. Reik gelangt ist.[4] Es stand zwar nichts bes. darin, aber die Tatsache der Rundbriefe kann ihm kaum verborgen geblieben sein (daher gehen jetzt die Briefe an mich).

Nachdem ich diese Geständnisse (ich wollte die Einzahl) meiner teilweisen Schuld abgelegt habe, drängt es mich, die Gelegenheit zu benützen und einen Vorschlag zu machen, der in unserem gemeinsamen Rundbrief nicht am Platze wäre. Nämlich daß wir sechs in der Anrede untereinander das vertrauliche Du gebrauchen sollen, wozu es ja nicht mehr viel bedarf: Ich duze mich bereits mit Ferenczi, Jones und Sachs, dieser mit mir und Jones und wie ich aus den Briefen entnehme kann auch Ferenczi mit Abraham. Also schließen wir den Kreis!

Indem ich hoffe, daß Ihr alle, lieben Freunde, diese Idee zu meinen anderen guten Ideen zählen werdet, begrüße ich Euch alle herzlichst und mit freundschaftlichem, das Du besiegelnden Händedruck
als Euer

Rank

---

[4] Daß Reik von diesem Brief Kenntnis bekommen konnte, lag an seiner Funktion in der Wiener Vereinigung.

30.10.1920/Bp
[ohne gedruckten Briefkopf][1]

V. Bericht Budapest, 30 Okt 1920
 abzusenden am 1.XI.

Liebe Freunde,
Ich bestätige den Empfang von W/III, L/III und B/III und beantworte sie der Reihe nach.[2]

Ad W./III:
1) <u>Verlag</u>: Zum Thema Kinderpsychologie (Kinderecke): Vor einigen Jahren erschoß sich eine sehr intelligente ambulante Patientin von mir, ein junges Mädchen von 18 Jahren. Sie besuchte mich einige Male und erzählte mir mit rührender Aufrichtigkeit ihre Kleinkindgeschichte, die man »die Geschichte eines Vorstadtkindes« nennen könnte. Ich veranlaßte sie zur Niederschrift des Erzählten. Das Manuskript hinterließ sie mir als Andenken, bevor sie sich das Leben nahm. Das Schriftstück hat außerordentlich großen Wert vom Standpunkte der Ps.An. und würde es verdienen, in die geplante Sammlung[3] aufgenommen zu werden, obzwar es 2-3 Druckbogen füllen dürfte. Oder sollen wir es als »Quellenschrift« erscheinen lassen? Sobald mir Rank hierüber Auskunft gibt, lasse ich die Schrift ins Deutsche übersetzen. Ich selbst fühle mich dieser Aufgabe stilistisch[4] nicht gewachsen, (vielleicht bitte ich <u>Eisler</u> darum.)
2) <u>Referatewesen</u>: Ich besitze eine genügende Anzahl von Bestellkarten für Rezensionsexemplare, traute mich aber nicht sonderlich an die Verleger heran, besonders, da ich immer befürchtete, andere Redaktionsmitglieder könnten sich bereits um das betreffende Buch beworben haben. –
Qoud »Jahresbericht«: Ich fügte mich seinerzeit getreu der von Rank gegebenen Weisung, Zeitschrift und Imago durchzusehen und berücksichtigte in meinem Bericht – wenn auch oft nur durch Titelangabe – <u>alles</u>

---

[1] Handschriftlicher Brief; im BIPA existiert eine Abschrift von Gizella Ferenczi.
[2] RB 19.10.1920/L, 20.10.1920/B und 21.10.1920/W.
[3] Dieses Projekt wurde nicht verwirklicht.
[4] Da sich im ORA nur die erste Seite des Briefes befindet, basiert der nun folgende Brieftext auf Gizella Ferenczis Abschrift im BIPA.

was ich zum Gebiete der allg. Neurosenlehre Gehörendes vorfand. Natürlich bin [ich] gerne bereit, die Zeitschriften diesbezüglich nochmals zu revidieren.

3) <u>Holland</u>: Ein Dr. Julius de Boer[5] aus Nijmegen schrieb an die Adresse von Anton von Freund eine Briefkarte in der er ohne weiteres um Aufnahme in die Intern. Ps. An. Vereinigung bittet. Ich sandte diese Karte an v. <u>Emden</u>[6] und antworte dem Petenten, er möge sich an Dr. v. Emden wenden.

4) <u>Französische Literatur</u>: Das Referat über Claparède's Buch[7] nehme ich sofort in Angriff. Die Archives bekomme ich seit einigen Monaten nicht. (Die Nummer des Amer. Jour. of Psychol. will ich, wenn mir möglich, heraussuchen. Momentan bin ich körperlich nicht ganz rüstig und muß damit eine kleine Weile noch warten.)

ad <u>London</u> III:
1.) Briefpapier u. Couverts angekommen. Ich werde versuchen sie für meine Briefkopien zu verwenden, fürchte aber, daß sie für diesen Zweck zu gut (zu dick) sind.
2.) Das Thema der Träume der Kriegsneurotiker finde ich (als allzu spezialisiert) zum Diskussionsthema nicht geeignet. Wir in Budapest hätten auch kein neues Material dazu.

ad <u>Berlin</u>/III
1) Vorige Woche war ich Zeuge in einer Angelegenheit des <u>seinerzeitigen</u> Kurators der $\psi\alpha$ Klinik. Der procureur générale wollte mich, da mei-

---

[5] Julius [Tjitze] de Boer (1866-1942). Philosoph mit besonderem Interesse für den Islam und die arabischen Sprachen. Redakteur der Zeitschrift *Tijdschrift voor Wijsbegeerte* (später: *Algemeen Nederlands Tijdschrift voor Wijsbegeerte en Psychologie*); vgl. De Haan (1942); Bulhof (1983), S. 242.

[6] Jan van Emden (1868-1950). Holländischer Psychiater, seit 1910 hatte er engen Kontakt zu Freud und seiner Familie. Er übersetzte einige Arbeiten Freuds ins Holländische; vgl. u.a. Mühlleitner (1992).

[7] Claparède (1920). Die Rezension wurde schließlich nicht von Ferenczi, sondern von de Saussure geschrieben; vgl. *IZP* 8(1922), S. 381.

ne Komplizität suspekt sei, nicht beeidigen, doch entschied der Präsident pro me.[8]

2) Der ψα Dr. phil. V.[9], um dessen Schicksal sich Prof. Freud kümmerte, wurde zu travaux forcés de 12 ans condammiert.[10] Allerdings exponierte er sich seinerzeit allzusehr. –

Sonstiges:

1) Frau Sokolnicka erzählte mir, daß Régis[11], Prof. der Psychiatrie in Bordeaux und Verfasser des von mir in der Zeitschrift referierten Buches »La Psychoanalyse des Nervoses et Psychoses«[12] vor etwa einem Jahr gestorben sei. Vielleicht bittet Rank von Flournoy hierüber Auskunft und erwähnt dann die Todesnachricht in der Zeitschrift. –

---

[8] Ferenczi spielt hier auf verwickelte Ereignisse an, die einerseits mit seiner Rolle als Gerichtsgutachter zusammenhängen können, als auch mit der Rolle, die er in der kurzen Zeit der Räteregierung von Ende März bis Anfang August 1919 spielte. Nachdem Ferenczi am 12.5.1919 zum Professor für Psychoanalyse berufen wurde, bat ihn der Dekan der medizinischen Fakultät auch die Leitung des Batizfalvy-Sanatoriums zu übernehmen. Auf Grund dieser Tatsachen wurde Ferenczi nach dem Sturz der Regierung Béla Kun der Zusammenarbeit mit den Kommunisten bezichtigt und wurde »angewickelt«. Der mit dem Fall Ferenczi befaßte Untersuchungsausschuß beschloß in gesonderter Abstimmung dessen Ausschluß aus der medizinischen Gesellschaft. Von den 330 anwesenden Mitgliedern stimmten 266 für den Ausschluß, 54 dagegen und 10 enthielten sich der Stimme. Schließlich waren 30 Mitglieder der Meinung, daß dieser Fall weiterer Untersuchungen bedürfe. Möglicherweise hatte Ferenczi vor, das Sanatorium unter psychoanalytischen Gesichtspunkten zu führen, so wie es im Zusammenhang mit dem Fonds Anton v. Freunds geplant war; vgl. Freud (1993e), S. 377, Anm. 1.

[9] Wohl Sándor Varjas (1885-1939), der seit 1912 viele Besprechungen von Freuds Arbeite und eigene Artikel zur Psychoanalyse veröffentlicht hatte; vgl. KB, IZP, 2(1914), S. 477. Wegen seiner Aktivitäten zur Zeit der Räterepublik wurde er verurteilt und kam durch einen Gefangenenaustausch im Jahre 1922 in die Sowjetunion; vgl. Harmat (1988), S. 47f.

[10] »zu 12 Jahren Zwangsarbeit verurteilt«.

[11] Emmanuel Régis (1870-1918). Psychiater; wirkte zuerst in Paris, ab 1893 in Bordeaux, wo er 1905 eine Professur erhielt; vgl. Fischer (1933), S. 1278.

[12] Régis & Hésnard (1914); besprochen von Ferenczi (1915).

2) Dem Wiener Brief schließe ich einige Zeitungsausschnitte[13] bei (ad circulandum).
3) Die ganz besonders interessante Zusammenstellung des letzten Imago-Heftes verdient erwähnt zu werden.[14] Am meisten freute ich mich über die Arbeit von Lindquist (Das dichterische Symbol).[15]

Herzliche Grüße von

Ferenczi

---

[13] Im ORA sind keine Zeitungsausschnitte erhalten.
[14] Inhalt des 4. Heftes: Lindquist, J. »Das künstlerische Symbol«; Eisler, M. J. »Über einen besonderen Traumtyp. Beitrag zur Analyse der Landschaftsempfindung«; Winterstein, A. »Die Nausikaaepisode in der Odyssee«; Ferenczi, S. »Nachtrag zur ‚Psychogenese der Mechanik'«; Krauss, F. S. »Der Doppelgängerglaube im alten Ägypten und bei den Südslawen«; Levy, L. »Die Kastration in der Bibel«; Róheim, G. »Zur Psychologie der Bundesriten«.
[15] Lindquist (1920); gemeint ist hier der deutsche Vorabdruck des Abschnitts über das Symbol.

2.11.1920/L

[Briefkopf: *International Psycho-Analytical Association*][1]

London No. 5   Nov. 2. 1920.

                             Answer to Budapest, Berlin, Wien 4.[2]

Dear Friends:
From here nothing new to report, so I will answer other letters in turn.
Budapest.
When MacPherson's book on Persuasion[3] arrives I will send it you and perhaps you can review it for Z. and J.[4] I hope my delayed letter 4 still arrived.
Eitingon.
Flügel and I discussed the case of the Leipzig group last night and decided to accept Abraham's proposal to write to Voitel asking him to get into connection with Dr Liebermann. Then if you can arrange to be present at a session of the group we empower you to make any arrangements you think fit.
Abraham.
I am also of your opinion that Battle Dreams would not make a suitable topic for general discussion. But I am afraid that no psychiatric question could interest our group, for no one except Stoddart has an experience in insanity. What do you think of some matter of therapeutic technique, of dealing with special difficulties that arise in practice?
I was very interested in your report on Dr Herford, and we must try to keep our minds open on the subject here.
But perhaps she belongs to a type of English person who presents their best side to foreigners and reserves their worst for their compatriots. Her behavior in The Hague[5] was certainly outrageous and alienated all who had to do with her in the hotel. When her name was submitted to the Society last summer everyone knew her spoke very strongly against her (I

---

[1] Maschinenschriftlicher Brief.
[2] RB 20.10.1920/B, 24.10.1920/Bp und 28.10.1920/W.
[3] McPherson (1920).
[4] Das heißt »Zeitschrift« und »Journal«.
[5] Es konnte nicht geklärt werden, worauf sich diese Bemerkung bezieht.

did not know her then myself). Dr Glover is certainly better material, and seems to be a very intelligent man. I might remark on the difficulty caused in London (of which we have had two experiences already) by analysts being analysed abroad for a few weeks or a couple of months and then on their return unloading their resistances on their colleagues. There is a very great advantage in analysts not being analysed by their future colleagues, but either by foreign ones or – as in Berlin – by a lay analyst where there is no professional jealousy. But it is important that such an analysis should be as thorough as is possible, and that, if it is short, and therefore imperfect, that the person should be definitely warned about its incompleteness.

I am glad of the opportunity of relating about the Brunswick Square Clinic and apologise if it proves impossible to do so in a short space. It was founded in 1913 by Dr Hector Munro[6], known to our friends in Wien & Budapest. He is a well-intentioned and energetic man, but wild, erratic, unsteady, and with no scientific knowledge. He organised a large public meeting with most of the London neurologists and psychiatrists present, and well supported by high society, where he has much influence. But he was tactless enough to choose as chairman the Earl of Sandwich[7] (uncle of the present one, who is really interested in Psa), who scandalised the meeting by talking at length about supernatural healing powers that rare people, including himself, possessed. This was reported in the papers, and most of the medical men, in a panic at being identified with such quackery, withdrew their promised support. In these unfavourable auspices the psychotherapeutic clinic was nevertheless started by Munro and Dr Jessie Murray[8] (now dead). M[unro] was there for only a few months and has had nothing to do with it since the outbreak of the war. A

---

[6] Hector Munro (1870-1916). Mitglied der »Highland League of Glasgow«, die sich 1918 mit der British Labour Party zusammenschloß und ihre Aktivitäten 1920 ganz beendete. Er war Mitglied der Psycho-Medical Society und interessierte sich vor allem für Hypnose und medizinische Psychologie; vgl. *Britannica CD.* Version 97. Encyclopaedia Britannica, Inc., 1997.

[7] Wahrscheinlich ist hier George Montagu (1874-1972) gemeint. Er hat später u.a. Arbeiten zu britischen Orden und Seerechtsfragen veröffentlicht.

[8] Jessie Murray hatte im Jahre 1911 gemeinsam mir Henry Brailsford ein Buch unter dem Titel *The Treatment of the Women's Deputations by the Metropolitan Police* veröffentlicht und sympathisierte mit der Psychoanalyse.

lay woman, Miss Turner[9], was appointed Director, now assisted by another, Miss Sharpe.[10] The few remaining doctors, including Stoddart, worked for a time, as did Flügel, but now there is no medical man except Glover with perhaps some young assistant. The place soon began to have a bad repute in the medical profession, on the following grounds, and this has gone on increasing. All the students there are lay, they are mostly women, and often badly neurotic women. These students carry out nearly all the treatment, which has become more and more of an »analytic« kind. They come as patients or as students, and in a few weeks are analysing others, at the same time as being analysed themselves. So A can analyse B, who analyses C, who analyses D, and the resulting indiscretions, frictions, and scandals can be imagined. Each new case is seen first by a doctor (a new rule), but the lay director decides who is to analyse the patient, interferes with the analysis, and often changes the analyst. It is quite common for a patient to have five or six different analysts in a few months. The nature of the so-called analysis can be imagined, since not one person there has been analysed by a real analyst. Our members rightly refuse to have anything[11] to do with the place, for it is conducted throughout on quite unprofessional lines, turns out scores of so-called lay psycho-analysts every year who practice analysis on their own accord on the strength of a diploma that they are granted, and so discredits psycho-analysis very seriously, especially in the eyes of the medical profession, many of whom identify psa and lay quackery. We have the secret hope that some day the clinic will collapse and that we may be able to convert it into a proper place, like the Berlin Policlinic. Last July Forsyth, who is cutting himself more and more aloof from us and wants to establish a camp of his own, held a meeting with some non-analytic neurologists and tried to take over the clinic (without mentioning it to any member of our society), but the plan miscarried because he could not get

---

[9] Julia Turner ist später hervorgetreten durch ihre Veröffentlichungen über den Traum (1923a,b, 1924) und zur Psychologie des Selbstbewußtseins.

[10] Ella Sharpe (1875-1947). Lehrerin und Laienanalytikerin, spielt eine bedeutende Rolle in der »Controversial Discussion« zwischen Anna Freud und Melanie Klein; vgl. Vgl. King/Steiner (1991).

[11] Das Wort »anything« ist handschriftlich über das durchgestrichene Wort »nothing« gesetzt, und direkt darunter findet sich der handschriftliche Zusatz: »Verschreiben: Flügel still connected with clinic, against my wish.«

Glover to agree to his terms, especially to giving up the lay analysts; it is said that James G. has a strong fixation on one of the women directors[12] and cannot get loose. He has never made the slightest attempt to get into contact with us, and I never saw him until the Hague. I am sure that the attitude of the Berlin Society would have been the same as our own in similar circumstances.
Rank.
I enclose a letter on editorial details concerning the J.
ALL. In enclose a couple of interesting human documents. To Mackenzie I do not trust myself to write again without being offensive, so have merely told Pfister my opinion of him; he is obviously worthless; a man who lives in a palace, vows that he will do all in his power to help psa, but refuses to pay either the London or Swiss subscription and begs a friend to help him escape as he hasn't the courage to write his resignation direct to the secretaries!! I beg Abraham to give me information about Prof. Pietsch[13], and also to find out why Liebermann has not kept his promise to me to write a friendly letter to Prof. Frost.[14] By the way, can anyone tell me why Pfister writes to me on these official matters when he is neither President nor Secretary of his Society? It places me in a rather awkward relation to Oberholzer. And who was unwise enough to tell a Swiss about a neue Millionenschenkung?[15] Sachs maintains that every Swiss has severe money-complex, and our experiences seem to bear him out. I leave it to Rank to soothe P[ietsch]. on the subject of the Zeitschrift subscripti-

---

[12] Handschriftliche Einfügung von Jones [nur auf Exemplar in BIPA]: Ella Sharpe.

[13] Konnte nicht identifiziert werden.

[14] Walter Frost (1874-1937). Geboren in Ostpreußen. Ordinarius für Philosophie in Bonn und Riga. Publikationen u.a. über »Der Begriff der Urteilskraft bei Kant« und »Schopenhauer als Erbe Kants«. Frost hatte im Sommersemester 1920 an der Universität Bonn eine Vorlesung zum Thema »Kritische Darstellung der Psychologie der Psychoanalytiker« gehalten; vgl. Max Eitingon-Sigmund Freud 12.1.1920 und 24.5.1920 (LoC), Ziegenfuß (1949), S. 370; KB, *IZP* 6(1920), S. 184.

[15] Zum Jahreswechsel 1920/21 hielt sich der Schwager Eitingons aus New York in Berlin auf und ließ sich durch diesen von der Psychoanalyse begeistern. Als Zeichen seiner Wertschätzung spendet dieser Schwager nach seiner Rückkehr in die USA 5000 Dollar; vgl. u.a. Sigmund Freud-Max Eitingon 24.5.1920, 28.1.1921 [LoC].

ons and his supposed promises, but it will be better to make no open use of the enclosed letter.
With cordial greetings to all

Ernest Jones

[Diesem *Rundbrief* lagen die Abschrift eines Briefes von Mackenzie an Pfister und ein Brief von Pfister an Jones bei:]

[in Jones' Schrift:] <u>From Mackenzie to Pfister</u> [Es folgt die Abschrift des Briefes:]

Genua, 23.X.20

Lieber Freund,
Ich war aufrichtig erfreut, Sie wiederzusehen und ich denke mit großem Vergnügen an die neulich mit Ihnen verbrachten Stunden. Für die mir erwiesenen Liebenswürdigkeiten danke ich Ihnen nochmals recht herzlich.
Nun erlaube ich mir, Ihre große Güte (hoffentlich zum letzten Male!) noch ein wenig in Anspruch zu nehmen. Ich bin jetzt hier außerordentlich beschäftigt und ich wäre Ihnen <u>sehr</u> dankbar, wenn Sie mir in folgenden Sachen die materielle (d.h. schriftliche) Abwicklung freundlichst abnehmen könnten. Dafür können Sie immer auf meinen guten Willen rechnen für den Fall, daß ich Ihnen jemals Gegendienste zu leisten im Stande wäre.
Von London erhielt ich die beiden beiliegenden Schreiben. Und dazu muß ich folgendes bemerken.
Als ich das Vergnügen hatte mit Dr. Jones[16] in Zürich bekannt zu werden, sprach man von der geplanten brit. psychoan. Gesellschaft und ich wurde befragt, ob ich beitreten würde. Meine diesbezüglich stattgefundene mündliche Zusage betrachtete ich als prinzipiell; um so mehr, da ich auf Verlangen damals <u>nicht</u> eruieren konnte, was der Beitrag geworden wäre. Man sagte mir dazu: das wird Ihnen noch unterbreitet, später; unterdessen genügt es uns zu wissen, daß Sie für die Sache sind. Nun aber erhielt ich während <u>vieler</u> Monate darauf <u>keine</u> weitere Mitteilung und auf einmal[17] (im letzten Sommer) eine Anzeige, daß mir die Zeitung nicht spediert

---

[16] Korrigiert aus »Freud« mit Zusatz »Verschreiben von Hiller«.
[17] Von dieser Stelle aus geht ein Pfeil in Richtung unterer Rand des Blattes. Dort ist in Jones' Handschrift vermerkt: »He was notified by our Secretary«.

werden kann, wenn ich nicht two Guineas bezahlte. – Auf das hielt ich mich nicht für verpflichtet, zu antworten.
Aus den beiliegenden Papieren ersehe ich, daß man mich für[18] verpflichtet hält, insgesamt 4 Guineas (oder mehr?) zu zahlen. Nun sind 4 Guineas, d. h. 4 Pfund und 4 shillings, in meiner Münze ca. 400 lires. Für 400 lires kaufe ich hier ungefähr das, was Sie dort für 300 Franken kaufen. Als Gegenwert in gegebener Sache hatte ich aber gar nichts – abgesehen von der ehrenvollen Mitgliedschaft, und von einigen Heften, die ich wahrscheinlich nicht Zeit hätte, zu lesen.
Ich bitte Sie als recht herzlich, mich durch freundliche Fürsprache bei Dr. Jones von dieser eventuellen, u. von mir bis jetzt nicht anerkannten Verpflichtung befreien zu lassen: um so mehr, da ich nun schon meinen Jahresbeitrag an die gleichnamige schweizerische Vereinigung bezahlt habe. Und aus ähnlichen Valuta-Gründen bitte ich Sie ferner, mich gleichfalls bei Dr. Oberholzer von weiteren Verpflichtungen gefl. zu befreien. Mit anderen Worten möchte ich also vorläufig u. bis auf weiteres von sämtlichen psychoanalytischen Gesellschaften zurücktreten. Selbstredend bleibe ich herzlich gerne ein Freund der Sache u. gerne bereit, jederzeit derselben irgendwie zu helfen falls das in meinem Bereich liegt. Aber ich bitte zu berücksichtigen, daß die Psa nur indirekt für mich von Interesse ist, daß ich leider keine Zeit habe, mich in derselben zu vertiefen u. daß sie nur ein Kapitel meiner notgedrungen allgemein gehaltenen biopsychologischen Studien bildet.
Wenn ich ohne irgend welche weitere Bezahlung zurücktreten kann,, bin ich froh. Halten Sie mich aber für verpflichtet, etwa den von mir nie bezogenen Jahrgang der Zeitschriften aus Wien zu beziehen, so will ich selbstredend keiner Verpflichtung entgehen. Aber ich will dann lieber mit einer einmaligen Liquidationssumme Schluß machen und die Zeitschrift nicht abonnieren, da wie gesagt die Zeit zum lesen mir fehlt, und ein loser Jahrgang gar kein Interesse für mich hat.
Sollte Ihre große Güte so weit gehen können, daß Sie auch diese meine Sache durch eigene Korrespondenz mit Dr. Rank freundlichst erledigen

---

[18] Hier beginnt eine neue Seite des Briefes. Oben befindet sich die Kennzeichnung: »w 2«, deren Auflösung »Wien Blatt 2« bedeuten könnte; das würde bedeuten, daß die Kopien dieses Briefes auch an die anderen Orte der Komitee-Mitglieder geschickt wurde.

wollten, dann wäre ich Ihnen zu noch größerem Dank verpflichtet. Haben Sie aber keine Lust, auch das zu tun (was ich sehr gut begreifen würde), dann schicken Sie mir bitte Dr. Ranks Adresse.

Ich hoffe, daß Sie mich für so viele Bemühungen gütigst entschuldigen werden, die ich Ihnen verursache. Jedenfalls bitte ich Sie, meinen herzlichsten Dank im Voraus anzunehmen.

Es wird mich immer <u>sehr</u> freuen, von Ihnen und von Ihren Arbeiten zu hören. Inzwischen sende ich Ihnen nochmals meine aufrichtigsten Wünsche und mit herzlichsten Grüßen verbleibe ich Ihr freundschaftlich ergebener

W. Mackenzie

P.S. Über die mir von Dr. Jones gestellten Fragen (Bianchini etc.) weiß ich leider nichts zu sagen.

[Abschrift des Briefes von Oskar Pfister an Ernest Jones:]

Zürich, den 26. Okt. 1920

Herrn Prof. Dr. E. Jones, London.

Lieber Freund!

Ihren freundlichen Brief[19] verdanke ich bestens. Zwei Dinge sollte ich Ihnen mitteilen & Sie um Ihren Rat bitten. Zunächst ersucht mich Dr. Mackenzie, die Angelegenheit seiner Mitgliedschaft in Ordnung zu bringen. Warum besorgt er es nicht selber? Es ist das Einfachste, ich sende Ihnen seinen Brief zur Einsicht, indem ich Sie bitte, ihn mir zurückzusenden. Es berührt mich eigentümlich, daß dieser steinreiche Mann, der im Hotel Baur au Lac wohnt, oder in St. Moritz einen längeren Aufenthalt nimmt, zu einem Opfer für ein wissenschaftliches Werk so knauserig ist. Wenn unsre Mitglieder, die fast alle sehr geringe Einnahmen haben, die Zeitschrift als Last empfinden, so begreife ich dies. Dr. Rank hat uns, als es sich um die Frage des Eintrittes handelte, gesagt, daß bei unserer Valuta das Opfer ein ganz kleines sei, & daß wir, wenn wir nur einen Bogen schreiben, die Zeitschrift einen Jahrgang gratis bekommen. Kaum waren wir eingetreten, wurde die Zusicherung zurückgenommen. Dies hat sehr enttäuscht & peinliche Verwunderung wachgerufen. Die Dispension vom Abonnement ist von einem Armutsbekenntnis abhängig, das ein stolzer

---

[19] Der Brief von Jones an Pfister konnte nicht aufgefunden werden.

Mensch nicht gern abgibt. Die Zugehörigkeit zum internat. Verband wird für uns eher eine Fessel, als eine Förderung der psa. Bewegung. Man spürt eben heraus, daß heterogene Elemente zusammengefügt sind: Sektionen mit lauter Berufsanalytiker, & solche für Leute, die nur aus Idealismus, ohne persönliche Vorteile, mitgehen, vielleicht als Forscher aber ebenso viel leisten, wie die Ersteren. Ich werde gerne dem internat. Verband angehören & hoffe, daß der schweizer. Zweig trotz der durch der durch Dr. Rank bereiteten Enttäuschung sich gesund entwickelte. Aber schön hat man uns nicht behandelt. Da eine neue Millionenschenkung vorliegt, erwartet man etwas mehr Rücksicht auf unsre ökonomische Lage. Die zweite Frage betrifft Herrn Dir. Pietsch in Breslau. Dieser treffliche Mann hat im Oktober 1919 seine sehr gute Stellung als Leiter einer deutschen Erziehungsanstalt aufgegeben, um Psa zu lernen. Er kam mit seiner Frau nach Zürich & studierte ein Jahr mit großem Eifer & Geschick. Bei Bleuler & Maier[20] hörte er Psychiatrie, bei Dr. Sachs besuchte er psa. Kurse. Von mir ließ er sich analysieren. Ich lernte in ihm einen prächtigen, intelligenten Mann kennen, der unsrer Sache nur Ehre machen wird. Einige pädagogische Analysen[21] führte er geschickt durch. Nun nehmen ihn die deutschen Freunde nicht auf, da er kein Arzt ist, & man ihn nicht kennt. Erlauben Sie , daß wir Schweizer, die wir ihn in unseren Sitzungen kennen lernten, ihn aufnehmen? Dr. Abraham wird gewiß nichts einzuwenden haben. Prof. Frost, der ebenfalls in Berlin auf mein Rat hin sich als Mitglied angemeldet hatte, erhielt trotz monatelangen Wartens keine Antwort auf sein Schreiben, was ihn unwillig machte. Er las als erster deutscher Dozent, auf der Universität Bonn die Psa. die er begeistert schätzt. Jetzt ist er auf meinen Vorschlag ordentlicher Philosophieprofessor in Riga geworden.
Mit herzlichen Grüßen Ihr

                 O. Pfister.

---

[20] Hans Wolfgang Maier (1882-1945). Schweizer Psychiater, Schüler von Auguste Forel und Gustav Aschaffenburg, arbeitete ab 1905 am Burghölzli und wurde 1927 Nachfolger Bleulers.
[21] Gemeint sind Kinder- und Jugendlichenanalysen.

3.11.1920/B
[Briefkopf: *International Psycho-Analytical Association*][1]

B.-Grunewald 3.11.20
Berlin Nr. 5
Antwort auf Bud. & London Nr. 4
Wien 4[2] trifft erst soeben bei Eitingon ein.

Liebe Freunde,
An Ferenczi: Sachs und ich (Abraham) haben von dem Kollegen Al[exander] aus B[udapest] einen sehr günstigen Eindruck. Wir hoffen, daß er sehr tauglich wird. Sachs der ihn analysiert, hat wohl ein objektives Urteil.
Hárnik hat von Eitingon Bescheid erhalten, daß ihm ein Vorschuß in der Höhe gewährt werden kann, wie sie im Postscriptum erwähnt ist.
In der Vignetten-Frage erheben wir keinen ernstlichen Einspruch, sondern fügen uns der Ansicht der Mehrheit.
An Jones: Im letzten Bericht ist ein kleiner Irrtum enthalten. Frau Dr. Spielrein erhält die Unterstützung durch Eitingon's Vermittlung aus privater Quelle, glaubt aber, sie sei vom Fonds.[3]
Die Übersetzung von Kolnai stößt auf große Schwierigkeiten, weil das Buch[4] in schlechtem Deutsch geschrieben ist. Meine Frau hat sich sehr darum bemüht, kommt aber nicht damit weiter. Sie möchte nun Sachs' »Tempest« übernehmen, wenn alle einverstanden sind.
Wien: Dr. Schwab hat sich schriftlich an Eitingon gewandt und ausführliche Auskunft über die Möglichkeiten an unserer Poliklinik erhalten.
Als ersten Beitrag zur Kinderforschung füge ich ein kleines MS unsres Mitgliedes Simonson[5] für Rank bei.

---

[1] Maschinenschriftlicher Brief.
[2] RB 24.10.1920/Bp, 26.10.1920/L und 28.10.1920/W.
[3] Vgl. RB 24.10.1920/Bp und RB 27.10.1920/B. Die »Quelle« konnte nicht ermittelt werden.
[4] Ursprünglich hieß es »sie« anstatt »das Buch«.
[5] Konrad Emil Simonson (1876-1945). Schwedischer Publizist; Veröffentlichungen über Georg Brandes und Dostojewski, später auch Schriften über Parapsychologie und Okkultismus; vgl. Svens Uppslagsbok. Bd. 25. Malmö: Förlagshuset Norden 1953, S. 1187. Das erwähnte Manuskript scheint nie veröffentlicht

Die »3 Abhandlungen«[6] haben wir alle drei erhalten und danken Ihnen, l. Herr Professor, bestens.
Sachs ist zum Manager des Referatenwesens ernannt und erwartet die in Aussicht gestellte Liste der Neuerscheinungen, um so viel wie möglich an die hiesigen Arbeitswilligen zu verteilen. Unter den jungen Adepten ist die Neigung zu dieser Arbeit entschieden größer als unter den älteren.
Sachs an Jones: Hinsichtlich der Übersetzung Deiner Symbolik[7] erinnere ich Dich, daß ich Dir im Haag mein mit Anna Freud getroffenes Übereinkommen mitgeteilt habe, demzufolge ich nur diejenigen Übersetzungen übernehme, die A. F. nicht übernehmen kann oder will. Bitte mir auch mitzuteilen, bis zu welcher Stelle die Tempest-Übersetzung vorgeschritten ist, damit Frau Dr. A. möglichst bald anfangen kann. Schließlich besten Dank für Deine guten Wünsche.
Sachs an Rank: Wir müssen ausnahmsweise Prioritätsrechte geltend machen. Das allgemeine Du wurde von uns vor etwa 14 Tagen besprochen und zwischen Sachs & Abr. bereits eingeführt. Es wird nunmehr auf die ganze Brüderhorde[8] ausgedehnt.
Abrahams Einführungskurs hat sehr befriedigend mit 20 Teilnehmern angefangen, fast lauter Studenten der Med. und junge Ärzte. Unter letzteren sind einige, die die PsA als Fach ergreifen wollen. Das Interesse ist sehr stark. Unsre Hoffnung endlich einen tüchtigen Nachwuchs zu gewinnen, geht ihrer Verwirklichung entgegen.
Zum Schluß die Bemerkung, daß wir nicht immer alle drei unterschreiben können, wenn die Briefe pünktlich abgehen sollten. Die Schwierigkeiten sind durch die Entfernung und andere Umstände recht erheblich. Wir besprechen nach eintreffen der Briefe alles miteinander. Sollen aber die 3 Briefe nach der Niederschrift noch circulieren, so kostet das mehr Zeit, als im Interesse der Sache wünschenswert.

---

worden zu sein. Die erste Arbeit von Simonson in der *IZP* erschien 1923; vgl. Simonson (1923).
[6] Freud (1905d), 4. Auflage mit neuem Vorwort (1920e).
[7] Jones (1916). Die deutsche Übersetzung dieser Arbeit erschien dann in mehreren Teilen in der *IZP*; vgl. Jones (1919), Jones (1922).
[8] Anspielung auf die im Abschnitt von Freud im Abschnitt IV von Totem und Tabu verwendeten Begriffe »Brüderclan« und »Brüderbande«; vgl. Freud (1912-13a), S. 122-194.

Lt. telephon. Nachricht von Eitingon ist der Wiener Bericht erst soeben angelangt. Beantwortung bleibt zum nächsten Mal.
Herzliche Grüße von uns allen!

Hanns Sachs   Abraham

4.11.1920/W
[Briefkopf: *International Psycho-Analytical Association*][1]

WIEN 5
4. November 1920

Liebe Freunde!
Berlin 4, London 4 und Budapest 5 (heute) dankend erhalten.-[2]
Ad Berlin: Bezüglich Brunswick-Square sind wir ganz der Meinung Abrahams. Der Professor hatte Frau Herford versprochen, wenn er nach London komme, sich der Sache anzunehmen, was natürlich infolge seiner unterbliebenen Reise nicht zustande kam.
Ad London: Bezüglich der Journal-Redaktion handelt es sich unserseits natürlich nur um Vorschläge; wir meinten, Jones möge Brill zunächst persönlich gewinnen und es dann ihm überlassen, in der Vereinigung womöglich unsere Kandidaten durchzubringen. – Die Angelegenheit sollte jedoch bald erledigt werden!
Bezüglich der Berichte an Schweiz und Holland ganz mit Jones einverstanden[3]; werde nächstens den ersten Brief an sie schicken und gleichzeitig auch das für die Psa. Bewegung (Zeitschrift)[4] Interessante ausziehen. –
Wir nehmen an, daß Mackenzie aus der englischen Gruppe gestrichen wird. –
Bezüglich der Übersetzung von Kolnais Buch vermissen wir noch immer die Antwort Abrahams, bzw. seiner Frau. Zur Überraschung hören wir, daß das Buch inzwischen übersetzt wird.-
Über die *Press*, den Shop, den *Verlag* und Kola und ihre gegenseitigen komplizierten Beziehungen schreibe ich privat an Jones[5], um den Brief nicht zu belasten. –

---

[1] Maschinenschriftlicher Brief.
[2] RB 17.10.1920/L, 27.10.1920/B und 30.10.1920/Bp.
[3] Siehe RB 17.10.1920/L, Abschnitt (7).
[4] Bezieht sich auf die Rubrik »Aus der psychoanalytischen Bewegung« in der *IZP*.
[5] Hier ein Auszug aus dem Brief von Rank an Jones vom 4.11.1920:
»Lieber Ernest ... Jetzt zum Geschäftlichen – was Kola betrifft, so wird [a] sich meiner Meinung nach bei einer eventuellen Verbindung mit ihm am Verhältnis zur Press und zu Dir nicht viel ändern. Ich denke mir, daß sie weiterhin eine

selbständige Firma, unter Deinem Namen registriert, sein wird, und daß auch das private Verhältnis zum Verlag – vielleicht durch persönliche Vermittlung Steiners – ein ähnliches bleiben muß. Wir denken natürlich gar nicht daran, die Press aufzugeben oder irgendwie einzuschränken, erhoffen im Gegenteil von Kola eine breite Ausgestaltung gerade des englisch-amerikanischen Geschäftes. Die Vorteile einer Verbindung mit Kola für den Verlag wären, daß [wir] alle Sorgen um Papier etc. los werden, viel großzügiger arbeiten können und außerdem, das Fondgeld für andere Zwecke freibekommen. – Nachteile sehen wir natürlich auch. – Was jetzt die Donations und die sich daranknüpfenden Fragen betrifft, so stellt sich mir die Sache so dar: die Press, die Bücher und das Journal in engl[ischer] Sprache herausgeben soll, wurde vom Verlag ohne jedes englische Geld gegründet, im Gegenteil, um englisches Geld einzunehmen. Lange bevor die Press mit dem ersten und bisher einzigen Heft hervorgetreten war, wurde jedoch in London der Shop gegründet, und zwar dieser mit den Donations der englischen Mitglieder und auf Grund ihrer Versprechungen, da ja nie die Rede davon sein konnte, daß der Verlag für diesen Zweck englisches Geld von hier aus investieren könnte. – Shop und Press sind also von Anfang an streng auseinanderzuhalten und alle Mißverständnisse kommen nur von der Vermischung und Verwechslung dieser beiden her. – Nun hatte der Shop besonderes Unglück. Erstens hat er sich nicht rentiert wozu vielleicht auch zu wenig Zeit war und zweitens haben die englischen Mitglieder nicht die Spenden bezahlt, die sie zur Gründung des Shop versprochen haben. Dadurch war der Shop gezwungen, zeitweise das Geld zu verwenden, das er für die Press eingenommen hatte (Journal-Subskription) oder dem Verlag für gekaufte Bücher schuldete. Wenn jetzt der Shop geschlossen werden muß, so wären wohl die Mitglieder moralisch verpflichtet, trotzdem ihre damaligen Geldzeichnungen zu bezahlen, weil der Shop sie inzwischen anderswo ausgeliehen hatte. Aus einem solchen Gefühl der Verpflichtung haben wohl die Mitglieder jetzt ihre Spenden gegeben, weil sie eingesehen haben, daß durch ihre Säumigkeit der Shop in solche Schwierigkeiten geraten ist. Nun aber, da sie das Geld gegeben haben, ist [es] bereits zu spät, den Shop zu retten (und es ist auch fraglich, ob es sich lohnen würde), so daß ihr Geld, soweit es nicht zur Zahlung der Schulden an Verlag und Press verwendet wird, eigentlich keine Bestimmung hat. Dies ist – auch ganz unabhängig von Kola – die gegenwärtige Situation. Ich glaube, die müßte man den Mitgliedern klar machen und ihnen dann sagen: Nach Liquidierung des mit eurer Zustimmung und mit euren Spenden gegründeten Shop bleibt ein Betrag übrig, über den jetzt neu zu verfügen ist, da der ursprüngliche Zweck – der Shop – nicht mehr existiert. Über einen Teil dieses überschüssigen Geldes haben übrigens die Mitglieder schon verfügt, indem sie beschlossen, daß damit Hiller in Wien zu bezahlen wäre. Diese können jetzt die Mitglieder beispielsweise der Press geben,

Ad Budapest: Wir dachten, daß das ungarische »Tagebuch«, wie mit Ferenczi besprochen war, längst übersetzt ist! Bitten dies möglichst bald zu veranlassen und halten die Wahl Eislers für ausgezeichnet. –
Dr. de Boer, der sich auch an uns wegen Bücher wandte, scheint suspekt. Die Sache wurde den Holländern zur Amtshandlung übergeben.
Die französische Literatur wird von nun an Flournoy jun.[6] in Genf für uns referieren (auch schon für diesen Jahresbericht. – Nachruf Régis wird von ihm erbeten).
Besten Dank für die Zeitungsausschnitte.[7] –
Von uns ist die beginnende Eroberung eines neuen Landes zu melden. Wir haben von Prof. Bianchini die »Bibliotheca« in unseren *Verlag* übernommen[8] und werden zunächst die Drei Abhandlungen von Prof. und Ranks Heldenmythus[9] bringen, welche Übersetzungen Bianchini bereits fertig hat. Die Bibl. soll ein Seitenstück unserer deutschen und englischen Reihe bilden, aber zunächst nur Arbeiten kleineren Umfangs und einführenden Charakter bringen[10] (für Ferenczi: kann Frau Cosma so gut itali-

---

um damit die Herstellung englischer Bücher zu unterstützen, für welchen Zweck nebenbei noch kein Penny gespendet wurde, oder sie könnten diese Summe für Propaganda bestimmen oder sie können sie auch vorläufig liegen lassen und später darüber entscheiden (etwa bis sich die Sache mit Kola entschieden hat). Oder sie können es auch zurück haben ähnlich wie bei einem Konkurs die Aktionäre eines Unternehmens aus der nach Begleichung aller Schulden übrigbleibenden Masse einen bestimmten prozentuellen Anteil ihres Kapitals zurückbekommen. So stellt sich mir die ganze Sache in Wirklichkeit dar und ich glaube, daß auf dieser Basis auch die beste Lösung aus allen Schwierigkeiten gefunden werden kann. Bitte schreib mir, was Du darüber denkst. Mir erscheint die Sache so ganz korrekt und richtig und verständlich...« (ORA)
[6] Gemeint ist Henri Flournoy.
[7] Im ORA nicht erhalten.
[8] »Biblioteca Psicoanalitica Italiana«; vgl. *IZP* 7(1921), S. 534.
[9] Rank (1909). Dieses Buch enthält einen Beitrag Freuds, in dem er den Begriff »Familienroman« einführt; vgl. Freud (1909c).
[10] In der italienischen Abteilung des Verlages waren bisher folgende Bände in der von Levi-Bianchini herausgegebenen *Biblioteca Psicoanalitica Italiana* erschienen: Von Sigmund Freud: *Sulla Psicoanalisi; Il sogno; Tre contributi alla teoria sessuale; Introduzione allo Studio della Psicoanalisi; Diario di una mezza adolescente;* von Otto Rank: *Il Mito della nascita degli Eros;* von Levi-

en., um hier evtl. Korrektur lesen zu können?). Dr. Weiss, anscheinend der einzig wirkliche Analytiker in Italien, wird sich auch literarisch an den Übersetzungen beteiligen. – Er berichtet übrigens von den großen Interesse, welches de Sanctis in Rom der Psychoanalyse entgegenbringt. Er steht mit ihm in Kontakt und wurde auch von ihm aufgefordert, einem der größten Neurologischen Blätter Italiens eine psa. Beilage (allerdings unter einem anderen Titel) anzufügen; wir möchten lieber die Arbeitskraft Weiss für unser Unternehmen nutzbar machen. – Weiss hat jetzt die Vorlesungen übersetzt und einen Verleger dafür gefunden (Fratelli Bocca in Turin, eine große Firma).

Ad Referatewesen: Abrahams kritische Bemerkungen treffen gewiß vollkommen zu. Wir sind alle überzeugt, daß es nur so gemacht werden könnte und sollte, aber es fehlen uns eben die technischen Mittel, das durchzuführen. Wer sollte das machen, daß er die ganze Kriegsliteratur, die noch dazu schwer zu bekommen ist, für alle Referenten verbreitet? Es war ja niemand da, so daß wir eben diesmal wenigstens teilweise auf die Mithilfe der einzelnen Referenten angewiesen waren, die uns eben im Stiche ließen. Das kann hoffentlich für diesmal noch gemacht und für nächstes mal vermieden werden. Es ist aber dazu – übrigens auch für die fortlaufenden Referate – in der Zeitschrift nötig, daß eine wirkliche Literatur-Zentrale geschaffen werde, die zugleich auch ein bibliographisches Institut für die psa. Literatur sein könnte (es kommen fortwährend Anfragen von Wissenschaftlern, wo sie Arbeiten über das oder jenes Thema finden können). – Da wir nun, auch wenn aus der Kola-Sache nicht werden sollte – unsere Wiener Versandstelle auf eine neue und auch lukrativere Basis stellen wollen und Reik, der sich in das Geschäftliche nicht einarbeiten kann, dort entbehrlich würde, schlagen wir vor, Reik mit der Aufgabe dieser Literatur-Zentrale zu betrauen.[11] Der Professor würde für

---

Bianchini: *Diario di guerra di un Psichiatra*; von Frank: *Afasia e mutismo mel 'Gradiva' die Jensen*; vgl. *IZP* 7(1921), S. 534.

[11] Am 28. November schrieb Freud an Abraham: »Auf Grund Ihres zustimmenden Gutachtens habe ich mit Reik gesprochen und ihm die Funktion eines Literaturdirektors mit Verantwortlichkeit für Referate und Jahresbericht angetragen, kein Hehl aus der Kritik an seiner Tätigkeit im Verlag gemacht und unter Berufung auf seine Psychologie die Hoffnung auf bessere Leistung in unabhängiger Stellung ausgesprochen. Er zeigte sich bereit, sie vom Neujahr 1921 an anzunehmen und verstand, daß persönliche Rücksichten nicht hindern werden, sie

diesen Zweck ihm aus den Fond ein Gehalt auswerfen, das seinem bisherigen beim *Verlag* entspricht. Wir erbitten zu diesem Vorschlag Äußerungen, und zwar sowohl die Sache betreffend (Anregungen etc.), als auch die Wahl der Person. – Wir möchten das mit Neujahr ins Leben rufen.[12] –

Natürlich wäre damit nur der erste Schritt getan, denn wir haben nichts von der Zentrale, wenn die Referenten so wie bisher weiter in reiner Passivität verharren. Diese immer wieder aufzurütteln, wäre dann die Hauptaufgabe der einzelnen Ref.Sekretäre in den Ortsgruppen, die dafür sorgen müssen, daß die betr. Ref., die ihnen zugewiesenen Referate auch wirklich machen.

Wie unser Ref.[13] im Argen liegt und einer radikalen Reform bedarf, zeigt am krassesten die Tatsache, daß die letzten Werke des Professors seit Jahren in unseren eigenen Zeitschriften nicht besprochen worden sind, ja daß selbst die Werke unseres eigenen *Verlages* (die Bibliothek[14]) in unseren Zeitschriften totgeschwiegen werden.

A propos Zeitschriften: Wir schlagen vor, die kleinen Mitteilungen aus der analytischen Praxis, die sich als sehr interessant und lehrreich erwiesen haben, wieder zu aktivieren. Es sollen kleine bemerkenswerte Beobachtungen und Deutungen sein, die sich leicht isolieren lassen und irgend etwas bes. deutlich demonstrieren (Alle Mitglieder dazu aufzufordern).

Zur Ref.Zentrale und der bisherigen Passivität der Mitglieder noch folgendes: Jedes Mitglied müßte verpflichtet werden, von etwa erscheinen-

---

ihm wegzunehmen, wenn er sich ihr nicht gewachsen zeigte. Sein Gehalt bleibt derselbe wie früher, allerdings sehr bescheiden, aber er hat 4 Analysen, mit denen er sich über Wasser hält«; vgl. Freud (1965a), S. 296.

Abraham antwortete: »Uns scheint, daß Sie alle in Wien von den Berliner Verhältnissen eine irrige Vorstellung haben. Sie schreiben von R[eik], daß er sich in Wien 'über Wasser hält'. Mehr könnte er hier auch nicht, denn es geht uns allen nicht anders.« vgl. Freud (1965a), S. 298.

[12] Siehe *IZP* 7(1921), S. 110.
[13] D.h. Referatswesen.
[14] Als erste Bände der Internationalen Psychoanalytischen Bibliothek waren erschienen: Nr.1: *Zur Psychoanalyse der Kriegsneurosen*, mit Beiträgen von Freud, Ferenczi, Abraham, Simmel und Jones; Nr. 2: Sándor Ferenczi: *Hysterie und Pathoneurosen;* Nr. 3: Sigmund Freud: *Zur Psychopathologie des Alltagslebens*. 6. Vermehrte Auflage; vgl. *IZP* 5(1919), S. 228; Marinelli & Arnold (1995), S. 88.

den Arbeiten außerhalb unserer Zeitschriften, am besten jeder Ortsgruppe, zumindest aber der Redaktion (od. Referaten-Zentrale) ein oder mehrere Separata zu senden. Für diesen Jahresbericht waren eine Reihe von derartigen Separata nicht aufzutreiben!

Schließlich noch ein wissenschaftlicher Vorschlag, der vom Professor ausgeht. Prof. schlägt als Diskussionsthema für die nächste Komitee-Zusammenkunft, die im nächsten Jahre auf jeden Fall stattfinden soll, folgendes vor:

Es wäre zu diskutieren, ob und welchen Einfluß es auf Theorie und Praxis der Psychoanalyse haben würde, wenn man sich entschließen müßte, die unter dem Namen der Gedankenübertragung zusammengefaßten Phänomene anzuerkennen.

Herzliche Grüße

Rank
Freud

7.11.1920/Bp
[Briefkopf: *International Psycho-Analytical Association*][1]

Budapest VI.
1920

7.[2] November

abzusenden am 8.[3]XI.

Liebe Freunde
angekommen, B/4, W/4, L/4.[4]
Ad B.: Mit dem Vorschlage von Abraham (allg. Diskussion über Psychiatrie) bin ich einverstanden.
Ad W.: Da mein Gesundheitszustand[5] manches zu wünschen übrig läßt, denke ich einstweilen an kein Domizilwechsel. – Auch sind die Verhältnisse (vom ärztlichen Standpunkt) soweit erträglich, daß ich die große Summe, die wir zum leben brauchen immerhin verdiene und den Kollegen wieder Fälle zuschicken kann.
In der Angelegenheit des Jahresberichts habe ich Hermann beeinflußt, den Auftrag anzunehmen. Er wird sich direkt mit Rank ins Einvernehmen setzen.
Ad L.: Cruchet's Buch[6] ist angekommen. Vielen Dank dafür! Ich glaube, daß rekommandierte Sendungen nicht verloren gehen. Ein Zeitungsausschnitt aus dem »Pester Lloyd«[7] über Dr. Munro und Dich, l. Jones, vielleicht interessant.
Frau Singer[8] brachte mir heute einen Brief aus London und das Buch von Miss Barbara Low[9], zugleich einen Zeitungsausschnitt aus der »Times«[10]

---

[1] Handschriftlicher Brief.
[2] Nachträglich mit Bleistift aus 6. korrigiert.
[3] Nachträglich mit Bleistift in 8 korrigiert.
[4] RB 17.10.1920/L, 27.10.1920/B, 28.10.1920/W [und 28.10.1920/W].
[5] Vgl. Sigmund Freud-Sándor Ferenczi 21.12.1920 (ÖNB).
[6] Hier könnte eines von Cruchets Tic-Büchern gemeint sein (vgl. auch RB 20.10.1920/Bp, Abschnitt 4), aber auch sein 1920 erschienenes Buch über die »Luftkrankheit« (Cruchet 1920a, b).
[7] Nicht im ORA.
[8] Konnte nicht identifiziert werden.
[9] Low (1920).
[10] Nicht im ORA.

über den Haager Kongreß; der Bericht stammt von Miss Low selbst. Sie läßt sich aber wegen der Unrichtigkeiten darin, die die Redaktion der »Times« verschuldet hat, entschuldigen. – (Die Zeitungsausschnitte gehen zuerst nach Wien, mit der Bitte, sie weiter zu befördern.)
Tridon's Buch[11] kann ich einstweilen nicht zum Referat übernehmen.
Herzlichen Dank für den lieben Brief von Frau Jones von meiner Frau und mir.
An Rank: Brief angekommen. Mit allen Vorschlägen einverstanden.
Herzliche Grüße von

Eurem
Ferenczi

Heute war Vereinssitzung. Feldmann[12] sprach über psychiatrische Beobachtungen im Militärhospital. Nicht geistlos, aber verworren und undiszipliniert.

---

[11] Tridon (1919); vgl. auch RB 12.10.1920/L, Abschnitt Budapest.
[12] Sándor Feldmann (1891-1973). Ungarischer Psychiater, der in den Monaten der Räteregierung von Ende März bis Anfang August 1919 für die Organisation von psychiatrischen Anstalten und die Reformarbeit auf dem Gebiet der Psychiatrie in Budapest zuständig war. Er gehörte später der Gruppe der »aktiven Analytiker« an, die sich in der Zeitschrift »Seelenforschung« als »Vereinigung Unabhängiger Ärztlicher Analytiker« darstellten – eine ungarische Sektion der von Stekel gegründeten Vereinigung. Feldmann soll »auf Freuds persönliche Anweisung zum Austritt« aus der Ungarischen Psychoanalytischen Vereinigung bewogen worden sein (1923). Feldmann publizierte u.a. über die Bedeutung von Gesten; vgl. u.a. Harmat (1988), S. 158; Nachruf in der *New York Times* vom 24.3.1973.

9.11.1920/L
[Briefkopf: *International Psycho-Analytical Association*][1]

L. 6
Nov.9.1920
Answer to Bud. 5, Berl. 5, Vienna 4 & 5[2] (4 wrongly acknowledged last time; it arrived the day after I wrote)

Dear Friends:
Now that we may speak openly about the projected Festschrift I may repeat my original criticism that dates of birthdays are a private affair and that it would be better, and I believe more agreeable to Prof., to date a Festschrift from such an event as the attainment of majority of Traumdeutung, which takes place in 1921. I do not know whether Prof. would agree with the statement that it was in 1900 that the true Psa began its public life; I am not sure, and should like to know, where the first mention of the term Psa. occurs.[3] At the same time, I can sympathise, auf gleiche aetiologische Ansprüche, with Rank's Symptomhandlung[4], for I knew that to write an article in the necessary time would mean to neglect definite other duties, as in his case, and it is perhaps an open question whether we have the necessary material to make a Festschrift of a kind that would be worthy of the occasion. If the other members doubt this, could they suggest some other mode of celebrating the occasion?
I regret the thickness of the paper, and could only read parts of Ferenczi's last letter. I suggest that Rank gets some more paper printed in Vienna, not so thick, but not too thin, with vignette, and the present stock of paper could be used otherwise, either by Flügel and myself in other letters, or by members.
Budapest.
Régis certainly died a few years ago. He was not very important for Psa, except for covering with his name Hesnard's book.[5]
Abraham.

---

[1] Maschinenschriftlicher Brief.
[2] RB 28.10.1920/W, 30.10.193.11.1920/Bp, 3.11.1920/B und 4.11.1920/W.
[3] Die erste Erwähnung findet sich in Freud (1896a).
[4] Bezieht sich auf die »Entdeckungen« Ranks in RB 28.10.1920/W.
[5] Régis & Hésnard (1914).

Hiller is finding out exactly how much is missing from Sachs' Tempest, and I shall be grateful if then your wife would be good enough to translate it for the Journal. I expect Bryan will also find difficulties with Kolnai, but have not yet heard.

Sachs & Rank. Please arrange with Anna Freud about the translation of the second part of my Symbolism[6], for, since no »Fortsetzung folgt« was printed, it has already given rise to misconceptions (e. g. with Silberer) that the article is complete, and it is being reviewed on this basis.

Berlin.

I congratulate you heartily on the excellent and solid progress you are making, which is better than can be reported from any other group.

Wien. 5.[7] First paragraph. I don't understand how you can take the side of the Brunswick Square Clinic against the Society here, and even make promises to support the former, without even hearing the views of our own Society first. I shall be glad to have comments on my account in L. 5.[8]

I will write to Holland & Switzerland begging them to send us in short communications, and assume that you three Presidents will do the same in your Societies.

Wien. 4.[9] I am sorry that I do not find Rank's praiseworthy attempts to clear up the *Press* questions as successful as he does, chiefly because I do not find it so easy as he does to make a sharp distinction between »*Press*« and »Shop«. Historically the facts are so: It was arranged when I was in Vienna in October last year that a place (New Cavendish St) be immediately taken and an assistant (Hiller) engaged <u>for the Press</u>. It was only some time <u>later</u> that I had the idea of making further use of this <u>already existing apparatus</u> for keeping a bookshop, and this idea was not so bad, for the sale of books has amply paid for itself. It is therefore unfair to say later that all the expenses of New Cav. St. are to be counted as part of the Shop. It was primarily destined as an Auslieferungsstelle for the Journal, Bibliothek, Library, and Zeitschrift, with the other publishing work connected therewith (getting advertisements, proof-correcting, etc, etc). What is new is that we now decide to conduct the *Press* business hitherto

---

[6] Jones (1922).
[7] RB 4.11.1920/W.
[8] RB 2.11.1920/L.
[9] RB 28.10.1920/W.

conducted at New Cav. St. at Vienna, with the sole exception of the book-selling, on which we have made a profit. In doing so we surrender the latter project, and also the intention of making propaganda (which has hardly started), but it is not correct to ascribe to these two aspects the expenses of the London undertaking, for they accrue entirely from the Press arrangements made in Vienna with everyone's consent.
Wien. 5.
I was very happy to hear the good news from Italy, and expect we shall do better there than in France. What did you think of my suggestion of a combined Italian and French Journal (the latter having in view French Switzerland)? All educated Italians of course read French.[10]
With cordial greetings.

Ernest Jones

---

[10] Jones spielt hier auf die Überlegung an, daß der Weg der Psychoanalyse »von Wien nach Paris über Genf führen« könnte, wie dies bereits 1915 von Maeder formuliert wurde; vgl. Roudinesco (1994), S. 229 f.

10.11.1920/B
[Briefkopf: *International Psycho-Analytical Association*][1]

Berlin, 10.11.1920
Nr. 6.
Antwort auf Bud. & London 5, Wien 4.[2]

Liebe Freunde,
Der heutige Bericht muß kurz ausfallen. Wir leiden infolge eines Streiks an Lichtmangel[3], und es ist recht mißlich, beim trüben Schein einer Kerze auf der Maschine zu schreiben. In den Tagesstunden kommt ein geplagter Analytiker (10 Stunden heute) eben nicht zur Korrespondenz.
Eine Schwierigkeit unseres Briefwechsels besteht darin, daß der Wiener Bericht bei Eitingon regelmäßig am Dienstag anlangt. Es ist dann schwer möglich, daß innerhalb 24 Stunden Sachs und ich ihn erhalten, daß ich ihn noch mit den anderen Berichten beantworte. So kommt es, daß wir heute erst Wien 4 erledigen. Wien 5 ist gestern eingetroffen, heute früh an Sachs gegangen, aber nicht zu mir gelangt. Er wird also erst nächstes Mal beantwortet. Was ließe sich da tun? Wir bitten zu bedenken, daß für uns, da wir <u>drei</u> sind, die rasche Erledigung ohnehin schwierig ist, zumal wegen der großen Entfernungen. eine Verlegung der Korrespondenz-Tage kommt wohl nicht in Betracht. Wie wäre es, wenn nach Berlin 2 Exemplare gingen, davon eines direkt an mich? Dies brauchte nur von Wien aus zu geschehen, da die anderen Berichte zeitig genug hier sind. Bitte Rank um Äußerung!
Budapest:
Zur Frage des Diskussionsthemas wissen wir keinen geeigneten Vorschlag zu machen. Nach den Erfahrungen der Diskussion [gestrichen: »über dieses Thema«] im Haag erscheint auch Jones' Vorschlag (Diskussion über Technik) nicht recht geeignet. Wir würden viel Unreifes zu hö-

---

[1] Maschinenschriftlicher Brief.
[2] RB 28.10.1920/W, 30.10.193.11.1920/Bp und 2.11.1920/L.
[3] Vom 6. bis 11. November streikten die Berliner Elektrizitätsarbeiter für höhere Löhne; dem Streik schlossen sich die Beschäftigten von Gaswerken und Transportunternehmen an. Dadurch wurde das öffentliche Leben, die Industrie und der Handel gelähmt. Eine Entlassungsdrohung des Magistrats zwang die Streikenden zur Aufgabe; vgl. Chronik des 20. Jahrhunderts. CD-ROM. Gütersloh/München: Bertelsmann Electronic Publishing 1993.

ren bekommen und schließlich den Lesern mehr Verwirrung als Aufklärung bringen.

London:
Über die Angelegenheit Herford-Glover nächstes Mal Genaueres!
Für heute danke ich Dir, lieber Jones, sehr für den eingehenden Bericht, der das Verhalten der Londoner Gruppe wohl verständlich macht.
Prof. Pietsch-Breslau schrieb mir kürzlich wegen Aufnahme in unsern Verein. Wir werden ihm die verabredeten Bedingungen stellen. Sachs wird nächstes Mal über P. berichten, da Pietsch bei ihm in Zürich einen Kurs gehört hat. Liebermann befrage ich morgen wegen Frost-Bonn. Heute war es mir nicht möglich.

Wien:
Den letztes Mal versprochenen Beitrag Simonson zur Kinder-Sammlung sende ich erst in einigen Tagen mit anderen Beiträgen.
Meine Mitteilung wegen Kolnai-Übersetzung muß inzwischen dort angelangt sein.
Von uns wenig Neues. An der morgigen Vereinssitzung nimmt ein hochwillkommener Gast teil (Anna Freud).[4]
Mein Kurs, der mehr als 20 Teilnehmer hat, verläuft sehr befriedigend. Besonders erfreuen mich die den Vorträgen folgenden Besprechungen, die ohne alle unfruchtbare Opposition verlaufen.
Mit dem Versprechen, nächstes Mal alles Versäumte nachzuholen, und mit herzlichen Grüßen im Namen des Triumvirats

Abraham

---

[4] Anna Freud hatte nach dem Kongreß in Den Haag einige Wochen Urlaub in Hamburg gemacht. Anschließend war sie noch bis Ende November bei Eitingons in Berlin, und während dieses Aufenthalts nahm sie auch an der erwähnten Vereinssitzung teil. Vgl. auch Peters (1979), S. 68.

11.11.1920/W
[Briefkopf: *International Psycho-Analytical Association*]¹

// W i e n 6 //
11. November 1920

Liebe Freunde!
Berlin und London No. 5, Budapest No. 6 (heute) erhalten.²
Wir ersuchen Berlin nochmals, die Briefe aus technischen Gründen an Rank zu adressieren (Budapest und London tun dies bereits).
<u>Antworten:</u> Berlin. Der avisierte Beitrag von Simonson zur Kinderpsychologie lag nicht bei.³
London. Die Angelegenheit Mackenzie, deren Ausgang wir ahnten, ist wohl für uns erledigt. Was Pfister betrifft, so hat ihm Rank in freundschaftlicher Weise klar gemacht, daß er (Rank) weder dem *Verlag* noch weniger aber den Verein repräsentiert und also in der ganzen Sache nicht kompetent ist, in der übrigens ein Kongreßbeschluß vorliegt, für den Pfister selbst gestimmt hat und über den sich hinwegzusetzen beide Teile kein Recht haben. Wir meinen, daß Jones am besten täte, Pfisters Beschwerden ebenso höflich als entschieden zurückzuweisen. Von der neuen Millionenstiftung hat ja der Professor am Kongreß öffentlich gesprochen, aber außer Pfister ist es keinem eingefallen, für sich oder seine Gruppe eine besondere Belohnung zu erwarten. Die Möglichkeit, sich durch Mitarbeit an unseren Zeitschriften einen Teil des Abonnements zu verdienen, haben die Schweizer ebenso wie alle anderen, natürlich nur nach Maßgabe der valutarischen Verhältnisse, die wir ihnen zuliebe nicht ändern können. (Pfister hat sich beim *Verlag* beklagt, er bringe uns mit seinen Publikationen ein materielles Opfer.)
Von uns ist diesmal nicht viel zu berichten.
Verlag: Das Buch von Kolnai über Psa. und Soziologie⁴ ist erschienen. Die zweite Nummer des englischen Journals⁵ wird noch in diesem Monat ausgeliefert; die nächsten Hefte werden hoffentlich rascher folgen.

---

¹ Maschinenschriftlicher Brief.
² RB 2.11.1920/L, 3.11.1920/B und 7.11.1920/Bp.
³ Die erste Arbeit von Simonson in der *IZP* erschien im Jahre 1923; vgl. Simonson (1923).
⁴ Kolnai (1920).

Von Imago und der Zeitschrift sind die ersten Hefte des nächsten Jahrganges in Druck gegangen. Die Zeitschrift ist – namentlich durch die Kongreßarbeiten – ziemlich mit Stoff versorgt; Imago weniger gut. In diesen Tagen werden wir ein Rundschreiben an analytische Väter senden, mit der Bitte um Beiträge zu dem Sammelband von Kinderbeiträgen. Die Aktion ist nach Kräften zu unterstützen.
In Mr. Strachey[6] aus Cambridge, der sich jetzt in Wien aufhält, haben wir einen sehr guten und tüchtigen Übersetzer gefunden; er soll jetzt eine Arbeit vom Professor übernehmen, wahrscheinlich: Ein Kind wird geschlagen.[7]
Mit einem spanischen Verleger in Madrid[8] haben wir eben Kontrakt auf Übersetzung der in unserem *Verlag* erschienenen drei Werke des Professors gemacht; der Spanier will auch von Deuticke die anderen Werke erwerben.
Die in dem Brief von Jones angedeuteten Angelegenheiten Frost und Peach[9] bedauern wir sehr. Es sollte nicht sein, daß Fernstehende so zurückgewiesen werden., auch im Interesse der Propaganda nicht. Allerdings scheint Liebermann da ein Verschulden zu treffen und wir können hier nicht umhin, uns auch über seine Lässigkeit als Sekretär zu beklagen wie wir es schon wiederholt bei Abraham getan haben. Es mag ja sein, daß er überbeschäftigt und durch persönliche Dinge abgehalten ist, aber dann

---

[5] Inhalt: Freud: *Psychogenesis of a Case of Female Homosexuality*; Clark: *Primary Somatic Factors in Compulsive and Obsessive Neuroses*; Jones: *Recent Advances in Psycho-Analysis*; Mason-Thompson: *Relation of the Elder Sister to the Development of the Electra Complex*; Preger: *Note on William Blake's Lyrics*; Riviere: *Three Notes*; Jones: *Symbolism of Being Run Over*; Oberndorf: *Ambivalence in a Slip of the Tongue*.
[6] James Strachey (1887-1967). Literaturwissenschaftler, Intellektueller und Mitglied der Bloomsbury Group; kam 1920 nach Wien zu Freud in Analyse, der ihn bat psychoanalytische Arbeiten ins Englische zu übersetzen. 1922 Mitglied der British Psychoanalytical Society und Lehranalytiker. Herausgeber der Standard Edition of the Complete Psychological Works of Sigmund Freud; vgl. Grubrich-Simitis (1993); Meisel, & Kendrick (1985).
[7] Freud (1919e).
[8] Ruiz Castillo; vgl. Freud (1989t), S. 532.
[9] So im Original; gemeint ist jedoch Prof. Pietsch aus Breslau; vgl. RB 2.11.1920/L, 10.11.1920/B. Abraham geht in RB 17.11.1920/B auf diese Schreibweise ein und interpretiert sie als Fehlleistung.

muß eben ein anderer Kollege den Verkehr mit den übrigen Gruppen und dem *Verlag* aufrechterhalten. So haben wir z.B. über das Schicksal der s. Z. von uns nach Berlin gewiesenen beiden Frankfurter Kliniker[10] nichts mehr gehört und erhalten in *Verlag*sangelegenheiten von Liebermann nicht einmal Empfangsbestätigungen unserer Beschwerden, geschweige denn eine Erledigung. Wir bitten Abraham als Präsidenten da Ordnung zu schaffen.
Mit herzlichen Grüßen

Rank

---

[10] Es konnte nicht geklärt werden, um wen es sich handelt, möglicherweise um Karl Landauer und Karl Westphal; vgl. auch RB 11.12.1920/W.

16.11.1920/L
[Briefkopf: *International Psycho-Analytical Association*][1]

L.7.
Nov. 16. 1920
Answer to Berl. 6 & Buda. 6 (Wien 6 not yet arrived).[2]

Dear Friends:
Like Abraham, I have also been considering the technique of our dates. It takes me 20 days to get an answer from Budapest and 14 from Vienna, which often concerns urgent matters. I make a different suggestion, namely, that we all write on the same day, Then we would be sure to be able to get an answer to the penultimate letter, which is often not possible. So far as the actual day is concerned, any of the first three of the week would suit me, best Monday or Tuesday. Please for opinions on this. It would have the further advantage that we would usually have several days after receiving a letter before we need answer it, so that it would not be necessary for Vienna to make more copies for Berlin.
Our discussion on Battle Dreams last week[3] was very fruitful and an account of it will appear in the Assoc. Reports. The chief point that issued was that dreams consisting only of pure repetitions of experiences, unmixed and unaltered, are extremely rare, and some observers doubted their occurrence.
Budapest.
I have reviewed Tridon's book for[4] the J. It is not worth your reading, being only bad journalism.
Stanley Hall[5] & Morton Prince[6] have sent best wishes for the J. The former inquired kindly about Professor and said he had written to him more than once during the war, without answer.[7]

---

[1] Maschinenschriftlicher Brief.
[2] RB 7.11.1920/Bp, 10.11.1920/B und 11.11.1920/W.
[3] In der British Psychoanalytical Society wurde am 11.11.1920 »eine Diskussion über Kriegs- oder Schlachtenträume abgehalten, mit besonderer Berücksichtigung der Frage, inwieweit bei diesem Träumen der Trauminhalt die genaue Reproduktion eines tatsächlichen Erlebnisses ist und in welcher Beziehung er zum pathogenen Traum steht ... vgl. *IZP* 7(1921), S. 120.
[4] Tridon (1919); besprochen von Jones (1920e).

Vienna.
Enclosed a business letter for Rank. A copy of the J. should be sent to the Psa Libraries of Vienna, Berlin, Budapest, as the price is too high otherwise; perhaps this is already been done. Last week it was decided to send eight copies of the British Journal of Psychology to universities in Austria and Hungary.

I wrote last week a fateful letter to Brill[8], of which I sent a copy to Professor for his perusal. In a month we should know about our future in America, for very much depends on Brill. Jelliffe and White have written to me several times lately, but they mix up Psa hopelessly with Adler & Jung.

We had five new doctors at our meeting last week who are working at Psa and want to join our society.

Today a patient called with a letter in Norwegian telling him to consult me. It had printed on it: Dr Strömme.[9] Psykanalyse. Does anyone know him (in Christiana)?

---

[5] Stanley Hall (1844-1924). Amerikanischer Psychologe und Begründer des *American Journal of Psychology*. 1888 wurde er Präsident der Clark University in Worcester (Massachussetts). Er hatte Freud 1909 zu Vorlesungen eingeladen, ein Ereignis, das für die Entwicklung der Psychoanalyse in Amerika bedeutsam war; vgl. Freud (1910a); Ross (1972).

[6] Morton Prince (1854-1929). Amerikanischer Psychiater und Begründer des *Journal of Abnormal Psychology*. Schon 1905 hatte er Freud geschrieben und um einen Beitrag für seine neue Zeitschrift gebeten; vgl. Jones (1960-62), Bd. 2, S. 44.

[7] Freud hat keinen dieser Briefe erhalten (vgl. RB 25.11.1920/W). Auch in eventuell in Frage kommenden Archiven konnte keine Briefe Halls an Freud aus dieser Zeit nachgewiesen werden. Wahrscheinlich sind sie in den Kriegswirren verlorengegangen.

[8] Der Brief ist vom 14.11.1920 und Jones hatte darin u.a. geschrieben: »Stern, the only American at the Congress, suggested that the New York Society be asked to give its opinion, which Professor, who is the deciding voice, would take into consideration and probably accept. We did the same for the British Society who nominated Bryan and Flügel.« Vgl. auch RB 28.10.1920/W und Freud (1993e), S. 298-403.

[9] Johannes Strömme (1876-196?). Arzt, norwegisches Mitglied der Skandinavischen Psychoanalytischen Arbeitsgemeinschaft. Strömme modifizierte die Analyse in seiner Osloer Praxis; vgl. KB, *IZP* 18(1932), S. 425; Svens Uppslagsbok.

Flügel and I have written to Flournoy expressing in the name of the Association our condolences at the death of his father.
With cordial greetings

                                                                yours

Ernest Jones

Bd. 27. Malmö: Förlagshuset Norden 1953, S. 1030; Gyldendals Store Konversasjonsleksikon. Bd. 5, Oslo: Gyldendals Norsk Forlag 1965, S. 1420.

17.11.1920/B
[Briefkopf: *International Psycho-Analytical Association*][1]

Berlin, 17.11.20
Nr. 7
Antwort auf Bud. & Lo. 6[2],
Wien 5 & 6[3]

Liebe Freunde,
Dieses Mal sind alle drei Briefe pünktlich eingetroffen. Wir bedauern sehr Ferenczi's Unpäßlichkeiten und wüßten gern Näheres über Dein Befinden. Gib uns doch einmal genauere Nachricht! Wir ersehen aus einer Bemerkung in Deinem Briefe, daß Du einen Domizilwechsel ernstlich erwägst. Rank's Vorschlag in einem früheren Briefe wäre ein uns gewiß sehr befriedigende Lösung, aber wir haben große Bedenken für die Sache, die in einem Lande manchmal an einer Person hängt. Vielleicht haben wir in nicht zu ferner Zeit eine Komiteezusammenkunft und könnten die Frage gemeinsam besprechen.
Das wissenschaftliche Diskussionsthema für diese Zusammenkunft verdient volle Zustimmung. Da der Vorschlag von Ihnen, lieber Herr Professor, ausgeht, so darf man vielleicht vermuten, daß Sie uns wieder einmal mit neuen Ideen überraschen wollen, und wir können uns freuen, wenn wir sie mit Ihnen diskutieren dürfen!
Mit der Tempest-Übersetzung[4] hat meine Frau [5] bereits in Verabredung mit Sachs begonnen. Hiller hat Kapitel 1-3 übersetzt, so daß nur der Rest zu tun bleibt.
Wir freuen uns über die Fortschritte in Italien und Spanien. Es ist ein Zeichen der inneren Kraft unserer Sache, daß sie gerade in einer Zeit der größten internationalen Schwierigkeiten und der nicht geringeren Schwierigkeiten im Buchgewerbe solche Fortschritte macht. Wir wissen auch gut, wessen selbstloser und unermüdlicher Arbeit wir das Meiste daran zu verdanken haben. Deine Überlastung, lieber Rank, mit dieser Menge nicht immer erfreulicher Arbeiten erklärt uns eine gewisse Ungeduld, die

---

[1] Maschinenschriftlicher Brief.
[2] RB 7.11.1920/Bp und 9.11.1920/L.
[3] RB 4.11.1920/W und 11.11.1920/W.
[4] Die Übersetzung erschien dann 1923 im *IJP*; vgl. Sachs (1923).
[5] Hedwig Abraham.

aus den Wochenberichten spricht. Manches Monitum ist vollberechtigt, aber manches auch nicht. Die wiederholten Mahnungen in der Sache Kolnai zeugen von dieser Ungeduld. Auf die erste habe ich sofort reagiert. Ebenso auf den Wunsch, Briefe an Dich zu richten. Leider war nur der vorletzte Wiener Brief erst an mich gelangt, als meiner schon abgesandt war. Also es ist nicht alles Bummelei. In der Sache Frost erklärt mir Liebermann, sofort nach dem Kongreß im verabredeten Sinn an F. geschrieben zu haben. Hat denn Frost Beschwerde geführt? Du, lieber Jones, erwähnst nichts Näheres. soweit ich sehe, liegt hier kein Verschulden Liebermanns vor. Und in der Sache Pietsch noch weniger. Ich verstehe Dich, l. Rank, nicht, warum Du die beiden Sachen in Verbindung bringst. Ich erhielt von P. kürzlich die erste Anfrage, die ich Liebermann zur Beantwortung übergab. Hier sehe ich auch nicht den leisesten Anlaß zu einem Monitum! Die Sache befindet sich im ersten Stadium. L. hat ihm geschrieben, daß er sich bei uns durch einen Vortrag oder eine eingesandte Arbeit einführen möge – so wie wir es auf dem Kongreß für derartige Fälle verabredet haben. Auf Pfister's Empfehlung allein können wir niemanden aufnehmen. Das ist die Ansicht von Sachs, der wohl das beste Urteil über Pf. hat. (Übrigens ein nettes Verschreiben von Rank: »Peach« statt Pietsch! I suppose you like peaches more than such letters.) Daß Liebermanns Geschäftsführung in anderer Hinsicht zu wünschen übrig läßt, soll nicht geleugnet werden; nur in den beiden erwähnten Fällen geschieht ihm Unrecht. Außenstehenden wird es gewiß unverständlich sein, daß ich als Vorsitzender nicht mit Erfolg einschreiten konnte. Im nächsten Bericht soll die Angelegenheit, nach vorheriger Besprechung mit Eitingon & Sachs, noch zur Sprache kommen. Im Allgemeinen wird man mir ja kaum zutrauen, daß ich eine nachlässige Geschäftsführung begünstige. Ich beschränke mich für heute darauf, zu versichern, daß besondere Verhältnisse vorliegen, daß ich selbst die Mängel mehr als irgend ein anderer empfinde und nach Möglichkeit die Vereinsgeschäfte schon selbst erledige. Also nächste Woche mehr!
Der Vorschlag Rank's betr. die literar. Zentralstelle und Reik's Beauftragung mit dem zu schaffenden Posten findet unsere Zustimmung, zumal das Zusammenarbeiten im *Verlag* sicher erhebliche Schwierigkeiten hat. Ich weiß, daß Reik, trotz seiner sonstigen guten Eigenschaften und vortrefflichen Leistungen einen Fehler hat. Er kann das Persönliche nicht ausschalten, fühlt sich Rank gegenüber als der zurückgesetzte, jüngere

Sohn unseres gemeinsamen Vaters[6] und wird daher an einem für ihn besonders eingerichteten Posten sicher weit Besseres als im *Verlag* leisten.
Ob sich ein kombiniertes französisch-italienisches Journal empfehlen würde, erscheint zweifelhaft. Jones hat zwar Recht, daß die gebildeten Italiener französisch verstehen. Aber, soweit mir bekannt, verstehen die Franzosen nicht italienisch. Mir scheint, daß unsre Sache in Italien größere Aussicht als in Frankreich hat! Denn in Italien ist die Ablehnung alles aus Deutschland und Österreich Kommenden ganz geschwunden, in Frankreich dagegen nicht. In Fr. werden wir zunächst auch kaum geeignete Vorkämpfer und Mitarbeiter haben. Ein Journal aber, das nur übersetzte deutsche Artikel brächte, hätte in Frankreich zunächst keine Aussicht auf Erfolg. Die paar jungen Leute in Genf werden uns da auch nicht helfen können, da sie noch keinen eigenen Namen in der Wissenschaft und demnach kein Gewicht in Frankr. haben. Darum scheint mir zunächst nur die Gründung eines rein italienischen Journals in Frage zu kommen. Italia fara da se.[7]
In der Frage der Festschrift stimmen wir Jones' Bedenken zu, besonders im Hinblick auf den sehr kurzen Zeitraum. Was sagen die anderen dazu?
Für die Sammlung von Kinder-Aussprüchen machen wir nach Kräften Propaganda. Einiges sandte ich schon vor mehreren Tagen an Rank. Weiteres folgt.
Nun zur Sache der Brunswick Square-Klinik! Wir sind Dir, lieber Jones, für die gründliche Information sehr dankbar. Ich will ausdrücklich zugeben, daß die geschilderten Mißstände auch unseren Verein zu solchem Verhalten veranlaßt haben würden. Aber gerade wenn ein solches Institut so verkehrt geleitet wird, so haben wir das größte Interesse an einer Änderung, und die kann anscheinend jetzt erreicht werden. Ich glaube auch aus Jones Schreiben entnehmen zu dürfen, daß unsere Absicht, die Brüder Glover und Miss Sharpe hierher kommen zu lassen, bei der Londoner Gruppe nicht auf Widerspruch stößt. Frau Dr. Herford war, als sie hierher kam, zweifellos mangelhaft in der Psychoanalyse unterrichtet. Die kurze Zeit der Analyse bei Flügel hatte diese Defekte noch nicht ausgeglichen. Sie ist aber mit großem und ausdauernden Eifer bei ihrer Analyse, er-

---

[6] Anspielung auf Freuds »Totem und Tabu«.

[7] »Italien wird allein fertig werden« (L'Italia farà da se!). Ausspruch des italienisch-schweizerischen Soziologen und Ökonomen Vilfredo Pareto (1848-1923); vgl. u.a. *Britannica CD*. Version 97. Encyclopaedia Britannica, Inc., 1997.

scheint täglich früh um 8 Uhr bei mir, ohne sich je zu verspäten und zeigt sehr gutes Verständnis. Sie wird niemals eine besondere wissenschaftliche Arbeitskraft werden, hat aber um so größere therapeutische Interessen und scheint zu einem loyalen Zusammenarbeiten mit dem dortigen Verein ehrlich bereit zu sein. Sie bedarf natürlich nach ihrer Rückkehr des Kontaktes mit solchen, die mehr wissen & können als sie selbst. Sie hatte sich zuerst entschlossen, 3 Wochen hier zu bleiben und Weihnachten heimzufahren. Jetzt spricht sie von einer Verlängerung ihres Aufenthaltes, weil sie fürchtet, in einem Monat noch nicht weit genug analysiert zu sein. Ich werde sie natürlich vor der Illusion schützen, vollkommen fertig in der PsA zu sein, wenn sie von hier fortgeht. Auch habe ich ihr schon jetzt erklärt, daß sie sich in die London Society mit einer eigenen Arbeit einführen müsse.

Von den beiden Brüdern Glover kenne ich nur den älteren, der etwa 35 Jahre alt ist.[8] Ich finde immerhin schon die Bereitwilligkeit anerkennenswert, mit welcher diese Leute in solchem Alter sich zur Analyse melden, um Neues zu lernen. Von dem jüngeren Bruder weiß ich nur, daß er noch nicht analytisch gearbeitet hat, was gewiß noch günstiger ist. Es wäre Sachs und mir eine große Freude, aus den dreien und Miss Sharpe brauchbare Mitarbeiter zu machen. Die Londoner Gruppe würde so einen Einfluß auf die Klinik gewinnen, der dem Eingehen des Instituts vorzuziehen wäre. Auch ist es gewiß ein Vorteil, wenn alle vier außerhalb Londons analysiert sind. In unserer Gruppe haben sich genug Schwierigkeiten daraus ergeben, daß der größte Teil der Mitglieder von mir analysiert war.

Ich habe mit Frau Dr. H[erford] . den Inhalt Deines Briefes, l. Jones, besprochen, selbstverständlich unter Ausschluß alles Persönlichen, das darin enthalten war. Sie gab zu, daß die Eröffnung des Instituts mit der Rede des Earl of S[andwich] ein Mißgriff war, gab ebenso auch die anderen Einwände als berechtigt zu, allerdings großenteils nur für frühere Jahre. Sie selbst arbeitet dort seit 1917. Sie bestreitet entschieden, daß in diesen letzten Jahren Schüler nach einigen Wochen als fertige Analytiker entlassen worden seien. Im Gegenteil werde eine sehr lange Ausbildung verlangt. Auch sei in den letzten Jahren keine Rede davon, daß jemand andre analysiere, der selbst noch in der eigenen Analyse befindlich sei. Mißbräuche solcher Art seien, wenn auch nicht im großem Umfang vor-

---

[8] James Glover war 38 Jahre und Edward Glover 32 Jahre alt.

gekommen. Als Frau Dr. H[erford]. in die Klinik eintrat, war dort eine Sekretärin, die eigenmächtig alle erreichbaren Personen analysierte. Sie wurde damals entlassen. Daraus, daß sich mehrere an der Klinik tätige Personen zur PsA zu uns zu kommen wünschen, geht doch hervor, daß sie die Mängel ihres Könnens einsehen, und aus diesem Grunde war es doch wertvoll, daß Dr. Herford & Glover am Kongreß teilgenommen haben. Sie haben erst dort einen Begriff von PsA bekommen.
Ich werde über alles Weitere berichten.
Anbei für Jones verschiedene Zeitungsausschnitte[9], die nach Wien zurückgehen müssen.
Das Briefpapier ist tatsächlich etwas zu dick. Zwar kann ich mit meiner Maschine leserliche Kopien durchschlagen, aber das Papier läuft, wenn man 4 Bogen hat, zu schwer über die Walze.
An Rank: Unter den Teilnehmern meines Kurses besteht lebhaftes Bedürfnis nach ps-a. Literatur. Ich sende demnächst eine Sammelbestellung, um die Teilnehmer auf möglichst billigem Wege (unter Ausschluß des Buchhändler-Aufschlages) mit Literatur zu versorgen.
Das mag nun für dieses Mal genügen!
Mit den besten Grüßen für alle

Abraham

---

[9] Nicht im ORA.

18.11.1920/W
[Briefkopf: International Psycho-Analytical Association][1]

Wien 7
18. November 1920

Liebe Freunde!
Berlin und London 6[2] erhalten (Budapest 6[3] bereits in letztem Berief bestätigt). Die Korrespondenztage können selbstredend nach den Bedürfnissen geändert werden und wir sehen nicht ein, warum Abraham gerade dieses einfachste Mittel ausschließt (wir haben ja auch unseren Tag – sogar zweimal – verlegt). Der andre Ausweg ist ungangbar, da mehr Kopien mit diesem Papier auf der Maschine nicht herzustellen sind.
ad Diskussionsthema: es ist ja nicht unbedingt nötig, sofort ein geeignetes Thema zu finden; die bisher vorgeschlagenen konnten keine allgemeine Zustimmung finden, so warten wir eben, bis ein solches sich findet.
Was die Festschrift betrifft teilen wir ganz die Meinung Jones. Diesem beantwortet der Professor seine Anfrage nach dem Geburtsjahr des Ausdrucks »Psychoanalyse« dahin, daß die Bezeichnung zum ersten Male gebraucht wird in einem Beitrag des Professors zu Löwenfelds[4] Buch »Die psychischen Zwangserscheinungen«, welches 1904 erschienen ist (abgedruckt in Sammlung kl. Schriften, Kapitel XIII).[5] Die Traumdeutung selbst ist eigentlich 1899 erschienen und nur vom Verlag vordatiert.–

---

[1] Maschinenschriftlicher Brief.
[2] RB 9.11.1920/L und 10.11.1920/B.
[3] RB 7.11.1920/Bp.
[4] Leopold Löwenfeld (1847-1923). Psychiater in München. Er hatte Freuds Schrift *Über den Traum* in der von ihm herausgegebenen Reihe *Grenzfragen des Nerven- und Seelenlebens* veröffentlicht und zwei weitere Arbeiten Freuds in von ihm herausgegebe Bücher aufgenommen; Freud (1901a), (1904a), (1906a).
[5] Freud (1904a). Dem Begriff »Psychoanalyse« gingen mehrere Entwicklungsstadien voraus: als terminus technicus erschien »analysiert« in den »Vorläufigen Mitteilungen«, vgl. Freud (1893a). »Analyse« bzw. »psychologische Analyse« tauchte im Aufsatz über die »Abwehr-Neuropsychosen«, vgl. Freud (1894a) auf. Das Wort »Psychoanalyse« wird erstmals verwendet im französischen Aufsatz »L'hérédité et l'étiologie des névroses«; vgl. Freud (1896a).

Für Jones: Wegen der Übersetzung des II. Teils der Symbolik und Deines letzten Buches[6], das wir bringen wollen, wird Ende des Monats, wenn Fräulein Freud aus Berlin zurückkommt, das Nötige veranlaßt werden. Im Übrigen sollen begonnenen Übersetzungen jedesmal sofort mitgeteilt werden, damit nicht doppelte und also überflüssige Arbeit geleistet werde.

ad Brunswick Square: Es war nicht die Rede davon, daß wir die Partei der Klinik gegen die Vereinigung ergriffen hätten. Wir kannten dazu auch die Verhältnisse viel zu wenig, wußten z. B. gar nicht, daß die Brunswick-Leute sich der Vereinigung anzunähern versuchten, daß aber die Society dagegen war. Ebenso war nicht die Rede davon, daß wir versprochen hatten, sie fernerhin zu unterstützen, sondern nur davon, daß der Professor zugesagt hatte, falls er nach England käme, sich die Sache anzusehen. In solchen Fällen bleibt selbstverständlich die Entscheidung einer Stellungnahme der ortskundigen Zweigvereinigung überlassen, resp. deren Präsidenten. –

ad London Filiale: Wir geben zu, daß die Klarheit, die wir auch weiterhin in unserer Darstellung finden, uns erst allmählich geworden ist; trotzdem stellt es sich aber rein kaufmännisch betrachtet so dar, wie es eben dargestellt wurde: Daß nämlich London gar nicht in die Lage gekommen ist, für die *Press* etwas zu leisten, weil einfach nichts da war. Die Sache anders als kaufmännisch zu betrachten liegt wohl kein Grund vor.

Auf neuerliche private Anfragen von Jones wiederholen wir die Grundsätze, auf denen wir die Verhandlungen mit Kola basieren:

Es kann gar keine Rede davon sein, das englische Geschäft von den anderen trennen zu sollen; im Gegenteil legt einerseits Kola Wert auf das Englische, anderseits wir auf Beibehaltung der bisherigen Beziehungen zwischen Wien und London, auch in der bisherigen Form. Für Jones würde sich also kaum viel ändern, immerhin sind die Sachen aber heute noch nicht spruchreif und wir bitten Jones, sich noch etwas zu gedulden.

Ferner, wenn wir alles an Kola verkaufen, dann sind wir selbstverständlich auch in der Lage, die Spenden der englischen Gruppe zurückzuzahlen. – Endlich wäre für den Fall des Verkaufes und der damit verbundenen Wiederherstellung des ganzen Fonds nach anderen, neuen Verwen-

---

[6] Jones (1920a).

dungsmöglichkeit des Geldes Ausschau zu halten; aber das eilt nicht gerade. –
Ferenczi: Wir machen Dir formell den Vorschlag, die ungarische Übersetzung der Traumdeutung in unserem *Verlag* erscheinen zu lassen. Wir übernehmen die ganze Herstellungskosten und Übersetzerhonorare und lassen das Buch in einer hiesigen ungarischen Druckerei herstellen.[7] Wir möchten damit auch sehr bald beginnen. Was macht die Übersetzung des ungar. Tagebuches?
Jones: Die Arbeit von Berkeley-Hill[8] über Mohamet[9] findet der Professor ziemlich schwach.[10] In der Parallele, die er zwischen Amenhotep und M[ohammed] zieht, hat er den interessantesten und offenbar wichtigsten Punkt übersehen: daß nämlich keiner der beiden einen Sohn hatte! Daraus würde sich nach Meinung des Professors erklären lassen, daß diese beiden Männer auf dem Wege einer religiösen Revolution den Vater überwinden mußten, den sie auf dem natürlichen Weg des Vaterwerdens nicht überwinden konnten.[11] (Die Töchter können leicht in diesem Sinne aufgefaßt werden, bes. bei den Arabern galt es geradezu als Schande, keinen Sohn zu haben). – Es müßte dann allerdings erst plausibel gemacht werden, daß diese Männer mit ihren Reformen erst hervorgetreten sind, als sie Grund zur Annahme glaubten haben zu können, daß ihnen kein Sohn werde geboren werden. Speziell Abraham wird gebeten, sich bezüglich

---

[7] Aus diesem Vorhaben scheint nichts geworden zu sein.
[8] Owen Berkeley-Hill (1879-1944). Britischer Arzt, Major, der ab 1907 im indischen medizinischen Dienst stand und als Mitglied der bereits bestehenden Amerikanischen Psychoanalytischen Vereinigung in die am 30.10.1913 gegründete »London Psychoanalytical Society«, und 1920 in die British Society eintrat. 1922 wechselte er zur neugegründeten »Indian Psycho-Analytical Society«.
[9] Berkeley-Hill (1921).
[10] Jones schrieb in diesem Zusammenhang am 25. November an Freud: »It is a pity that Berkeley-Hill's article is not better, but I should be sorry to refuse it altogether, for he is very sensitive and I asked him to write it for the Journal (he is a close personal friend of mine); also one should remember that he has done much for psa in India and made a serious financial sacrifice to help the Press in its early days. Would you like me to write to him, suggesting the points you mention which he could investigate further? I should be glad of your opinion on this.« Vgl. Freud (1993e), S. 403.
[11] Freud bezieht sich hier auf Abrahams Arbeit über Amenhotep IV; vgl. Abraham (1912).

Amenhotep über die Wahrscheinlichkeit dieser Annahme zu äußern. Es spricht übrigens nicht sehr für ein vertieftes Studium des Problems durch Berkeley-Hill, daß er die Arbeit über Amenhotep konstant Rank zuschreibt (was Jones bereits richtig gestellt hat) und anderseits dessen Zeit um 4000 Jahre (also beinahe in die Prähistorie) zurückverlegt, was der Professor richtiggestellt hat und was auch B[erkeley]-H[ill] in der Arbeit Abrahams richtig angegeben gefunden hätte.
Mit herzlichen Grüßen

Freud
Rank

ca. 21.11.1920/L[1]
[Briefkopf: *International Psycho-Analytical Association*][2]

L. 8
Answer to Wien 6, Berlin 7.[3]

Dear Friends:
No news from here.
Professor.
My best thanks for the new edition[4] of the Drei Abhandlungen.
Wien.
Enclosed are newspaper cuttings[5] from Berlin (I believe sent by Ferenczi), and two MS for the J[ournal].
I am sorry I have less enthusiasm than Abraham for the suggested theme for the scientific meeting of the committee, chiefly because there are other ones of a more psa nature about which I should like to learn. My curiosity about telepathy[6] is no doubt inhibited by prejudice.
Berlin.
About Frost I know not a word except what was contained in the letter of Pfister, copies of which I circulated. I will write to P. and say that F. has been written to, but, as there is reason to believe, that the letter has gone astray, would it not be good for Liebermann to send Frost a postcard asking if he has received it. At a later stage I hope you will send me your opinion about Pietsch, so that I can inform the Swiss what they are to do.

---

[1] Muß nach der Ankunft des Briefes vom 17.11. aus Berlin geschrieben worden sein; auf 21.11. datiert, da dies der vereinbarten Korrespondenzregelung entsprechen würde; vgl. RB 24.11.1920/B.
[2] Maschinenschriftlicher Brief.
[3] RB 11.11.1920/W und 17.11.1920/B.
[4] Vierte Auflage von Freud (1905d).
[5] Nicht im ORA.
[6] In einem Brief vom 24.1.1921 an Freud kündigt Eitingon an, daß »zur Diskussion dieses Themas auf (der) Komiteesitzung ... auch ich mich vorbereiten (werde), trotzdem mir eigentlich eigene Erfahrungen auf diesem Gebiete eben fehlen«; vgl. Max Eitingon-Sigmund Freud 24.1.1921 (LoC). Dieses Thema wurde auch auf der »Harzreise« des Komitees besprochen.

I think your judgement about the Italian journal is probably right, but I would only remark that I did not have France so much in my mind as French Switzerland[7] (which cannot be summed up by the phrase ein Paar junge Leute), which is a matter of importance in itself as well as being the only future avenue of approach to France.

I am grateful for your comments on the B[runswick] Sq[uare] Clinic question, and will read some of your remarks to our society. From facts in my possession, however, I know that Dr H[erford] paints matters in a too rosy light. There have been two distinct objections on our part. 1. The wild analysis that was being spread. This will now improve after the Berlin analyses, though only in part (because of the large number of workers of poor quality). 2. The professional one, that the relation between medical and lay workers is exact opposite of what it should be, and this will remain so while the director is a lay person (Miss Turner, assisted by Miss Sharp). We have to think carefully before we throw the aegis of our prestige over an institution that can do psa more harm than good in the eyes of the outer world. We should be more inclined to do so if the workers there were prepared to make the slightest concession on their part, or even to enter into some contact with us, which so far they have absolutely refused to do.

Wien.

Rank's idea of a Centralstelle for literature is excellent and highly important. I do not know a better available person than Reik, though I doubt if he has sufficient business-like qualities (reliability, thoroughness, exactness) to be quite satisfactory.

Jenseits is being translated by Miss Hubback[8], the translator of Rank's works. She is exceedingly good. The inquiry for children's material might be sent to Forsyth, Bryan, Mrs Riviere & Miss Low, though it is hardly necessary since I have already announced the matter at a meeting & will do so again.

With cordial greetings to all

Ernest Jones.

---

[7] Vgl. RB 28.10.1920/W.

[8] Mrs. Hubback hatte bereits Freuds Arbeiten *Das Motiv der Kästchenwahl* und *Mythologische Parallele zu einer plastischen Zwangsvorstellung* übersetzt; vgl. Freud (1913f), (1916-17b). Die Übersetzung von *Jenseits des Lustprinzips* erschien 1922 mit einem Vorwort von Ernest Jones.

24.11.1920/B
[Briefkopf: *International Psycho-Analytical Association*][1]

Berlin, 24.11.20
Nr. 8
Antwort auf London Nr. 7[2]
Wien & Bud. fehlen

Liebe Freunde,
Eine Änderung in unsrer Korrespondenz erweist sich immer mehr als notwendig. Nur London liegt zur Beantwortung vor. Bud. ist nicht eingetroffen. Wien erst gestern Abend an Eitingon, heute Vormittag an Sachs gelangt, der mir den hauptsächlichen Inhalt telefonisch mitteilte. aber ein wirkliches Vereinbaren der Antwort unter uns dreien ist das noch nicht! Vor einigen Tagen hatten wir eine Com.-Zusammenkunft[3] und machen folgenden Vorschlag:
Wir akzeptieren die Idee von Jones, wonach alle am gleichen Tage schreiben. Eine Verlegung des Tages für Berlin allein hätte zwar den Wert, daß wir den Wiener Brief z. B., den wir am Mittwoch manchmal nicht beantworten können, am Freitag wohl erledigen könnten. Aber damit wäre nichts andres erreicht, als daß wir nun den Londoner Brief jedes Mal im letzten Augenblick, nach Redaktionsschluß erhalten würden. Wir konnten also den am Montag in L. geschriebenen Brief erst am Freitag der nächsten Woche beantworten!
Die hauptsächlichste Schwierigkeit aber liegt für uns in dem zu engen Spielraum einer Woche! Schon früher setzte ich auseinander, daß die Zirkulation der ankommenden Briefe und des abgehenden in dieser Frist nicht möglich ist. So bleibt uns nur ein Vorschlag übrig: die Woche durch die Dekade zu ersetzen, denn ein 14 tägiger Abstand erscheint zu lang. Wir denken uns die Sache also künftig so, daß alle jeden Monat etwa am 1., 11., & 21. (oder an drei anderen zu verabredenden Tagen schreiben. Wir bitten um baldigen, hoffentlich zustimmenden Bescheid. Den nächsten Bericht versenden wir natürlich noch in der alten Weise.

---

[1] Maschinenschriftlicher Brief.
[2] RB 16.11.1920/L.
[3] Eine Zusammenkunft der drei Berliner Mitglieder: Abraham, Eitingon und Sachs.

Vom letzten Male schulden wir noch eine Äußerung über die Frage des Schriftführer-Amtes in unserer Gruppe.
Daß ein Personalwechsel die einfachste Lösung wäre, war auch uns klar. Sachs, welcher Liebermann analysiert, äußert sich wie folgt:
L. steckt tief in seiner Neurose, besonders in einem heftigen Übertragungswiderstand gegen Abraham, der ihn früher behandelte. Jedes einen Tadel auch nur andeutende Wort von diesem würde nur den stärksten Affekt auslösen, ohne etwas zu nützen. L's gesamten Lebensverhältnisse sind schwer zerrüttet. Zu der Neurose, die prognostisch sehr ungünstig aussieht, kommt nun in letzter Zeit der ernste Verdacht eine Carcinoma recti[4] hinzu. L. sieht sehr elend aus. In solcher Lage kann man einen Menschen nicht drängen, ebensowenig aber ihn seiner Stellung entsetzen.'
Eitingon, der L's Frau behandelt, schließt sich dieser Auffassung an. Er kennt die Verhältnisse ebenfalls genau.[5]
Wenn also für die Dauer ein Zustand wie der jetzige auch nicht haltbar ist, so können wir ihn doch in diesem Augenblick nicht ändern. Wir schlagen Rank vor, alle Anfragen den Comité-Briefen beizufügen. Einer von uns dreien wird sie dann schnellstens beantworten.
An Rank: die Auskunft nach Köln ist im gewünschten Sinne erteilt.[6]
Als zweite Rate für die Beispielsammlung füge ich dem Wiener Brief ein Blatt bei. Veröffentlichung in der Zeitschrift würde sich wohl lohnen. Andres Material an eignen Beobachtungen habe ich reichlich, aber meine Überlastung ist so groß, daß ich nicht zur Niederschrift komme. Etwas besser wird es in 14 Tagen, wenn mein Kurs vorüber ist, der jetzt meine Abendstunden in Anspruch nimmt.
Mit herzlichen Grüßen von uns dreien.

Abraham

---

[4] Darmkrebs.
[5] Vgl. Max Eitingon-Sigmund Freud vom 4.2.1921 (LoC).
[6] Bezug konnte nicht geklärt werden.

25.11.1920/W
[Briefkopf: *International Psycho-Analytical Association*]¹

Wien 8
am 25. November 1920

Liebe Freunde!
Wie bestätigen den Empfang von Berlin und London No. 7², Budapest No. 7³ ist leider infolge der bedauernswerten Erkrankung von Ferenczi ausgeblieben. Auch wir, lieber Ferenczi, möchten gerne Näheres wissen und öfter hören, wie es Dir geht? Hoffentlich bist Du bald so wohl, daß Du ein bißchen ganz ausspannen und vielleicht einen »Rutscher« nach Wien machen kannst? Das wäre doch sehr schön!
Was die Frage der Brieftage betrifft, so ist gegen Jones Vorschlag daß alle die Briefe sagen wir am Montag abschicken, nichts einzuwenden, falls auch Berlin sich diesem Vorschlag anschließen sollte; bis dahin schreiben wir wie bisher.
ad London: Prof. bittet Jones, gelegentlich an Stanley Hall die Nachricht weiterzugeben, daß der Professor schon seit mehreren Jahren vor dem Kriege (und natürlich auch während des Krieges) keinen Brief von Hall bekommen hat. –
Den Vorschlag von Jones, das englische Journal den Bibliotheken der Gruppen vom *Verlag* aus zu schicken, akzeptieren wir gerne (die Poliklinik (Berlin) und Budapest erhalten es ohnehin schon). Der Prof. ist auch bereit, von seinen neuerschienenen Büchern je eines den Vereinsbibliotheken zu spenden.
Strömme ist uns insofern bekannt, als er sich vor vielen Jahren (schon vor dem Kriege) an den Professor wandte und um Überlassung von Literatur (Bücher und Arbeiten des Prof.) ersuchte, die ihm damals auch geschickt wurden. Dann ließ er lange Zeit nichts mehr von sich hören – vermutlich war er damals bei Jung – bis er plötzlich zu Beginn des Krieges eine Arbeit über Psa. einschickte, die aber ganz Jungisch war. Diese Arbeit blieb bis nach dem Krieg in unserer Redaktion liegen, dann schickten wir sie

---

¹ Maschinenschriftlicher Brief.
² RB 16.11.1920/L und 17.11.1920/B.
³ Ferenczi numeriert seinen nächsten RB vom 25.11. mit Nr. 7, während die anderen Komiteemitglieder bereits Nr. 8 verschickten.

als unbrauchbar für uns zurück. Gehört haben wir weiter von Strömme nichts. –
Anläßlich des Todes Flournoys hatte der Prof. Gelegenheit, der Familie privat zu kondolieren. – Pfister sandte uns gestern einen Zeitungsausschnitt mit einem Nachruf auf F. mit Würdigung seiner Bedeutung für die Psa. Wir ersuchten ihn um einen kurzen entsprechenden Nachruf[4] für die Zeitschrift, der eventuell auch im Journal erscheinen könnte. –
ad Berlin: Wir bedauern es sehr, daß unsere Meinungsäußerungen zu irgend einer Sache manchmal ohne jeden Grund gleich als Parteinahme aufgefaßt werden (wie z. B. auch in der Brunswick-Angelegenheit). So war es auch mit Frost und Pietsch. Als wir von diesen beiden Fällen aus dem Rundbrief von Jones erfuhren, meinten wir nur, daß man unserer Ansicht nach diese Außenseiter nicht so behandeln sollte, wie es <u>nach der Urgenz von Jones</u> der Fall schien. Wir knüpften dann nur daran die Bemerkung, daß wir Liebermanns Sekretärtätigkeit auch uns gegenüber zu bemängeln hatten, welche Beschwerde immer noch aufrecht bleibt, auch wenn sich in den beiden anderen, von Jones bemängelten Fällen, seine Unschuld herausgestellt hat.[5] –
Was meine Ungeduld betrifft, an der ich tatsächlich als Geburtsfehler leide, so gebe ich diese ebenso zu wie meine Überarbeitung. Trotzdem war meine Urgenz im Falle Kolnai-Übersetzung kein Ausdruck dieser meiner Ungeduld, sondern im Gegenteil einer großen Geduld. Indem ich nahezu drei Wochen wartete, bis ich anfragte; und auch da entsprang meine Fra-

---

[4] Pfister (1921b).

[5] Gleichsam als Reaktion veröffentliche Rank folgende Notiz: »Prof. Dr. Walter F r o s t in Bonn, der seit einiger Zeit Vorlesungen über Psychoanalyse hielt, wurde zum ordentlichen Professor der Philosophie an die Universität Riga berufen. An der Universität Riga liest bereits seit einiger Zeit Dr. S c h n e i d e r aus Bern, Mitglied der Schweizerischen Gesellschaft für Psychoanalyse, ein dreistündiges Jahreskolleg: Die Seele des Kindes. Entwicklung, Bildung, Erkrankung und Heilung. (Auf psychoanalytischer Grundlage.) Im Seminar wurden im Semester Jänner bis Juni 1920 Freuds »P s y c h o p a t h o l o g i e d e s A l l t a g s l e b e n s« gelesen und entsprechende Übungen angeschlossen. Im Semester September bis Weihnachten wurde die »T r a u m d e u t u n g« behandelt. Sie wird im folgenden Semester Jänner bis Juni, fortgesetzt«; vgl. *IZP* 7(1921), S. 107.

ge nicht einer quasi-goetheschen »Lust am urgieren«[6] – was mir immer nur Arbeit macht – sondern rein praktischen Gründen: ich hatte nämlich das Buch wie alle deutschen Publikationen, nach London geschickt und erhielt nun weder von dort noch Berlin Nachricht, so daß ich besorgt wurde, es könnte am Ende vielleicht eine Doppelübersetzung gemacht werden. Da ich aber auch auf meine erste Urgenz von Abraham keine Antwort erhielt, schrieb ich ein weiteres mal im Rundbrief. Nach der jetzigen Aufklärung muß ich natürlich annehmen, daß eine bezügliche Nachricht von Dir, lieber Abraham, in Verlust geraten ist, denn die einzige Nachricht in der Angelegenheit Kolnai die ich überhaupt von Dir erhielt, war eben die in der Antwort auf meine Rundbrief-Urgenz. Wie richtig übrigens meine Besorgnis war, geht daraus hervor, daß ich dann plötzlich Nachricht erhielt, in London sei die erste Hälfte des Kolnai-Buches bereits übersetzt, wovon ich keine Ahnung hatte!

Da wir nach der Diagnose von Abraham alle ein bißchen analerotisch sind, wäre es nicht unmöglich, daß wir auch alle ein bißchen überarbeitet und überreizt sind und ich schlage vor, bei unserer nächsten Zusammenkunft ein Friedensmahl zu veranstalten, bei dem einer der Urheber unserer Diskussion in der Form von »Peaches« verspeist werden soll; allerdings muß ich gestehen, daß diese erst durch ihre Kombination mit »Melba« zu meiner Lieblingsspeise werden. (Ob der Professor dies auch »unterschreiben« kann, weiß ich allerdings während des Tippens noch nicht.)

Die angekündigte Bestellung Abrahams auf Bücher für die Kursteilnehmer bringt mich auf die Idee, in der Poliklinik ein kleines, aber ständig auf dem Laufenden erhaltenes Bücherlager psa. Literatur zu unterhalten, dessen Überwachung vielleicht Sachs so liebenswürdig sein würde zu übernehmen. In der nächsten Woche werden der Poliklinik jedenfalls eine größere Anzahl unserer Verlagsprospekte zugehen, die dort aufliegen könnten. Zu diesem Vorschlag erbitten wir die Äußerungen des gesamten Triumvirats!

Von uns selbst ist diesmal nicht viel zu berichten: Kolnai[7] ist bereits im Buchhandel, die 7. Aufl. der Psychopathologie[8], das Buch von Pfister[9],

---

[6] Anspielung auf Goethes: »Vom Vater habe` ich die Statur/ Des Lebens ernstes Führen/ Vom Mütterchen die Frohnatur/ Und Lust zu Fabulieren...« (Zahme Xenien VII).

[7] Kolnai (1920).

Jenseits des Lustprinzips[10] und das 4. Heft der Zeitschrift[11] sind unterwegs und werden sehr bald versandt werden können. –
Im Anschluß an unseren letzten Vorschlag (wegen ungar. Traumdeutung) machen wir Ferenczi den weiteren Vorschlag, auch seine Bücher jetzt schon mit ihren Neuauflagen in unserem *Verlag* zu übernehmen, ohne Rücksicht darauf, ob die Sache mit Kola zustande kommt oder nicht. Von Neujahr angefangen sind wir bereit, sofort mit dem Satz dieser Werke zu beginnen und bitten Dich, l. Ferenczi, bis dahin vorzubereiten, was Dir möglich ist. – Auch die Übersetzung des Tagebuches bitte zu beschleunigen. –
Die ergänzende Literatur an die einzelnen Jahresbericht-Ref., sowie an die angegebenen Referenten habe ich Sonntag mit den entsprechenden Begleitbriefen abgeschickt und als Termin Ende des Jahres angegeben.
Die seinerzeit beschlossenen Monatsbriefe an die Vereinigungen Schweiz und Holland schicke ich morgen zum erstenmal ab und bitte Jones seinerseits auch die entsprechenden die Vereinsangelegenheiten betreffenden Brief zu verschicken. –
Die Berliner möchten wir daran erinnern, daß wir Wert darauf legen würden, über die Tätigkeit der Poliklinik einen Jahresbericht zu veröffentlichen, sei es in Broschürenform (als Beiheft zur Zeitschrift) oder zumin-

---

[8] Von Freud (1901b).
[9] Pfister (1920).
[10] Freud (1920g).
[11] Inhalt: A) Originalarbeiten: Boehm, F: Beiträge zur Psychologie der Homosexualität. Groddeck, G.: Eine Symptomanalyse. Flournoy, H.: Quelques rêves, au sujet de la signification symbolique de l'eau et du feu. B) Mitteilungen. – Beiträge zur Traumdeutung: 1. Róheim, G.: Die Urszene im Traume. 2. Bernfeld, S.: Zwei Träume von »Maschinen«. 3. Voyeur-Traum einer Patientin. 4. Weiß, K.: Ein Pollutionstraum. 5. Friedjung, J. K.: Weckträume. 6. Krauss, F. S.: Ein Traum König Karls. 7. Reik, T.: Völkerpsychologische Parallelen zum Traumsymbol des Mantels. 8. Zum Thema »Traum und Nachtwandeln«. 9. Hofmann, W.: Joh. Heinr. Pestalozzi und der Traum. 10. Bovet, P.: Victor Hugo über den Traum; Blumenthal, W.: Das Entwertungsprinzip in den menschlichen Liebesbeziehungen; Goja, H.: Halluzinationen eines Sterbenden; Eisler, M. J.: Über autoerotische Mitbewegungen bei Onanie; Spielrein, S.: Verdrängte Munderotik; Hárnik, J.: Ägyptologisches zu Leonardos Geierphantasie. C) Kritiken und Referate. D) Korrespondenzblatt (mit Kongreßbericht).

dest im Rahmen der Zeitschrift. Dieser Bericht wäre natürlich erst nach Ablauf des ersten Arbeitsjahres möglich.[12]
Endlich möchten wir nicht versäumen zu bemerken, wie wohltuend in den Rundbriefen hie und da eine wissenschaftliche Bemerkung wirkt und der Hoffnung Ausdruck geben, daß diese einen immer breiteren Raum in unserer Korrespondenz einnehmen werden. –
Wir werden – vielleicht ab Neujahr – in dieser Richtung insofern einen Schritt tun, als wir regelmäßig die Einläufe an Manuskripten für Redaktion und *Verlag*, mit eventuellen Bemerkungen dazu, anzeigen werden.
Ebenso hoffen wir bis dahin so weit zu sein, um regelmäßig dem Wochenbericht auch eine Liste sowohl der neuerschienenen deutschen Bücher auf unserem Gebiet als auch besonders eine Liste der zur Besprechung eingegangenen Werke vorzulegen.
Mit herzlichen Grüßen
Rank Freud

---

[12] Ein solcher Bericht erschien dann tatsächlich 1922 in der *IZP*; vgl. Eitingon (1922).

25.11.1920/Bp
[Briefkopf: *International Psycho-Analytical Association*]¹

angekommen: B.   bis incl. 7.   Budapest, d. 25. Nov. 1920
W.   "   "   7.   7. Bericht
L.   "   "   7.

Liebe Freunde,
Vor allem: entschuldigt, daß ich als erster die Kontinuität unseres Briefwechsels stören mußte. Wie ich schon andeutete, fühlte ich mich eine Zeit lang ziemlich unwohl. Es scheint, daß ich die zehnstündige Arbeit nicht gut vertrage; seitdem ich drei Stunden weniger arbeite, bin ich viel wohler.
Ad Berlin 7.²
Herzlichen Dank für das Interesse, daß Du, l. Abraham meinen persönlichen Angelegenheiten entgegenbringst. Die Frage des Domizilwechsels ist nicht akut. Die ps.an. Praxis scheint sich hier wieder heben zu wollen, so daß ich auch die übrigen Kollegen versorgen kann. Allerdings verdiene ich mir großer Mühe nur das zum Leben notwendigste. Aber die von Dir vorgebrachten Argumente (besonders die Rücksicht auf die Sache der ψα in Ungarn) wirken auch bei mir stark gegen den Plan des Ortswechsels. Übrigens erhielt ich unlängst von Brill, den ich vor längerer Zeit einmal schrieb, eine recht warme Einladung nach New York wo er mir alle materielle und moralische Unterstützung zusichert. Auf diese Idee würde ich aber nur im äußersten Falle eingehen.
Was mir eigentlich fehlt, kann ich nicht sagen; es bestehen Darmstörungen, Schlaflosigkeit und zeitweise Herzbeschwerden. Letztere vielleicht nur sekundär.

Bezügl. der romanisch-sprachigen Länder teile ich Abrahams Meinung. Das polit. und persönl. Verhältnis der Italiener und der Franzosen ist das denkbar schlechteste, es wäre sehr unangebracht, sie zur Gründung eines

---

[1] Handschriftlicher Brief.
[2] RB 17.11.1920/B.

gemeinsamen Journals zu zwingen. Eher ginge es mit einer Gemeinsamkeit zw. Italien und Spanien.

Ad Wien 6.[3] Sammelbrief f. Kinderbeiträge wurde im Verein vorgelesen; alle Anwesende versprachen Beiträge, zu deren Eintreibung Eisler beordert wurde.

Ad *Verlag*: Ich sehe, daß Deuticke neuestens meine »Introjektion«[4] um 2,50 M. und zwar als Separatabdruck aus dem Jahrbuch ankündigt. Es scheint, daß er (ohne mich zu verständigen) einen Neudruck veranstaltet. Auch den Preis ändert er ohne meine Befragung.

Wien 7:[5] Ich glaube, daß es mit der Wiener Herausgabe der ung. Traumdeutung gehen wird. Mit den diplomatischen Verhandlungen (mit Dick) betraute ich seinen Hausarzt Dr. Lévy.[6] Im nächsten Bericht will ich hierüber näheres mitteilen.
Das wertvolle Manuskript des »Vorstadtkindes«[7] kann ich leider von einem Journalisten, dem, ich es zur Übersetzung übergab, nicht herausbekommen. Ich will alles Mögliche tun, um wieder in seinen Besitz zu gelangen.
Für Rank: Bibliographie-Ergänzungen dankend erhalten. Schreibe demnächst an Dich direkt.

---

[3] RB 11.11.1920/W.
[4] Ferenczi (1909).
[5] RB 18.11.1920/W.
[6] Lajos Lévy (1875-1961). Internist, Gründungsmitglied der »Ungarländischen Psychoanalytischen Vereinigung« 1913. Chefarzt mehrerer Krankenhäuser in Budapest, zuletzt Direktor des Jüdischen Krankenhauses. Herausgeber der Zeitschrift »Heilkunde«, in der die ersten psychoanalytischen Arbeiten in ungarischer Sprache erschienen. Mitte der fünfziger Jahre wanderte Lévy nach Großbritannien aus; vgl. Harmat (1988), S. 120.
[7] Vgl. RB 30.10.1920/Bp.

Ad London 6.[8] Mit vorgeschlagener Lösung der Festschriftangelegenheit bin ich einverstanden. Auch die wieder gleichzeitige Absendung der Briefe (eher an den Montagen) halte ich für gut.
L. 7:[9] Im Namen der Bp. Gruppe danke ich für die Überlassung eines Exemplars vom »*Journal*«. Bezüglich der ung. Universitäten muß ich bemerken, daß jetzt in Bp. 3 Universitäten untergebracht sind: 1) Budapest, 2) Pozsony (Reschova) 3) Kolozwa (Klausenburg); außerdem existiert eine Universität in Debreczen.[10]
An Jones: Du sprachst von »Dollars«, die ich aus Amerika für die II. Aufl. bekommen soll. Veranlasse bitte, daß das Geld durch die American Relief Administration in London (Grosvenor Gardens) an Mrs. Elma Laurvik[11] als Dollar-Cheque geschickt wird; Adresse: Budapest (in der American Relief Administration IV. Vaczi utca 31.) (Elma arbeitet in dieser Administration bei Mr. Bowden[12]). Per Post würden ihr nur Kronen ausgezahlt. Um wieviel Dollars handelt es sich übrigens?
Ad Wien: (Nachträglich): Frau Cosma Bey ist jetzt nach einer Operation krank. Sie wohnt im Schönbrunner Park-Hotel. Rank kann sie einfach fragen, ob sie sich zu jener Arbeit geeignet hält. Ich bezweifle es.
Viele Herzliche Grüße an Euch alle
von

                          Ferenczi

Für das Diskussionsthema: Gedankenübertragung stimme ich natürlich unbedingt. Es ist viel besser, wenn solche Fragen von uns, als wenn sie von Fremden angeschnitten werden.

---

[8] RB 9.11.1920/L.
[9] RB 16.11.1920/L.
[10] Die Universität in Debrecen war 1914 aus einer reformierten Hochschule entstanden.
[11] Elma Laurvik, geb. Pálos (1887-1970). Älteste Tochter Gizella Ferenczis. Kurze Zeit verheiratet mit dem schwedisch-amerikanischen Schriftsteller Hervé Laurvik; vgl. Freud (1993b), Bd. I/2, S. 234, Anm. 3.
[12] Konnte nicht identifiziert werden.

30.11.1920/L
[Briefkopf: *International Psycho-Analytical Association*][1]

L.9.
Nov. 30, 1920
Answer to W.7 & 8[2], Berl. 8.[3]

Dear Friends:
I sincerely hope that Ferenczi's indisposition is only slight, and am anxious to hear some news of him. If his wife writes, no doubt the report will be circulated, but better still will be to hear a word from Ferenczi himself.
I note that Berlin & Vienna accept the suggestion of a fixed day for writing. There is no doubt that Abraham is right in pointing out that seven days is too short, for if this is true for Berlin, the centre of the four, it is still truer for London & Budapest at the periphery (though we have the advantage of having only one member each, which saves time). The disadvantage of writing every ten days is that the date will often fall on an evening when one is otherwise occupied, society meeting, lecture, etc, so that we must decide either to agree that the date is only approximate, i.e. that sometimes it will be a day late, or else lengthen the period to 14 days which could always be kept regularly. Will members please give their opinion on this. Personally I vote for the latter course. One could then always arrange to give a full evening, and could extend the circular to scientific purposes, as suggested in W.8, which I should very warmly welcome. In any case there must always be supplementary letters, as at present.
About Berkeley-Hill's Mahomet I have asked Professor for instructions in a private letter, but should also like to hear Abraham's comments.
Wien. I did not suggest that the Journal be sent to all Society libraries, but only to Berlin, Budapest & Vienna, as their Valuta makes English writings unobtainable for them (which is not so in Holland, etc).
I had already written to Holland & Switzerland some time ago, proposing a monthly letter, but have as yet had no answers.

---

[1] Maschinenschriftlicher Brief.
[2] RB 18.11.1920/W und 25.11.1920/W.
[3] RB 24.11.1920/B.

About the relation of the *Press* to Kola: I had no doubt that you have no intention to change the present situation, but I had the fear that facts themselves may have this effect (also that difficulties may arise with our Government), and so wished to know how you propose to deal with these problems, and to discuss them with you. Since, however, all you can say is that they are not spruchreif, there is nothing to be done. I do not feel that I shall have any longer the time to give to the business side of our activities, especially now that the editing work increases so much, so some other solution must be found. What so you think of making Hiller Director of the *Press*, that is, if, as I understand from you, you wish it to continue further as a British firm legally?

The difficulty already about the translations and abstracts, and the serious danger of duplication of work, shows again the importance of what I previously insisted on, that such work can only be organised in one place, so that one person shall know exactly what is being done and how the work is being distributed. I understand that I am responsible for the English edition, so beg that I be notified first before arrangements are made elsewhere about such work. Any other system would not only prove cumbersome and time-robbing, but would be sure to result in complications.

Berlin. I was very sorry to hear the sad news about Liebermann. No doubt we shall hear later how he goes on.

Sachs. Besides the Cohen[4], I have just sent you a book by Mordell[5] to review. Please deal gently with it.

With best wishes to all

yours
Ernest Jones.

---

[4] Es ist nicht klar, welches Buch gemeint ist.
[5] Mordell (1919).

1.12.1920/B
[Briefkopf: *International Psycho-Analytical Association*][1]

Berlin, am 1.12.20
Nr.9
Antwort auf L. & W. 8.[2]
Bud. 7 & 8[3] fehlen.

Liebe Freunde,
Zunächst müssen wir unser Bedauern Ausdruck geben, daß Du, l. Ferenczi, noch durch Krankheit an der Korrespondenz gehindert bist. Leider können wir nichts anderes für Dich tun, als Dich auf diesem Wege mit etwas Lektüre versorgen!
Wir hoffen, daß unser Vorschlag (10tägige Korrespondenz) baldige Zustimmung findet. Haben wir etwas mehr Spielraum, so werden die uns allen lieb gewordenen Berichte zweifellos reichhaltiger werden, vor allem im Sinne von Rank's Anregung auch Wissenschaftliches enthalten können.
Die Frage der Festschrift ist nicht mehr erörtert worden, also allseitig aufgegeben. Ich (Abr.) erlaube mir einen Ersatzvorschlag: wenn wir uns zur Comité-Sitzung treffen, sollte jeder von uns einen wissenschaftlichen Beitrag bereithalten. Mit dieser Erweiterung des Inhalts der Com.-Sitzungen werden Sie, l. Herr Prof., sicher einverstanden sein, und diese Form eines Geburtstagsgeschenks trägt wohl auch einen möglichst inoffiziellen Charakter. Und sollten Sie sich auch hierdurch noch bedrückt fühlen, so sind wir alle bereit, sofort ein Gastgeschenk in Gestalt eines Vortrages von Ihnen entgegenzunehmen!
Ad Jones: Frau Dr. Herford bleibt bis Weihnachten hier. Ich habe ihr wiederholt auseinandergesetzt, wie die Chancen für sie in Eurer Vereinigung liegen. Auch habe ich ihr erklärt, daß man sie ohne einen vollständigen, wissenschaftlichen Beitrag nicht aufnehmen werde. Auf ihren Wunsch habe ich ihr ein Thema vorgeschlagen, das sich aus ihrer eigenen PsA ergab (über die Geschwisterliebe). Sie arbeitet jetzt daran, selbstverständlich ohne meine Unterstützung.

---
[1] Maschinenschriftlicher Brief.
[2] RB 21.11.1920/L und 25.11.1920/W.
[3] RB 25.11.1920/Bp und 6.12.1920/Bp.

Betr. Frost: Auf den Brief, den Liebermann nach dem Kongreß nach Bonn sandte, ist keine Antwort gekommen. L. hat jetzt nochmals an Fr. geschrieben. Pfister, der mir kürzlich in anderer Sache schrieb, erwähnte, wir hätten Fr. zurückgewiesen, also hat sich Fr. wohl bei ihm beklagt.
In der Sache Pietsch liegt doch eine Unterlassung von L. vor, was mir sehr peinlich ist. P. erwähnte nämlich in seinem Brief, daß er mir schon im August geschrieben habe. Ein solcher Brief ist nicht an mich gelangt. Um so unangenehmer ist es nun, daß der zweite mit erheblicher Verzögerung beantwortet wurde. Durch die im letzten Schreiben erwähnten Maßregeln hoffen wir in Zukunft wieder die altpreußische Ordnung herstellen zu können.
Ad Wien: Ein Jahresbericht der Poliklinik soll seinerzeit geliefert worden. – Am kommenden Sonntag veranstalten wir auf Anregung unseres Mitgliedes Boehm in dessen Wohnung einen Wohltätigkeits-Tee zu Gunsten der Polikl. unter Mitwirkung bedeutender Künstler. Der Reinertrag darf schon jetzt auf über 2000 M. geschätzt werden.
An Rank: Eine Karte von mir in der Sache Kolnai muß verloren sein.
Die Idee eines kleinen Bücherlagers war auch mir schon gekommen. Das Projekt müßte bald zur Ausführung kommen, da das Interesse lebhaft ist. Wünschenswert wäre, wenn auch die bisher nicht vom *Verlag* übernommenen Schriften des Professor zugesandt werden könnten. Ich hatte heute keine Gelegenheit mit Sachs wegen der Übernahme des »shop« zu sprechen, bin aber überzeugt, daß er einverstanden ist, sonst hätte er mir telephoniert, daß er ablehnt.
Zur Aufnahme meldete sich kürzlich bei uns ein Dr. W. Blumenthal.[4] Da er niemanden im engeren Kreise bekannt war und keine Angaben über Vorbildung machte, fragte ich ihn an und erfahre von ihm, daß eine Arbeit von ihm für eine der nächsten Nummern der Zeitschrift angenommen sei (Über die Entwertungstendenz im Liebesleben[5]). Wie ist die Arbeit? Sehr wünschenswert wäre schon wegen solcher Vorkommnisse die Mitteilung über eingegangene Manuskripte, wie Rank sie vorschlägt.
Mit herzlichen Grüßen

Abraham

---

[4] Willy Blumenthal veröffentlichte später u.a. eine kleine Monographie mit dem Titel *Liebender Geist;* vgl. Blumenthal (1926).
[5] Blumenthal (1920).

Dieser Brief wurde Eitingon telephonisch mitgeteilt. Sachs war heute Abend nicht erreichbar.

[Handschriftlicher Nachtrag von Abraham]:
Soeben teilt Eitingon das Eintreffen eines Briefes von Ferenczi mit. Für Rank anbei wieder einige Kinderbeispiele. Ich habe sie so geschrieben, daß sie bequem auseinandergeschnitten werden können.

A.

5.12.1920/W
[Briefkopf: *International Psycho-Analytical Association*][1]

Wien 9
5. Dezember 1920

Liebe Freunde!
Wir bestätigen den Empfang von Budapest 7, Berlin und London 8.[2] Was die Korrespondenztage betrifft, so sind wir, wie bereits erwähnt, der allgemeinen Meinung, daß alle Briefe am gleichen Tage regelmäßig abgehen sollen. Der Berliner Dekanden-Vorschlag erscheint uns jedoch wegen des damit verbundenen stetigen Wechselns der Wochentage nicht besonders zweckmäßig; wir sind für Fixierung eines bestimmten Wochentages, an dem alle Rundbriefe gleichzeitig abgehen, und stellen die Wahl zwischen dem bereits genannten Montag (an welchem dieser Brief bereits abgeht) oder einen anderen zu fixierenden Wochentage. –
ad Budapest: Bei Deuticke besteht kein Verdacht einer unreelle Handlungsweise beim Verkauf der Introjektion-Broschüre; auf eine Preiserhöhung hat der Autor keinen Einfluß, partizipiert jedoch daran, wenn es sich um einen Kommissionsvertrag handelt.
Von hier ist folgendes zu berichten:
Bibliothek Heft (Pfister)[3] und 9 (Kolnai)[4] sind erschienen; an 10 (Abraham)[5] wird fleißig gesetzt und bald fertig. Ferner erschienen vom Professor Jenseits des Lustprinzips, Alltagsleben, 7. Aufl., Totem 2. Aufl., Vorlesungen 3. Aufl. bei uns. Deuticke verspricht die seit einiger Zeit vergriffene Neuauflage (die 6.) der Traumdeutung für Januar. Nachdem wir die in unserem Verlag erschienenen Werke des Professors zur spanischen Übersetzung überlassen haben, hat nunmehr auch Deuticke die übrigen Werke demselben Verleger verkauft, der eine Gesamtausgabe in spanischer Sprache veranstalten will. Wir haben Levi-Bianchinis italienische Bibliothek, von der bisher zwei Hefte (Freud, Fünf Vorlesungen und Über den Traum) erschienen waren, in unseren Verlag übernommen und beginnen bald mit dem Druck der nächsten Nummer (Rank, Mythus der

---

[1] Maschinenschriftlicher Brief.
[2] RB 21.11.1920/L, 24.11.1920/B und 25.11.1920/Bp.
[3] Pfister (1920).
[4] Kolnai (1920).
[5] Abraham (1921).

Geburt d. Helden), welche bereits seit der Zeit vor dem Krieg in Übersetzung fertig liegt; dann folgt rasch die Drei Abhandlungen.
The British Journal of Psychology gibt jetzt auch eine »Medical Section« heraus, von der die erste Nummer (mit Datum October 1920) jetzt erschienen ist. Herausgeber ist Mitchell[6] (associate member der Londoner Gruppe), Mitredakteure Jones und Rivers (auch associate m., sowie Constance Long[7] (Jungianerin). Die erste Nummer bringt eine ganze Anzahl psychoanalytischer Arbeiten, worunter zu unserer Überraschung auch eine Arbeit von Jones, die gleichzeitig in der 2. Nummer unseres Journal zum Abdruck kommt (No. 2 des Journal ist gestern versandt worden). Von Mitarbeitern aus unserer Gruppe ist eine in der 1. Nummer noch vertreten: Mrs Riviere und Stanford Read. Ferner enthält die Nummer ein ausführliches Referat unserer deutschen Zeitschrift. – Mitchell hat sich wegen Tausch mit unserer Zeitschrift an uns gewendet und ist bereit uns für unsere beiden deutschen Zeitschriften zwei Exemplare seines Journal zu schicken. Das zweite Expl. soll nach dem Vorschlage von Jones an Ferenczi gehen, dem ich aber nahelegen möchte, es auch weiter der Bibliothek der Poliklinik schicken, für die wir doch einen Bücherstock sammeln wollen.
Beim Jahresbericht scheint der Termin bis zum Dezember den meisten zu kurz und wir werden ihn wohl etwas verlängern müssen. Der junge Flournoy der sich selbst bereitwilligst für das ziemlich umfangreiche Ref. über französische Literatur angeboten hat, schreibt leider ab. Allerdings mit der triftigen Begründung, daß er in den nächsten Tagen mit einer Roten-Kreuz-Mission für mehrere Monate nach Japan und Sibirien gehe; er empfiehlt seinen Schwager Dr. Raymond de Saussure für diese Arbeit, dem er auch das bereits von ihm vorbereitete Material übergeben hat.
Bezüglich der zu errichtenden Referaten-Zentrale ist im Zusammenhang mit unseren Erwägungen die Idee aufgetaucht, diese in Berlin zu errichten, wobei Reik in diesem Falle gerne übersiedeln würde, wenn es sich machen ließe. Doch ergeben sich dabei noch verschiedene Schwierigkei-

---

[6] Thomas Mitchell war ein frühes Mitglied der Londoner Gruppe und gleichzeitig Präsident der *Society for Psychical Research*. Dort hatte er schon 1912 über Freuds Hysterie-Theorie referiert; vgl. Meisel & Kendrick (1985), S. 79.

[7] Constance Long (1870-1923). Die intellektuellste unter Jungs Schülern nach seinem Bruch mit Freud. In den Jahren vor ihrem Tod gewann sie jedoch Distanz zu Jung und seinem Werk; vgl. Noll (1997), S. 237-260.

ten. Der Prof. hat zunächst privat an Abraham[8] in der Sache geschrieben, daß die Antwort abgewartet werden muß.

Der Professor hat durch seinen Neffen[9] einen Antrag für Amerika bekommen, der ihn ab Anfang Jänner auf ein halbes Jahr dorthin verpflichten würde, zur Abhaltung von Vorlesungen und Behandlung von Patienten, bei einer garantierten Summe von 10.000 Dollars. Überfahrt und Aufenthaltskosten hätte der Professor aber aus dieser Summe selbst zu bestreiten gehabt. Diese Bedingungen schienen dem Professor unbefriedigend und er hat abgekabelt.

Mit diesem Rundbrief wollen wir schon einen literarischen Teil eröffnen und wären für entsprechende Mitteilungen auch dankbar, besonders Jones, wenn er den interessanten Teil seines redaktionellen Einlaufs, wie er ihn in seiner Korrespondenz mit mir anzeigte, auch den anderen zugänglich machte.

Wir erhielten eine Arbeit von Hattingberg über den nervösen Charakter[10], welche zwar die Einseitigkeit Adlers gut kritisiert, aber selbst in den Fehler verfällt, die Neurose auf dem Boden eines »neurot. Charakters« entstehen zu lassen; dieser n. Ch. wird gezeigt, wie er auf der Ambivalenz basiert, die doch bekanntlich ein primitiver (Wilder, Kind) aber doch kein neurotischer Charakterzug ist.

Ferner von Nachmansohn[11] (Zürich) die Analyse eines Falls von Homosexualität, auf Grund deren er die H. als Zwangsneurose auffassen zu

---

[8] Siehe Freud (1965a), S. 296.

[9] Edward Bernays.

[10] Hattingberg (1920).

[11] Max Nachmansohn. Promovierte 1916 in Bern zum Thema *Psychologie des mystischen Erlebens.* Aus einem Brief Freuds vom 6.6.1915 (LoC) an Nachmansohn geht hervor, daß dieser mit Pfister bekannt war und beabsichtigte, sich in Wien zum Analytiker ausbilden zu lassen. Dies konnte aber durch die Kriegsereignisse nicht realisiert werden. Bei der konstituierenden Sitzung der Schweizer Gesellschaft für Psychoanalyse (21.3.1919) hat er mitgewirkt. Ab 1921 ist er bei der Berliner Vereinigung und wird als »Dr. med. Nachmansohn (Königsberg); übernommen von der Schweiz« im Mitgliederverzeichnis aufgeführt. 1923 wird sein Austritt als »Dr. phil. Nachmansohn (Göttingen)« bekanntgegeben. Sein Buch »Die wissenschaftlichen Grundlagen der Psychoanalyse Freuds. Darstellung und Kritik« wird von Müller-Braunschweig als »ein Schulbeispiel, wie eine Kritik nicht sein soll«, rezensiert; vgl. Imago (1929), S. 135-142. Im Jahre

müssen glaubt.¹² Der Prof. machte ihn darauf aufmerksam, daß bereits Ferenczi diese irrtümliche Bezeichnung vorgeschlagen hatte. Die Analyse ist aber sonst sehr gut und interessant und hält sich von dieser Theorie doch frei.

Endlich eine reizende Kinderanalyse von Frau Spielrein, die bald veröffentlicht werden soll.¹³

Die Sammlung von Kinderbeiträgen für das Buch¹⁴ scheint erste Fortschritte zu machen und wir danken für die bisher eingegangenen Beiträge.

Endlich schließe ich diesmal den ersten bibliographischen Bericht an, der womöglich in den Ortsgruppen vorgelesen werden, oder dort zirkulieren soll (vermittels der Referaten-Sekretäre wären dann die betr. Fachreferenten auf die Arbeiten ihres Gebietes aufmerksam zu machen und die Ergebnisse der Umfragen zur definitiven Verteilung uns wieder einzusenden. Die Bibliographie geht auch an diejenigen vom Rundbrief ausgeschlossenen Gruppen: Holland und Schweiz.

Mit herzlichen Grüßen

Rank Freud

1933 veröffentlichte er *Die Hauptströmungen der Psychotherapie der Gegenwart* und 1937 das Werk *Wesen und Formen des Gewissens*.

[12] Nachmansohn (1922).
[13] Spielrein (1921).
[14] Vgl. RB 30.10.1920/Bp, Abschnitt 1, Verlag.

6.12.1920/Bp
[Briefkopf: *International Psycho-Analytical Association*][1]

Seit dem letzten Brief angelangt:
Lond. 8[2] u. W. 8[3], Berlin 8[4].
Bud. 8. am 6.XII. 1920

Liebe Freunde,
Es wird Euch wohl alle interessieren, daß ich mich bereits so ziemlich erholte und die – allerdings nur 7stündige – Arbeit gut ertrage. Freitag, am 10. reise ich auf 4 Tage zu meiner Mutter[5], die ihren 80. Geburtstag feiert. –
Ad B.: Abrahams Vorschlag (Briefwechsel dreimal im Monat, am 1., 11. u 21.) ist entschieden der beste der bisher angeregten.
Ad L.: Ich bin entschieden für das vom Prof. vorgeschlagene Disc.Thema (Telepathie). Die Erfahrungen hierüber machen sich immer auffälliger bemerkbar.[6] Auch dürfen wir dieses Thema nicht anderen überlassen (wie wir es mit den Steinach'schen physiolog. Experimenten[7] leider tun mußten)[8].
Ich bin überzeugt, daß die Psychoanalyse das Kristallisationszentrum einer neuen Weltanschauung bildet, das alle naturwissenschaftlichen und geisteswissenschaftlichen Gebiete zu einer Einheit zusammenfassen wird. Es ist gut, wenn die Vertreter der unverfälschten Psychoanalyse auf jedem Gebiete wenigstens die Direktiven für die Zukunft geben. Das vernachlässigte Gebiet der sog. »occulten« Phänomene dürfte eine ganze Reihe wichtiger Funde liefern, wenn es von den Ps.Analytikern bearbeitet werden würde. Z. B. den experimentellen Nachweis der Realität des Unbewußten.

---

[1] Handschriftlicher Brief.
[2] RB 24.11.1920/B.
[3] RB 25.11.1920/Bp.
[4] RB 25.11.1920/W.
[5] Rosa Fränkel, geb. Eibenschütz.
[6] Ferenczi war schon seit langem an parapsychologischen Fragen interessiert; vgl. z.B. Freud (1993a), S. 138f.
[7] Eugen Steinach.
[8] Vgl. dazu Sigmund Freud-Sándor Ferenczi, 3.12.1919 und Sándor Ferenczi-Sigmund Freud 17.12.1919 (ÖNB).

ad Wien: Mit Dick noch nichts erledigt. Ich höre, er machte Dr. Levy einen brieflichen Vorschlag, den ich aber noch nicht sah.
Von wissenschaftlichen Nachrichten ist aus dem Verein eine ausgezeichnete Analyse der Lagerlöff'schen »Herrenhofsage« von der Sokolnicka zu melden.[9] Als Sonderheft gut brauchbar. – Frau Klein hielt gestern einen guten kinder-pädagogischen Vortrag.[10] Sie dürfte Anfangs Jänner in Berlin ankommen und an der Poliklinik arbeiten, womöglich bald auch etwas verdienen. Sie ist sehr verläßlich. – Ich bereite eine kleine Arbeit zur Frage der Synästhesien vor. Ich vermute, daß die Synästhesien bei jeder künstlerischen Produktion eine Rolle spielen.[11] Wer kann mir dazu eine Bestätigung geben?
An Rank: Die Geldangelegenheit bitte ich im Sinne Landauers zu erledigen. Dank!
An Jones: Der Cheque ist angekommen, ist aber hier nicht auszahlbar. Bitte zahle das Geld in amerik. Valuta bei der americ. Relief-Administration, London, Grosvenor Gardens für Mrs. Elma Laurvik (americ. Rel.-Administration Member, Budapest IV, Vaczi utca 31) ein und bitte die Administr. es ihr zu senden. Vielen Dank für Deine Mühe! Deine Anweisung vernichte ich.
Herzlichste Grüße von Eurem

Ferenczi

---

[9] Eugenie Sokolnicka referierte am 21.11.20 über »Selma Lagerlöfs Herrenhofsage«; vgl. Sokolnicka (1921).
[10] Am 5.12.1920 referierte Melanie Klein einen »Beitrag zur frühinfantilen Analyse«; vgl. Klein (1921).
[11] Ferenczis Beitrag am 19.12.20 trug den Titel: »Unästhetisches zur Ästhetik«; vgl. Ferenczi (1921c).

7.12.1920/L
[Briefkopf: *International Psycho-Analytical Association*]¹

L.10
Dec. 7. 1920
Answer to Budapest 7² & Berlin 9³.

Dear Friends:

Ad Budapest:

It was a great pleasure to get again a letter from you and to hear that you are better. I hope you will soon be completely restored.

About the money question, I enclosed a private letter on Nov. 23 with a cheque and trust that will prove satisfactory as a solution.

Dining with Dr Weizmann⁴ the other night, the head of the Zionist Commission, I interested him in Róheim, and he promised to speak to Sir Alfred Mond's daughter⁵, a rich Jewess interested in anthropology, in his favour. If anything comes of it I will of course let you know at once.

He told me, by the way, that the interest in Psa in Palestine is very great, and that poor immigrants from Galicia, etc. arrive with no clothes, but with Marx' Das Kapital and the Traumdeutung under their arm!

Rank: Like Frau Dr Abraham, Bryan has found Kolnai⁶ too hard to translate although he was helped by a German. In addition to this difficulty I much doubt if the Psa value of the book is enough to warrant its appearing in our Library, especially when we have so much material waiting. The first two thirds of the book is very windy and badly arranged,

---

¹ Maschinenschriftlicher Brief.
² RB 30.11.1920/L.
³ RB 5.12.1920/W.
⁴ Chaim Weizmann (1874-1952). Seit 1903 Professor für **Biochemie in Manche**ster; 1920-1931 und 1935-46 Präsident der Zionistischen Weltorganisation; 1948 Mitbegründer und erster Präsident des Staates Israel.
⁵ Eva Violet Reading (geb. 1895). Tochter von Alfred Mond (1868-1930). Industrieller und Staatsmann, geboren in Farnsworth, Cheshire, Vorsitzender der Mond Nickel Co., von 1906 bis 1928 Member of Parliament, Arbeitsminister (1916 – 1921) und Gesundheitsminister (1922). Mitbegründer und später Vorsitzender der Imperial Chemical Industries Ltd. Obwohl Nichtjude waren er und später seine Tochter aktiv in der zionistischen Bewegung. vgl. *Encyclopaedia Judaica*. Jerusalem: Enzyclopaedia Judaica o.J., Bd. 12; »Mond, Alfred«, in: *Biography.com*. http://www.biography.com..
⁶ Kolnai (1920).

and the new ideas at the end would make a good article. But it would be a trouble for anyone to re-write it in this form, and I have the idea of simply printing a long review of it which my wife, with her knowledge of sociology and psa, would be able and willing to do. Then we could sell the translation rights to Unwin or someone else who could have the amusement of translating it. What do you think?

Hiller proposes to leave for Vienna on Dec. 15th, where he is evidently badly needed; I am sure he will prove invaluable there for the English work.

The newspapers have had a series of articles lately on psa, the tone being that since the value of this method is widely accepted it is important to avoid the harm done by enthusiastic amateurs, of whom there are hundreds in London now; most novelists seem to practice Psa. privately![7]

I find Abraham's idea excellent that each member of the Committee should appear with a Beitrag at our meeting, but would suggest that they be short ones destined rather to invite general discussion. By the way, it will not be long before we should begin to discuss whether we have a general Congress next year, for in that event we should give the Americans better notice than last time, as they have to book passages so early beforehand.

Flügel and I have drawn up a questionnaire to be sent to each Society, so as to enable us to make the report ordered by the Congress on conditions of membership, etc.

He read a paper last night before the Educational Section of the Brit. Soc. of Psychology.[8] Last week I was in the chair at a meeting of the Medical Section of that Society and had a warm duel with the defenders of Jung; I do not think the audience was in doubt as to which got the better of the discussion, and I hope it will clear the minds of doubters. But we are badly in need of a complete exposé of Jung's ideas and their point of departure, in fact and in tendency, from Psa.. You should remember that although it is all an alte Geschichte for us, never has a word of criticism appeared in England or America, so that it is difficult for the younger generation to orient themselves clearly on the matter and be able to answer at once the points raised by the Jungians. This is partly my own fault, for

---

[7] Vgl. dazu De Clerck (1994).

[8] Am 6. Dezember 1920 sprach Flügel vor der Educational Section der British Society of Psychology über **Psychoanalyse**; vgl. *IZP* 7(1921), S. 107.

in 1912-1913 I joined with you in conducting the fight in the Zeitschrift, which had logically to precede expositions abroad, and then. I was too »fed up« to go on with the matter, and after that came the war. But there is no doubt that it is a duty of our new Journal to help our beginners to clearness by thoroughly expounding the situation once and for all, perhaps also with Adler's ideas. The question is who has at the same time capacity and the taste for this unpleasant task?
With cordial greetings to all

yours
Ernest Jones

8.12.1920/B
[Briefkopf: *International Psycho-Analytical Association*][1]

                                      Berlin 8.12.20
Nr. 10.   Antwort auf Bud. 7[2]
                                            Lo. 9[3]
                    Wien 9[4] noch nicht angek.

Liebe Freunde,
Wir sind sehr erfreut, daß Ferenczi sich wieder an unserem Gedankenaustausch beteiligen kann. (Die Berichtsnummer Budapest wäre wohl mit den anderen wieder in Einklang zu bringen.)
Leider ist noch keine Einigung über die Korrespondenztage erzielt. Jones' Einwand gegen den 10tägigen Turnus kann ich nicht anerkennen. Wenn wir z.B. alle am 1. Dezember schreiben, so hat jeder innerhalb einer Woche wahrscheinlich die Briefe der anderen in Händen, das wäre also bis zum 18ten! Wenn nun der 21. der nächste Schreibtag ist, so hat man einen Spielraum von mehreren Tagen, und es macht nichts aus, wenn der 21. etwa durch eine Vereinssitzung oder sonst etwas besetzt ist. Es steht ja nichts im Wege, den Bericht schon einen oder 2 Tage früher fertig zu machen. Um endlich einen Beschluß zu ermöglichen, werden alle gebeten, im nächsten Brief abzustimmen, ob 10tägiger Turnus und die Daten 1. 11. 21. angenommen werden. Die Verlängerung des Intervalls ist sehr nötig, denn dieses Mal liegt nur der Londoner Brief vor! Der Budapester ist der vorwöchige und der Wiener fehlt.
An Jones: Sachs hat die Bücher erhalten.
Von Leipzig haben wir noch nichts gehört.[5]
Ich schulde Dir noch eine Auskunft über meinen Freund Amenophis.[6] Während ich jetzt, spät abends, diesen Brief schreibe gelingt es mir nicht, die Anfrage in einem Deiner früheren Briefe aufzufinden. Willst Du mir die Stelle noch einmal sagen oder die Frage wiederholen? [nachträglich

---

[1] Maschinenschriftlicher Brief.
[2] RB 6.12.1920/Bp.
[3] RB 30.11.1920/L.
[4] RB 5.12.1920/W.
[5] Gemeint ist die Gruppe um Hermann Voitel; vgl. RB 12.10.1920/L Abschnitt (4), 20.10.1920/B, 15.10.1920/W Abschnitt Verein.
[6] Gemeint ist Amenhotep (Amenophis) IV (Echnaton); vgl. Abraham (1912).

als Fußnote eingefügt:] Soeben finde ich die Anfrage in einem Wiener Brief, auf den Du Bezug nimmst. Ich kann mich für eine positive Antwort nicht entscheiden, da Amen. seinen Kampf gegen den Vater schon führte, bevor ihm eine seiner vier Töchter geboren war.
An Ferenczi:
Der günstige Eindruck des Dr. A. aus B. über welchen wir schon korrespondierten, bestätigt sich nicht bloß in Sachs' Analyse, sondern auch in seinen raschen Fortschritten, die man in der Unterhaltung mit ihm bemerkt. Es scheint, daß wir in Zukunft Gutes von ihm zu erwarten haben.
An Rank:
Sachs übernimmt das Bücherlager. Er bittet hinsichtlich jedes Buches, ob aus eigenem oder anderm Verlag, um präzise Angabe des von uns zu fordernden Verkaufspreises. Wir rechnen auf starken Absatz. Ein zu gründender Fonds soll jüngeren Anhängern der Psycho-Analyse die Anschaffung von Büchern erleichtern.
Von uns: In der letzten Sitzung sprach als Gast Privatdozent Dr. Obermann[7] aus Hamburg über das Problem der Religion & seine Bedeutung für die PsA. Der Vortrag gipfelte in der Feststellung, daß die Religionswissenschaft an einer Erkenntnis-Grenze angelangt sei, über welche hinaus ihr nur die PsA helfen könne.
Da von Wien und Budapest öfter Anfragen wegen Übersiedlung nach Berlin kommen, so möchten wir dazu eine allgemeine Bemerkung machen, welche vor einer zu günstigen Auffassung der Lage in Berlin warnen soll. Wir empfehlen die Übersiedelung nur denjenigen, die an ihrem jetzigen Wohnort ihr Leben nicht fristen können. Wer ein für die nötigen Bedürfnisse hinreichendes Auskommen daheim findet, sollte von der Übersiedelung im Allgemeinen absehen, denn mehr als dies haben wir Eingesessenen auch nicht! Bemerkt sei, daß ein Einzelner bei bescheidener Lebensweise etwa 2500 M. im Monat verbraucht. Selbstverständlich bitten wir doch, uns jeden in Frage kommenden Fall mitzuteilen, damit wir die besonderen Umstände prüfen können.
Rank schreibe ich in der Referate-Angelegenheit besonders.

---

[7] Wahrscheinlich handelt es sich um Julian Obermann (geb. 1888), der später in die USA emigrierte und sich vorwiegend mit religionswissenschaftlichen Fragen befaßte. Er sprach am 21.12.1920 über »Religionsprobleme und Psychoanalyse«; vgl. *IZP* 7(1921), S. 118.

Der Anregung, auch Wissenschaftliches in den Bericht aufzunehmen, möchte ich als erster nachkommen.

Ich habe in letzter Zeit meine eigenen frühesten Kindheitserinnerungen (wirkliche Erinnerungen, Deckerinnn., Träume & Tagträume) analysiert und dabei festgestellt, daß alle ausnahmslos direkt vom Oedipus-Cpl. herstammen. Ich glaube, das Gleiche auch von einigen meiner Patienten sagen zu können. Die Ereignisse, welche man als »eindrucksvoll« ansehen möchte, wie z. B. Reisen, durchgemachte Gefahren etc. scheinen nur denn im Gedächtnis zu bleiben, wenn sie eine direkte Beziehung zum Oedip-C. haben. Diese darf natürlich nicht zu kraß sein, sonst verfällt sie der Verdrängung. Meine Auffassung wäre also: die Oedip.-Phantasien in ihrer ursprünglichen Kraßheit werden verdrängt. Andererseits wäre es eine Bedingung für das Erhaltenbleiben eines Erlebnisses im Gedächtnis, daß sie eine – nicht anstößige – Beziehung zum Oed-C. hat. Für Träume und andre Phantasiegebilde, deren wir uns aus frühester Zeit erinnern, erscheint die Auffassung berechtigt. Ob auch hinsichtlich der echten Erinnerungen, darüber würde ich gern Erfahrungen und Meinungen der anderen hören.

Das nächste Mal hoffe ich, aus der Analyse der Frau Dr. N. [8] (vgl. Totem und Tabu[9]; ich behandle sie seit mehreren Monaten) einiges Bemerkenswerte mitteilen zu können. Heute ist es noch nicht ganz reif. Es handelt sich um die Dinge, welche Sie, lieber Herr Prof., bei ihr annahmen, aber der Pat. nicht evident machen konnten.

Mit herzlichen Grüßen, auch im Namen von E. & S.[10]

Abraham

---

[8] Tatjana Nacht, Ehefrau des Augenarztes Dr. Sacha Nacht; vgl. auch Neiser (1978), S. 8.
[9] Freud (1912-13a), S. 38 und 69, Anm. 3.
[10] D.h.: Eitingon & Sachs.

11.12.1920/W
[Briefkopf: *International Psycho-Analytical Association*][1]

Wien 10
am 11. Dezember 1920

Liebe Freunde!
Wir bestätigen den Eingang von Budapest 8[2], Berlin und London No 9[3] und 10[4]. –
Wir schließen uns dem Berliner Vorschlag der Dekade (1., 11. und 21.) an, obwohl uns die Lösung nicht gerade ideal erscheint; sollte es sich nicht bewähren, dann würden wir lieber einen Intervall von 14 Tagen vorschlagen. Unser Einwand gegen die Dekade kam daher, daß wir für unsere Besprechungen einen fixen Tag (den Mittwoch Abend) haben.
Ad. Berlin: Die Nachrichten über die dortige Situation und die event. Aussichten nehmen wir zur Kenntnis. Wir freuen uns, daß Abraham die Restitution der altpreussischen Ordnung wenigstens auf dem Gebiete der Vereinigung anstrebt und hoffen, daß dagegen auch Jones nichts einzuwenden haben wird. Der Fall Pietsch (noch immer nicht reif!) zeigt doch, daß eine gewisse Gefahr darin liegt, wenn die Berliner Gruppe sich durch Intoleranz gegenüber von Aufnahmebewerbern den Ruf der zugeknöpften Geheimsekte verschafft und so schließlich auch ernsthafte und wertvolle Bewerber abschreckt.[5] So haben wir z. B. trotz mehrfacher Anfrage (einmal auch im Rundbrief) keine Auskunft über das Schicksal der beiden Frankfurter Assistenten erhalten! – Bei dieser Gelegenheit urgieren wir nochmals – zum wievielten male ahnst du lieber Abraham vielleicht nicht – die Abonnementsbeiträge der Mitglieder für die beiden Zeitschriften pro 1920!!
Die gewünschten Bücher und noch einige verwendbare mehr sind bereits vor einigen Tagen an die Poliklinik abgegangen; Liste und Preisverzeichnis hat Dr. Hárnik mitgenommen; 500 Prospekte folgen morgen.

---

[1] Maschinenschriftlicher Brief.
[2] RB 7.12.1920/L.
[3] RB 1.12.1920/B und 5.12.1920/W.
[4] RB 8.12.1920/B und 39/W.
[5] Vgl. RB 10.11.1920/B, 17.11.1920/B.

Von der Arbeit Blumenthals legen wir einen Abzug bei; mehr wissen wir nicht von ihm!⁶

Über die wissenschaftlichen Anregungen Abrahams haben wir uns gefreut und werden die Sache verfolgen, mit der wir im Ganzen einverstanden sind.

Ad London: Bezüglich der Mohamet-Arbeit hat der Professor nichts dagegen, wenn das von ihm Bemerkte B[erkeley]-H[ill] zur Verfügung gestellt wird. – Die Anregungen von Jones, alle englischen Angelegenheiten des Journals (Übersetzungen etc.) durch seine Hand gehen zu lassen, begrüßen wir aufs Wärmste und hoffen damit die Organisation dieser Seite zu fördern.

Bei dieser Gelegenheit vermissen wir eine Aufklärung von Jones über das gleichzeitige Erscheinen seines Artikels (Recent Advances) in Mitchells Journal?⁷ Was die Übersetzung von Kolnai betrifft wären wir ganz der Meinung von Jones, bedauern nur, daß das bisher Übersetzte nicht verwendet werden kann. Gegen eine Übersetzung in einem anderen Verlag sind wir aber auf das Entschiedenste: entweder wir haben eine *Press* und eine dort erscheinende Library oder nicht; es muß doch einen schlechten Eindruck machen, wenn wir unsere eigenen Bücher nicht einmal übersetzen, wie es mit dem Tagebuch geschehen ist, mit dem man hätte Geld verdienen können, wenn das Übersetzungsrecht nicht verkauft worden wäre. Bezüglich der Notwendigkeit einer eingehenden und klaren Auseinandersetzung mit Jung und Adler für das anglo-amerikanische Publikum stimmen wir Dir, lieber Jones, vollkommen zu. Auch der Professor meint, es wäre sehr anerkennenswert das zu unternehmen, aber das kann wirklich nur ein Engländer machen, der mit den entsprechenden Verhältnissen, der betreffenden Literatur und den nötigen Wissen genügend vertraut ist. Für die deutschen Leser ist diese Aufgabe ja bereits gelöst worden.

Was die Kola-Sache betrifft, so wird fieberhaft an der Bilanz gearbeitet, die aber vor Jahresende bestimmt nicht fertig werden wird. Sobald sich irgend etwas zeigt, werden wir natürlich sofort über die ganze Angele-

---

⁶ Vgl. Blumenthal (1920).

⁷ Jones' Vortrag »Recent Advances in Psycho-Analysis« vom 21.1.1920 vor der medizinischen Sektion der British Psychological Society erschien gleichzeitig im *British Journal of Medical Psychology* (Heft 1, S. 49-71) und im *IJP* (Heft 1, S. 161-185); vgl. Jones (1920b), Jones (1920f).

genheit berichten. Vorläufig wünschen wir auch keinerlei Veränderungen, weder in unseren Beziehungen zur englischen Firma noch in dieser selbst. Mit Hillers Ankunft am 16. ds. M. freuen wir uns sehr, wünschten nur, daß die Frage seiner Bezüge vorher ganz klar gestellt worden wären. Wir ersuchen Jones um diesbezügliche rückhaltlose Äußerung. –
Was endlich die Frage der Komitee-Sitzung und die in letztem Brief von Berlin und London aufgeworfenen Kongreßfragen betrifft, so können wir zu letzterer ganz präzise Stellung nahmen. – Wir meinen allen Ernstes, daß wir alle miteinander viel zu sehr überarbeitet sind, um uns noch heuer den Strapazen eines Kongresses auszusetzen, der wie wir gesehen haben, auch unter den günstigen äußeren Verhältnissen in Holland keine Erholung war. Daß gerade die Berliner Gruppe, deren führende Mitglieder persönlich so überaus stark in Anspruch genommen sind, noch die nicht unbeträchtlichen Mühen einer Kongreß-Vorbereitung auf sich nehmen sollen, erscheint uns höchst unökonomisch. Außerdem ist, wie schon in Holland bemerkt wurde, der Termin von einem Jahr zu kurz, damit sich das Interesse entsprechend anhäufe. – Ein weiteres persönliches Motiv des Professors gegen die Abhaltung eines Kongresses in diesem Jahre ist sein starkes und dringendes Erholungsbedürfnis gerade heuer, wo seine Arbeitsleistung weit über seine Kräfte geht. –
Dann wird von der Komitee-Sitzung im selben Atem gesprochen wie vom Kongreß. während die Komiteesitzung heuer gerade als Ersatz des Kongresses gelten sollte (in anderen Jahren soll sie im Anschluß an den Kongreß stattfinden). Was den Zeitpunkt der Komitee-Sitzung betrifft, so sind zwei Möglichkeiten hierfür [vorgesehen], über die wir die Äußerungen im nächsten Brief erbitten: entweder im Laufe des Jahres (an einem der großen Feste: Ostern oder Pfingsten), oder am Ende der Ferien vor Beginn des neuen Arbeitsjahres. Der Ort würde sich nach der Wahl der Zeit richten: im ersten Falle eine etwas neutral gelegene Stadt (Salzburg, München etz), im zweiten Falle, wo der Professor von den Ferien käme (heuer voraussichtlich im Süden) entweder Comersee oder Bodensee etz.). Der Charakter der Zusammenkunft soll ein wesentlich freundschaftlicher sein, natürlich mit wissenschaftlicher Arbeit. Es steht selbstverständlich jedem frei, zu sagen oder zu fragen, was er auf dem Herzen hat; doch wollen wir von jeder Art Zwang, etwas mitteilen oder vorbereiten zu müssen, absehen. Eines der dann vorgebrachten Themen kann zur Diskussion gestellt werden. Wenn nicht das vom Prof. vorgeschlagene Thema der Telepathie so ein anderes. Jedenfalls ist der Prof. bereit,

sein Exposé über »Telepathie« zu halten[8], worin er seine Erfahrungen mitzuteilen gedenkt. –
Dieser Brief ist nur von mir (Rank) unterzeichnet, selbstverständlich im Einverständnis mit dem Professor, der vom Inhalt des Briefes vorher Kenntnis genommen hat; es geschieht dies ausnahmsweise, um den ersten Dekaden-Tag pünktlich einzuhalten.
Herzliche Grüße

Rank

---

[8] Freud hat später insgesamt drei Arbeiten zur Telepathie veröffentlicht: Freud (1922a), Freud (1941d) und die 30. Vorlesung in Freud (1933a).

14.12.1920/Bp
[Briefkopf: *International Psycho-Analytical Association*]¹

Budapest, 14. Dezember 1920
Nr. 9 angekommen:
L. bis 10², B. u. W. bis 9³.

Liebe Freunde,
Es geht mir bereits so gut, daß ich von der Ausgabe weiterer Bulletins absehen kann und danke nur noch für das allseits bekundete Interesse.
Ad L.: Ich danke für die im Interesse Róheims unternommenen Schritte und hoffe auf weitere Mitteilungen in dieser Angelegenheit. –
Bezügl. Kolnai's fühle ich mich verantwortlich, da ich ihn lanciert habe. Ich denke aber, seine Entdeckung wird uns noch Ehre einbringen und sein Buch ist für einen Anfänger staunenswert. Allerdings ist es noch keine richtige ψα.
Die Mitteilungen über Palästina etc. beweisen, daß die Inkubationszeit der ψα Infektion abgelaufen ist und der Ausbruch der »Seuche«⁴ überall zu erwarten ist. Der Ausbruch der Seuche beschleunigt das Zerstreuen des wissenschaftlichen Kontagiums.
Als ausgezeichnet gelungenes Referat über Jung's Ideen empfehle ich fürs »Journal«, die in der Zeitschrift erschienene Kritik über Jung (von A. F. Meyer⁵, Holland).⁶
Ad B.:
Es würde mich interessieren über den neuen Assistenzarzt (Hárnik) etwas zu erfahren.

---

¹ Handschriftlicher Brief.
² RB 8.12.1920/B.
³ RB 5.12.1920/W und 6.12.1920/Bp.
⁴ Ferenczi bezieht sich hier auf den Vortrag des Freiburger Psychiaters Ernst Alfred Hoche »Eine psychische Epidemie unter Ärzten«; vgl. Hoche (1910). Freud geht in seiner Schrift »Zur Geschichte der psychoanalytischen Bewegung« ebenfalls auf diesen Vortrag ein; vgl. Freud (1914d), S. 66.
⁵ Adolf Ernst Meyer (1866-1955). Schweizerisch-amerikanischer Psychiater, einer der wichtigsten Personen für die Verbreitung der Psychoanalyse in Amerika. Er lernte Freud 1909 in Worcester kennen; vgl. Hale (1995), S. 17f., 157-173.
⁶ Meyer (1916-17).

Ad W.: über Referate etc. kann ich erst nach der nächsten Versammlung berichten. Van Ophuijsen schrieb mir nach langer Zeit einen ausführlichen Brief. Er teilt mir mit, daß seit dem Kongreß sein Söhnchen, seine Schwiegermutter und seine Frau schwer erkrankt waren, letztere machte nebstbei eine Blinddarmoperation durch. Man fand aber nur eine »leicht veränderte Appendix« vor. Er reist demnächst mit seiner Familie an die Riviera.
Herzliche Grüße von

Ferenczi

15.12.1920/B
[Briefkopf: *International Psycho-Analytical Association*][1]

Berlin 15.12.20
Nr. 11, Antwort auf
Bp. 8[2], W. 9[3], L. 10[4]

Liebe Freunde,
Seit Absendung des letzten Berichtes ist es mir (A) recht schlecht gegangen. Ich bekam einen fieberhaften Rückfall der im Sommer durchgemachten Dysenterie[5], bin aber gerade wieder rechtzeitig aufgestanden, um den heutigen Bericht in gewohnter Weise verfassen zu können. Diese Erkrankung ist auch der Grund, warum ich Dir, l. Rank, nicht geschrieben habe. Mir ist inzwischen der Gedanke gekommen, Hárnik, der seit Kurzem hier ist, um Hilfe bei den Referaten zu bitten, um Deinen Wünschen soweit wie möglich entgegenzukommen. Wenn ich übrigens mit allen verlangten Ergänzungen einverstanden wäre, so wäre es, nach dieser sehr angreifenden Erkrankung, noch mehr als vorher eine physische Unmöglichkeit, jene Arbeit zu leisten, selbst wenn der Termin verlängert wird. Ich berichte Dir in Kurzem Weiteres, wenn mein Befinden, das sehr schwankt, es zuläßt.

Ich muß noch weiter so egozentrisch bleiben und auf unsern Vorschlag der 10tägigen Korrespondenz zurückkommen. Abgelehnt ist er eigentlich nur von Wien. Die Begründung geht aber auf unser wichtigstes Argument nicht ein; wir sind hier <u>drei</u> und haben in der knappen Zeit nicht die Möglichkeit, eingehende und ausgehende Briefe genügend zu besprechen! Ich habe die größte Schwierigkeit, die Berichte fertig zu stellen, und kann sie den anderen manchmal erst nachträglich in Kopie vorlegen. Ich darf sagen, daß auf diese Weise eine an sich so willkommene Ein-

---

[1] Maschinenschriftlicher Brief.
[2] RB 7.12.1920/L.
[3] RB 6.12.1920/Bp.
[4] RB 8.12.1920/B.
[5] Es ist unklar welche Art Ruhr (Amöben- oder Bakterienruhr) Abraham hatte. Er war in diesem Jahr nicht in die Sommerferien in den Süden gefahren; vgl. Freud (1965a, S. 289. Gleichwohl ist interessant, daß er am 10.7.1920 einen Vortrag über »Neurotische Störungen des Verdauungstractus« in der Universitäts-Klinik Halle gehalten hatte (ebd. S. 293).

richtung zur Last wird. Haben wir den 10täg. Spielraum, so werden wir jedes Mal nach Eintreffen der 3 Berichte zusammenkommen und uns besprechen, was jetzt unmöglich ist. Ich weise auch darauf hin, daß Briefe von Wien jetzt oft 6 Tage gehen.
Der Vorschlag des gleichen Wochentages für alle würde uns nicht von der jetzigen Unannehmlichkeit der sich kreuzenden Briefe befreien. Endlich sehe ich einen Vorzug darin, wenn man nicht immer denselben Abend in jeder Woche für denselben Zweck besetzt hat. Eitingon & Sachs sind sehr unzufrieden mit den bisherigen Modus, es ist also keineswegs ein privater Wunsch, den ich vertrete.
Wir freuen uns über die glänzenden literarischen Fortschritte, besonders über die vielen Neuauflagen und Übersetzungen[6]. – Dem Eingang der Büchersendung sehen wir entgegen. Die Nachfrage ist bereits lebhaft. Bei dieser Gelegenheit die Frage: gibt es zu allen bisherigen Bänden beider Zeitschriften noch Original-Einbanddecken zu kaufen?
Die Frage der Übersiedelung Reik's nach Berlin behalten wir im Auge. Wir möchten zuerst etliche Ärzte-Analysen für ihn sammeln, bevor wir ihn zu einem solchen Entschluß veranlassen.
Die Frage, wann die nächste Komité-Zusammenkunft stattfinden soll, hängt mit der Frage des Kongresses eng zusammen. Wir wissen, daß Sie, lieber Herr Prof. von Anfang an der Wiederholung des Kongr. im nächsten Jahr nicht zuneigten. Ihre persönlichen Gegengründe sind gut zu verstehen. Unsres Erachtens brauchte aber der Kongreß Ihre Ferien durchaus nicht zu zerreißen, so wie letztes Mal. Sie pflegen in der ersten Oktoberwoche Ihre Tätigkeit wieder zu beginnen. Wenn der Kongr. nun in den letzten Tagen des Sept. stattfände, so würde dieser Einwand wegfallen.
Für die Abhaltung des Kongr. in diesem Jahre (1921) sprechen zwei sachliche Gründe: 1. die allgemeine Stimmung war schon im Haag dafür.

---

[6] Von Freud erschienen: Jenseits des Lustprinzips (als II. Beiheft der Zeitschrift, außerdem Neuauflagen von der Psychopathologie des Alltagslebens (7. Aufl.) und von Totem und Tabu (2. Aufl.), Selected Papers on Hysteria (3. Aufl.) Ferner die erste dänische Übersetzung Freuds unter dem Titel Det Ubevidste (enthält die fünf amerikanischen Vorlesungen sowie die Arbeit »Über den Traum« (Übersetzung von Otto Gelsted. Kopenhagen: Martins Forlag 1920. Die erste französische Übersetzung umfaßte die fünf amerikanischen Vorlesungen unter dem Titel *Origine et développement de la psychanalyse* (Übersetzung von Le Lay in La Revue de Genève 6(1920); vgl. *IZP* 7(1920), S. 109.

In Deutschland gewinnt unsre Sache jetzt rasch Anhänger, welchen durch Teilnahme an einem so eindrucksvollen Kongr. wie dem vorigen die beste weitere Anregung geben würde. 2. Innerhalb zweier Jahre sammelt sich, wie wir im Haag gesehen haben, zu viel Material an, das dann kaum zu bewältigen ist.

Gemäß Jones' Vorschlag sollten wir uns bald in dieser Frage einigen. Wir drei sind prinzipiell für 1921, wenn nicht triftige Gegengründe angeführt werden. Im Fall eines derartigen Beschlusses müßten wir Berliner auch im Januar die Vorbereitungen beginnen.

Den von uns bereits zart angedeuteten Vorschlag einer Zusammenkunft in Wien im Anfang Mai möchten wir natürlich nur dann aufrecht erhalten, wenn auch Jones kommen kann. Zur Vorbesprechung des Kongr. wäre dieser Zeitpunkt übrigens auch sehr gut. Ev. bitten wir um Gegenvorschläge.

Zur wissenschaftlichen Tagesordnung möchten wir dem Thema Telepathie wiederholt zustimmen. Wir hoffen, Herr Prof. wird uns darüber berichten. Wir anderen sollten, sobald der Tag der Zusammenkunft feststeht, auch unsre Themata angeben.

Eitingon verreist demnächst (kurz vor Weihnachten) nach Amerika. Die Com.-Briefe bitten wir bis auf Weiteres an Sachs, Berlin W 15, Meinekestraße 22, bei Geheimrat Jacobson[7], zu richten.

Nächste Woche berät unser Verein über Eitingon's Vertretung in der Polikl. während seiner Reise.

Für Jones: Ich möchte noch einen abschließenden Bericht über Frau Dr. Herford geben. Ich glaube, daß die Ps-A so viel geleistet hat, wie in diesem Alter möglich war. An dem ps-a Interesse der Frau H. ist nicht zu zweifeln, ebenso muß man zugeben, daß ihre therapeutischen Absichten durch ein starkes Maß von sozialer Hilfsbereitschaft unterstützt werden. Wie alle, die erst im vorgeschrittenen Jahren die Ps-A. kennen lernen, wird auch sie gewisse Grenzen nicht überschreiten können. Ich glaube aber, daß ihre versuchsweise Zulassung als Gast unbedenklich ist. Ich sprach heute nochmals mit ihr über das Verhältnis der dortigen Gruppe zur »Klinik« und fragte sie u.a., welche Befugnisse die Klinik den entlassenen Schülern gebe. Sie erklärte mir, niemand erhalte irgend eine Legitimation zu freiem analytischem Praktizieren, sondern jeder müsse sich

---

[7] M. Jacobson, Geheimer Justizrat.

bei der Entlassung schriftlich verpflichten, eine Ps-A nur im Auftrag eines Arztes zu übernehmen. Frau Dr. H. glaubt übrigens, daß ein paar Schüler (oder Schülerinnen) das Klinik, die man als unbrauchbar beseitigt habe, ungünstige Angaben verbreiten und solche auch der Londoner Gruppe mitgeteilt hätten.
Ich referiere das ganze objektiv, um der Sache zu nützen. Die Brüder Glover und Miss Sharpe sollen demnächst kommen.
Mit besten Grüßen, zugleich im Namen von Eitingon & Sachs

Abraham

15.12.1920/L
[Briefkopf: *International Psycho-Analytical Association*][1]

L.11.
Dec. 15th
Answer to Berl., Wien 9[2], Budap. 8[3].

Dear Friends:
I am a day late in writing, having had urgent private affairs last night. We have now all agreed to my proposal for a fixed day, and Ferenczi accepts Abraham's proposal of writing three times a month. I also agree with this as being better than fortnightly, and assume that Vienna will also. So we all start »square« on Dec. 21st. It only remains after that to decide whether the 1st, 11th, and 21th, are the best days, or regularly every ten days starting from Dec. 21st. I favour the latter alternative.

I begin with the pleasant announcement that Ferenczi, who received the British Society into the Association, and Rank, who has done so much for us in connection with the Journal, have been, partly for these reasons and partly for the value of their scientific contributions to psa elected Honorary Members (Ehrenmitglieder) of our Society. The Secretary will of course send official notifications, but in the meantime I am happy to congratulate our new members, and to bid them welcome with all my heart.

Hiller is delayed by a slight cold, but intends to leave here for Vienna on Saturday. I have no doubt that he will be both useful and welcome in Vienna.

Flügel has received the quarterly report[4] of the Hungarian Society. I do not know if he sent a copy to Rank for the Z., but I will make a translation for the J., and send both copies on to Rank.

---

[1] Maschinenschriftlicher Brief.
[2] RB 5.12.1920/W und 6.12.1920/Bp.
[3] RB 7.12.1920/L.
[4] Dieser »Jahresbericht« für das Jahr 1920 enthält außer dem wissenschaftlichen und geschäftlichen Überblick über die Vereinsaktivitäten die Mitteilung, daß »anläßlich der Wiederkehr des Todestages Anton v. Freunds ... dessen Witwe, Frau Roszi v. Freund, der Budapester Vereinigung den Betrag von 20.000 Kronen gespendet (hat), der zur Gründung einer Vereinsbibliothek bestimmt wurde«; vgl. *IZP* 7(1921), S. 134.

The indication I gave last week of psa being favoured by notices in the Press has developed into a darkly campaign on the part of seven or eight newspapers. The lower class ones denounce psa in violent language, also appealing to anti-German feeling, but the better class content themselves with warning against its dangers in unskilled hands. It is written by someone with no knowledge of the facts, for psa is widely identified with telepathy, thought-reading, and other »occult tendencies«, against which there is at present also a campaign. I have just been told that Chesterton[5] is probably the instigator of the campaign. Bryan and I wrote an official letter to the Times last week, but they did not insert it. Some of the things said are exceedingly »gemein«, such as that psa consists of reading people's secret thoughts and then blackmailing them for so-and-so many guineas.

Sachs: We want to publish your review of Mordell in the next number of the J.[6] If you and Frau Dr Abraham could write it in English you could send it direct to Hiller in Vienna; if not, send it to me. I should like a short review of Cohen's book, for we do not confine ourselves to books dealing directly with psa, but if you prefer to return it I will get it reviewed here; there is no hurry about it.

Professor: I should be glad of your advice about Mahomet, as India is so far away to write to, and I had thought of printing it in Nr. 4 of the J.[7]

I was interested to hear of your invitation to America. The sum should have been double what it was, for otherwise you would not have any left after returning, in my calculation.

Rank. I enclose an editorial letter. Do you know of the following? Trepsat, Du traitement des états anxieux par la méthode psychanalytique, L'Encéphale, 1920, p. 35;[8] Dupré & Trepsat, La technique de la méthode psychanalytique dans les états anxieux, Loc. cit., P. 169: (both in positive

---

[5] Gilbert Keith Chesterton (1874-1936). Britischer Journalist und Feuilletonist. Er schrieb zu politischen, sozialen und religiösen Tagesthemen. Er war 1922 vom Anglikaner zum Katholiken konvertiert. Befreundet war er u.a. mit H.G. Wells und Bernhard Shaw; Vgl. Britannica CD. Version 97. Encyclopaedia Britannica, Inc., 1997; vgl. auch seine Autobiographie, Chesterton (1936).

[6] Die Rezension ist dann tatsächlich auch erschienen, vgl. Sachs (1920a).

[7] Der Artikel ist dann im folgenden Jahr erschienen; vgl. Berkeley-Hill (1921).

[8] Trepsat (1920).

sense).[9] Mourgue & Colin Les enseignements méthodologiques et la signification de la psycho-analyse, Ann. médico-psychologiques, 1918, LXXIV (favourable except as regards sex).[10]
I am grateful to you for saving me the trouble of giving an account of the new British Journal of Psychology, Medical Section, which has just appeared. It is the official organ of that section of the Brit. Psych. Soc. before whom I read my paper that appears also in Nr. 2 of our J. They had the right to publish it, but I arranged with them last January that we should also publish it, and they were good enough to promise that we should publish it first. I gave them until October, thinking that our Nr. 2 would be out by July at the latest, and never expecting that it could be six months late. As for the future I am trying to arrange with Mitchell that only that part of the Z. is reviewed which we decide not to translate for the J. It may be necessary to arrange also that we duplicate of e. g. Psa. Review, for there are so few abstractors, and of course he will employ only analysts for the psa. literature. I have not heard yet from Brill about American help, and am beginning to get anxious.
There is a further new Journal of Neurology and Psychopathology, edited by Wilson[11] and Bernard Hart[12] (latter is an assoc. member). Read and Devine[13] do psa. literature for them, and in the present number there is a three page review of Professor's Vorlesungen (Bernays' translation) by Read[14], in which he criticises Professor for using several terms (e. g. repression and suppression) in a new sense from before and thus causing

---

[9] Dupré & Trepsat (1920)
[10] Mourgue & Colin (1918); besprochen von de Saussure in: Bericht über die Fortschritte ... S. 316 f.
[11] A.C. Wilson war Mitglied der British Psychoanalytical Society; vgl. Meisel & Kendrick, (1985), S. 121.
[12] Bernhard Hart (1879-1966). Britischer Psychiater und Psychoanalytiker, Gründungsmitglied der London Psychanalytical Society von 1913. Er führte die Psychoanalyse in die englische Psychiatrie ein und brachte sie dem gebildeten Bürgertum Londons nahe. Seine Haupttätigkeit blieb die psychiatrische Praxis; vgl. u.a. Brome (1982), S. 33, 45.
[13] Henry Devine (1879-1940) Gründungsmitglied der British Psychoanalytical Society und später Präsident der Psychiatric Section der Royal Society of Medicine. Zu seinen bekanntesten Veröffentlichungen gehört das Werk *Recent Advances in Psychiatry* (1929); vgl. Glover, E. (1995), S. 536.
[14] Read (1920); diese Rezension ist bei Kiell (1988) nicht erwähnt.

confusion. I have written to tell him it is the fault of the translator, but I expect he will reply that he couldn't be supposed to know that Professor would have such an important book translated without its being corrected by someone with a knowledge of psa..

Nachmansohn is a protégé of Pfister's, a medical student not yet qualified, who keeps aloof from the other analysts in Zürich. I heard of him accidentally in London from someone whom he had analysed.

Ferenczi. I have sent the money to the American Mission as you instructed. Without discussing any other considerations about telepathy, etc., I wish to say that you are perhaps under a misunderstanding when you speak of analysts taking the lead in a neglected Gebiet. That may be true for Hungary, but not for England and America, where the S.P.R.[15] numbers thousands. Since the war there has been an enormous recrudescence of all forms of »occult« phenomena, telepathy, etc, and it is common to see it on the newspaper placards even. There is also, as mentioned above, a strong counter-campaign, on the ground of its doing harm to neurotics, etc, so that the subject is here extremely »actuel« and not at all neglected. I do not say that this is an argument against our discussing it, but it is only no argument in favour of our doing so.

As to Abraham's interesting suggestion about Deckerinnerungen I can add nothing on the spot, except to say how often one finds it true, but I will specially examine examples from this point of view, and we can compare experiences.

Cordial greetings to all

Ernest Jones.

---

[15] Society for Psychical Research. Diese Gesellschaft wurde 1882 in London gegründet und beschäftigte sich u.a. mit der Unterscheidung von parapsychologischen und spiritistischen Phänomen.

21.12.1920/L
[Briefkopf: *International Psycho-Analytical Association*]¹

<u>L.12.</u>
Dec. 21.st. 1920
Answer to Wien 10², Budap. 9³, Berl. 11⁴.

Dear Friends:
We are all good Jews⁵, but that is no reason why we should not congratulate one another on the return of the young Sun-God's strength, so I send you all my best Xmas wishes with hopes for a fruitful and satisfactory New Year.
I strongly support Abraham's proposal for replacing the week by a decade, but propose that we adhere strictly to this reckoning and not to the calendar one he suggests, which would be impracticable at the end of February and awkward otherwise.
<u>Berlin</u>. I was sorry to hear, my dear Abraham, that the inquiry as to your health which I sent in a private letter was truly founded, but hope to hear better news when you answer my letter. What are your chances for holiday?
Many thanks for your remarks about Dr Herford, whom I shall certainly invite as guest. Would you consider her fit for membership? Please send me further impressions about the Clinic after you have got to know the next visitors. By the way, my knowledge of it is not so casually gleaned as Dr Herford suggests, but is based partly on full accounts given by four members of our Society who each worked there for years.
<u>Ferenczi</u>. The American Relief Mission informed me that they have no longer any American dollars in Hungary, and so are paying my cheque in Kronen; I hope that will be all right for you.
<u>Wien</u>. Bryan's translation of Kolnai is useless; I do not know how much Fr. Dr Abraham has done. I am not in favour of translating it for the Library while we have so many good psa. books **waiting to print**. By the

---

¹ Maschinenschriftlicher Brief.
² RB 14.12.1920/Bp.
³ RB 15.12.1920/B.
⁴ RB 15.12.1920/L.
⁵ Jones war der einzige Nicht-Jude im Komitee.

way, I have never heard why the printing of Putnam's book[6] ceased suddenly five months ago.

I see I am destined to occupy myself once more with Jung, the thought of which bores me intensely. It means perhaps a year's work, as I only get about an hour a month free for writing.

About the Congress, etc., we have the opinion of everyone except Ferenczi (assuming that Rank's opinion is included in the Vienna letter, which reads very much like Professor!). The Congress is the prior question to decide, and for my part I have an open mind about it. There are perfectly valid arguments on both sides, and it seems that there is a conflict of interests between the committee on one side and the Association on the other. It is clear, as even Abraham must admit, that a Congress means a using up of energy on the part of himself, Professor, and myself, energy which could be otherwise used. It is also certain that a Committee-Sitzung held in peace during the summer holidays would be much more productive than one held at any time in the same year as the Congress, and it is very much a question if the interchange of views between us would not be greater value to psa than any Congress, especially as the former[7] is such a rare event. That Professor should be able to work in the most favourable circumstances, for instance, is worth more than that of the whole Association. On the other hand, I am afraid there is no doubt that the members would prefer a Congress this year. This especially applies to Germany, where they have been patient and have deserved so much. If Abraham had only said that there might be an advantage in waiting another year to consolidate the Policlinic and absorb the new members of whom he speaks, our task in deciding would be easier. I do not think there would be impatience among the other members of the Association, so that the feeling in Berlin is the only strong reason for holding a Congress this year. As you see, I am open to persuasion on either side, but I incline rather to postponing the Congress in favour of what we have never tasted the pleasure of, a scientific committee-meeting in suitable circumstances.

I am not in favour of the latter meeting in Spring, partly for the egocentric reason that it is very doubtful if I could make the sacrifice, for financial and domestic reasons, and partly because I am sure it could not be so productive as one in the summer, when we are rested, are still in a holi-

---

[6] Putnam (1921).

[7] Korrigiert aus »latter«.

day mood, not pressed for time and with our thoughts still full of business affairs; also the external circumstances could not be so good (weather, site, etc).

There is some objection against holding either a meeting, or still more a Congress, at the extreme end of September. In England, and I believe in Holland and Switzerland, there is no great heat, so work always begins at the first of Sept., so to wait till of the middle of Sept. is already a sacrifice, and one also needs a few days' rest before resuming work.

In conclusion I would beg Abraham to re-consider the situation sympathetically from the other side, and then to tell us in what respects the difference between 1921 and 1922 is important to the Berlin group. Shall I get Flügel to send the circular questions to all the societies, including America, or would such a democratic proceeding horrify Ferenczi too much?

With cordial greetings to all

Ernest Jones

21.12.1920/Bp
[Briefkopf: *International Psycho-Analytical Association*][1]

Budapest, 21. Dez. 1920
Nr. 10
angekommen: B., W., L. 10.[2]

Liebe Freunde!
Der Wunsch nach einem glücklichen, jedenfalls glücklicheren neuen Jahr mag vielen von uns persönlich gerechtfertigt erscheinen. Unsere gemeinsame Sache kann sich mit dem Erfolge des abgelaufenen Jahres zufrieden geben.[3] Ich habe den Eindruck, daß die Psychoanalyse seit der Beendigung des Krieges sich rapid über die ganze von kultivierten Menschen bewohnte Erde ausbreitet. Unsere Organisation hielt – wie der letzte Kongreß zeigte – allen Erschütterungen stand, und das Jahr 1920 bescherte uns mit einigen bedeutsamen Arbeiten unseres Lehrers. Nicht zu vergessen ist die Erstarkung der »inneren Mission« durch die Einführung der regelmäßigen Korrespondenz. Wenn den Wünschen nur eine Spur von Allmacht verblieb, so müssen wir uns in 1921 in Fröhlichkeit wiedersehen.

Aus unserem Verein ist zu vermelden: ein kürzerer Vortrag von D^r. Hermann über die zeichnerische Begabung[4] (Rückführbarkeit derselben auf erotische Betonung der – onanierenden – rechten Hand) und ein ebensolcher von mir über den Zusammenhang der musikalischen Begabung mit der Analerotik (zugl. Hinweise auf die Bedeutung der Synästhe-

---

[1] Handschriftlicher Brief.
[2] RB 18.11.1920/W, RB 11.12.1920/W 14.12.1920/Bp.
[3] Freud nimmt in einem Privatbrief an Ferenczi auf diese Stelle Bezug: »Ich finde den Passus in Ihrem letzten Rundbrief ausgezeichnet, in dem Sie sagen, daß es uns allen schlecht geht, unserer Sache aber sehr gut. Es ist wirklich so, daß die Sache uns aufzehrt und daß wir in ihr gleichsam aufgelöst werden. Es ist wahrscheinlich ganz recht so, nur hätte ich der jüngeren, zweiten analytischen Generation gewünscht, daß sie der Lösung noch eine längere Zeit hindurch widerstehen kann.« Vgl. Sigmund Freud-Sándor Ferenczi, 25.12.1920 (ÖNB).
[4] Am 21.11.1920 referierte Imre Hermann über »Beiträge zum Problem der zeichnerischen Begabung«; vgl. *IZP* 7(1921), S. 133.

sien (erotischen Verdichtungen mehrerer Sinnessphären) in der Kunst und im Kunstgenuß)[5].

Ad W.: Die Gründe, die für Verschiebung des Kongresses auf 1922 sprechen, bestimmen auch mich dem Wiener Vorschlag beizustimmen. Für die Komitee-Sitzung empfehle ich Ostern in Salzburg. Zugleich melde ich mich als Korreferent über Gedankenübertragung.

Ad L.: Dank für den neueren Schritt im Interesse Róheims. Ich fürchte eigentlich, ihn zu verlieren, aber er paßt nicht in die hiesigen Verhältnisse. Man stelle ihn irgendwohin, wo er nicht, wie jetzt, Büroarbeiten machen muß, und er wird Hervorragendes leisten.

Nochmals: Merry Christmas and happy new Year!

Ferenczi

---

[5] Siehe auch RB 7.12.1920/L.

22.12.1920/B
[Briefkopf: *International Psycho-Analytical Association*][1]

Berlin 22.12.20
Nr. 12
Antwort auf W 10[2]
L 11[3]
Bp 9[4]

Liebe Freunde,
Da seit unserm letzten Bericht erst 5 Tage verflossen waren und gerade gestern eine wichtige Vereinssitzung stattfand, so geht dieser Brief noch einmal am gewohnten Mittwoch ab. Der nächste soll am 1. Jan. folgen. Falls die von Jones vorgeschlagene Modifikation unseres Vorschlages (10 Tage) von Wien & Budapest ebenfalls gewünscht wird, so sind wir einverstanden, obwohl die 3 Tage 1., 11., 21. aus mnemotechnischen Gründen vielleicht vorzuziehen wären. – Im Interesse der Sammlung unsrer Berichte wäre es, wenn Ferenczi in der Zählung seiner Berichte wieder mit uns Schritt hielte. Da Du einmal nicht geschrieben hast, bist Du in der Zahl dauernd um 1 im Rückstand.[5] Wenn wir nun künftig alle am gleichen Tage schreiben, so müßten auch alle Briefe gleich numeriert sein.
Wie Ferenczi, so kann auch ich (A) von mir heute Besseres melden. Ich bin seit einigen Tagen von den sehr unangenehmen Erscheinungen der Intoxikation frei, aber noch sehr ermüdet und ferienbedürftig.
Du, l. Rank, bist wieder einmal ein etwas zu scharfer Zensor. Ich habe nun wiederholt geschrieben, daß im Falle Pietsch nur ein Versäumnis von Liebermann vorliegt. Irgend eine Intoleranz des Vereins kommt da gar nicht in Betracht. Übrigens haben wir gestern Dr. Carl Müller[6] als außer-

---

[1] Maschinenschriftlicher Brief.
[2] RB 14.12.1920/Bp.
[3] RB 21.12.1920/L.
[4] RB 15.12.1920/B.
[5] Siehe RB 30.11.1920/L.
[6] Carl Müller-Braunschweig (1881-1958). Philosoph. 1909 lernte er Freuds Psychoanalyse kennen und verzichtete auf eine Universitätslaufbahn, um sich den Studien der Psychoanalyse zu widmen. Seine Lehranalyse führte er bei Abraham und Sachs durch. Am 11.11.1920 hielt er einen Vortrag in der Berliner Vereini-

ord. Mitglied aufgenommen, nachdem wir uns von seinen Qualitäten überzeugt hatten; er war zunächst eine Zeit lang Gast in unsren Sitzungen. Man kann auch den Fehler zu großer Toleranz machen. Der dem letzten Brief beigefügte Artikel von Blumenthal erscheint uns dreien wirklich der Aufnahme in die Zeitschr. nicht wert, besonders weil er Adler (den er nicht zitiert) in einer ganz ungeschickten und gar nicht motivierten Weise in unsre Anschauungen hineinmengt. Bl[umenthal] ist von Koerber[7] kurze Zeit analysiert. K. selbst, der doch nach seiner eigenen unvollkommenen analyt. Kenntnis urteilt, äußerte sich recht skeptisch über ihn. Durch die Aufnahme des Artikels ist nun ein Präjudiz zugunsten Bl's geschaffen, und wir müssen ihn zunächst als Gast einmal aufnehmen. Die Art, wie er sich brieflich eingeführt hat, spricht nicht sehr für ihn. Ich weiß, wie sehr Du, l. Rank, durch Deine verschiedenen Ämter überlastet bist. Aber in solchen Angelegenheiten wäre ein bißchen mehr Kontakt mit den andern Redakteuren sehr gut. Jedenfalls möchte ich noch einmal

---

gung über »Psychoanalytische Gesichtspunkte zur Psychogenese der Moral, insbesondere des moralischen Aktes«. Am 21. des gleichen Monats wurde er als außerordentliches Mitglied aufgenommen. 1922 war Müller-Braunschweig bereits ordentliches Mitglied und im Ausbildungsausschuße tätig. Im Oktober 1922 hielt er ein Seminar über Freuds Schrift »Vorlesungen zur Einführung in die Psychoanalyse, III. Teil (allg. Neurosenlehre). Unter dem Druck der politischen Verhältnisse im Nazi-Deutschland der 30er Jahre organisierten Müller-Braunschweig und Felix Boehm die Auflösung der DPG und die Eingliederung des »Berliner Psychoanalytischen Instituts« in das »Deutsche Institut für Psychologische Forschung und Psychotherapie«. Seine Bedeutung für die Psychoanalyse während des Nazi-Regimes beschreibt außerdem eine Dokumentation der Redaktion der Zeitschrift *Psyche* (1984) unter dem Titel: »Psychoanalyse unter Hitler«. Müller-Braunschweig war weder 1925 noch danach Mitglied des Zentralvorstandes der IPV; Müller-Braunschweig (1921); Lockot (1985); Brecht et al. (1985), S. 160.

[7] Heinrich Koerber (1861-1927). Praktischer Arzt, Sanitätsrat in Berlin und Gründungsmitglied der Berliner Psychoanalytischen Vereinigung von 1908. Vorsitzender des Berliner Monisten-Bundes. Sein Haus galt als ein Treffpunkt der jungen, modernen Künstler, Schriftsteller und Freudianer. Seine Bedeutung im Berlin der zwanziger Jahre für die Psychoanalytische Bewegung beschreibt Ludger Hermanns; vgl. den Nachruf von Müller-Braunschweig in PB, *IZP* 13(1927), S. 465-467; Blüher (1953), S. 252; Hermanns (1994), S. 33.

betonen, daß in den Fällen Pietsch & Frost nur eine nachlässige Geschäftsführung vorliegt, keineswegs aber ein Prinzip.
Sehr peinlich ist mir die Sache mit den Abonnementsgeldern. Bis zum letzten Brief war uns dreien davon gar nichts bekannt. Eitingon hat nun den Sachverhalt ermittelt. L[iebermann] hat vor langer Zeit die Beiträge eingesammelt. Einige standen noch aus. Inzwischen hat er die Liste der bezahlten Beiträge verloren und weiß nicht, wen er mahnen soll. Statt wenigstens das erhaltene Geld einzusenden, hat er die Angelegenheit verschoben. – Also wieder ein recht schlimmes Zeichen einer gänzlich in Unordnung geratene Geschäftsführung. Ich ahnte davon ja nichts! Es kann bei uns natürlich so nicht weitergehen. In einigen Wochen ist unsre Jahresversammlung, L. hat geäußert, er wolle sein Amt niederlegen. Bis dahin lassen wir noch alles gehen. In der Frage der Abonn.-Gelder soll sofort etwas geschehen. Ich kann wegen einer Telephon-Störung heute nicht mit L. sprechen und verspreche für nächstes Mal erschöpfende Auskunft über alles, auch wegen der 2 Frankfurter Ärzte.[8] – Ich kann hier die Bemerkung nicht unterdrücken, daß die Geschäftsführung unserer Vereinigung, die früher einwandfrei war, tatsächlich in einem argen Zustand sich befindet. Aus Gründen, deren Erörterung hier zu weit führen würde, stehe ich seit Monaten mit L. in so geringem Kontakt, daß die Geschäfte darunter leiden müssen. Als ich vor 3 Monaten eine Änderung vorschlug, erklärten E[itingon] und S[achs] sich mit Bestimmtheit dagegen; die Gründe habe ich in einem Rundbrief[9] mitgeteilt. Ich selbst empfinde es als eine Unmöglichkeit, den Zustand nunmehr noch weiter fortdauern zu lassen.
Zur Kongreßfrage bitten wir um baldige Abgabe eines definitiven Votums, damit die Angelegenheit Anfang Januar den Verein beschäftigen kann. Rank's Argumenten vermögen wir uns nicht zu verschließen.
Hinsichtlich der Com.-Zusammenkunft sollten wir uns zunächst einmal über den Zeitpunkt einigen. Wenn kein Kongreß stattfindet, so käme der Herbst in Betracht. Falls ich, wie beabsichtigt, im März zur Erholung nach Meran gehe, wäre mir Ostern sehr sympathisch. Es könnte dann irgendwo in Österreich oder Bayern sein.
Über die gestern erfolgte Referate-Verteilung gibt Sachs Rank direkt Nachricht.

---

[8] Siehe RB 11.11.1920/W, Abschnitt Verlag.
[9] Vgl. RB 25.11.1920/W.

Die Bücher sind eingetroffen und finden raschen Absatz.[10] Neurosenlehre I [gestrichen: und Vorlesungen I sind] bereits ausverkauft.
Unsre Sitzungen finden von Neujahr an allwöchentlich am Donnerstag statt, und zwar abwechselnd Vortrags- & Referierabende. Wegen der wachsenden Teilnehmerzahl müssen wir künftig auf die Bewirtung verzichten.
Dank Eitingon's magischer Künste tritt die Poliklinik mit Aktivsaldo ins neue Jahr!
Soeben ist Frl. Dr. Neiditsch[11] aus Rußland eingetroffen & wird uns zweifellos eine tüchtige Mitarbeiterin an der Polikl. werden. – Hárnik hat sich bei uns durch einen großen Eifer, sein vortreffliches analyt. Verständnis und seine sympathischen persönlichen Eigenschaften in angenehmster Weise bei uns eingeführt. Er ist für die Pol. eine vollwertige Arbeitskraft.
An Jones: Meine Frau ist bereit, die Übersetzung von Sachs' Referat Mordell zu machen.
Eitingon geht in wenigen Tagen auf ca. 5 Wochen nach Meran, Park-Hotel. Er bittet dorthin ein Exemplar des Rundbriefes zu bekommen! Nach Amerika wird er nicht reisen können, wird aber in ca. 2 Monaten über Paris nach London kommen.
Allen Freunden herzliche Weihnachts- und Neujahrswünsche!

                Dr. Hanns Sachs   Abraham[12]

Nachtrag! Nach Beendigung des Berichtes las ich ihn Eitingon telefonisch vor. Er bittet mich um Richtigstellung in zwei Hinsichten:
1. Er reist zunächst am 26. Dezember mit seiner Frau nach Meran. Von dort fährt er nach Amerika, falls es die Einreiseerlaubnis erhält. Bisher wird sie verweigert, weil er als Offizier bei den Zentralmächten am Krieg

---

[10] Gestrichen ist hier folgender Satz: »Verlangt wird von verschiedenen Seiten Hitschmann!«. Gemeint ist sicher Hitschmann (1911).
[11] Sara Neiditsch war eine der ersten russischen Ärztinnen, die sich in Psychoanalyse ausbilden ließ. Von ihr stammt ein Bericht über die Psychoanalytische Bewegung in Rußland in der Internationalen Zeitschrift für Psychoanalyse; *IZP* 7(1921), S. 381-385.
[12] Die Grußformel und die Unterschriften sind auf dem Kopf stehend an den oberen Rand des Blattes geschrieben.

teilgenommen hat und zwischen diesen Mächten und den USA noch kein Frieden besteht.[13]

2. E[itingon] stellt richtig, daß er zwar Berlin als Kongreßort wünsche, aber nicht auf 1921 bestehe. Die Komitee-Zusammenkunft möchte er unbedingt im Anfang Mai in Wien beibehalten sehen, wie schon von uns vorgeschlagen.

---

[13] Vgl. Max Eitingon-Sigmund Freud 10.12.1920 (LoC). Mit den Sonderfriedensschlüssen der Mittelmächte mit Sowjetrußland (März 1918) und Rumänien (Mai 1918), sowie nach den Waffenstillstandsabkommen der Alliierten mit Bulgarien (Sept. 1918), dem Osmanischen Reich (Okt. 1918), Österreich-Ungarn (Nov. 1918) fand der Erste Weltkrieg sein Ende. Ein separater Friedensvertrag mit den USA wurde nicht geschlossen.

23.12.1920/W
[Briefkopf: *International Psycho-Analytical Association*][1]

Wien 11
am 23. (21.) Dezember 20

Liebe Freunde!
Wir bestätigen den Empfang von Budapest 9[2] und London 11[3], die uns zur Beantwortung vorliegen (heute, wo ich den Brief – verspätet – schreibe, liegen bereits Budapest 10[4] und Berlin 11[5] und 12[6] vor, auf die ich jedoch nicht eingehen kann, bevor wir unsere nächste Zusammenkunft: Mittwoch den 29. ds. haben). Hoffentlich stellt sich der Kontakt, der durch die Neuordnung der Brieftage ein wenig verloren ging, bald wieder her. Außerdem fühle ich mich allerdings auch persönlich der Verspätung schuldig, aber es war mir in der letzten Woche vor Weihnachten physisch einfach unmöglich, selbst den dringendsten Anforderungen gerecht zu werden. Reik, der zu Neujahr aus dem Verlag austritt, um die bibliographische Zentrale[7] einzurichten, ist seit einigen Tagen auf Urlaub, so daß ich auch die bisher von ihm besorgte Auslieferung der Bücher übernehmen müßte, die jetzt vor Weihnachten besonders dringend war und durch die Ankunft einer Reihe von Neuerscheinungen kaum zu bewältigen war. Außerdem kam gerade zur selben Zeit Hiller in Wien an, der in seine Arbeit eingeführt werden mußte, daneben läuft die Bilanz-Arbeit und alles andere Gewöhnliche, mit dem ich ohnehin niemals fertig werden kann. Ich kann darum auch heute nicht so viel berichten als mir möglich wäre, wenn ich nicht eine uneröffnete Post von etwa 30 Briefen und ebenso vielen Drucksachen und Korrekturen liegen hätte, worunter sich vermutlich manches Mitteilenswerte befinden wird; auch Büchereinkauf und Bibliographie müssen zurückstehen. –

---

[1] Maschinenschriftlicher Brief.
[2] RB 14.12.1920/Bp.
[3] RB 21.12.1920/L.
[4] RB 21.12.1920/Bp.
[5] RB 8.12.1920/B.
[6] RB 15.12.1920/B.
[7] Siehe RB 4.11.1920/W, Abschnitt Referatswesen.

London: Flügel sandte mir eine Kopie des ungarischen Berichts und ich lege Jones eine Kopie des letzten Wiener Berichtes (von Reik) bei. – Deine Mitteilungen über die Press-Kampagne sind sehr interessant.[8] Der Professor stellt Dir, l. Ernest, seine Bemerkungen über »Mohamet« zur Verfügung: im Falle Du es für gut hältst, kannst Du vielleicht eine redaktionelle Fußnote dazu machen, welche auf die Möglichkeit einer weiteren Problemstellung hinweist (dies scheint mir, Rank, sehr zweckmäßig). Für die französische Bibliographie besten Dank. – Bei dieser Gelegenheit die Nachricht, daß Flournoys Schwager, Dr. de Saussure, das Referat über die franz. Literatur für den Jahresbericht übernommen hat (ungefähr 50 Nummern!!).[9] Wir würden uns sehr für das neue Journal of Neurology interessieren und bitten Dich, l. Jones, uns den Tausch mit ihm zu vermitteln.-

Wien: Es sind in dieser Woche versandt worden: Zeitschrift Heft 4[10], wozu ich mit einer gewissen Genugtuung bemerken muß, daß es das erste Mal seit Kriegsausbruch ist, daß unsere Zeitschriften innerhalb eines Jahres komplett erschienen sind; die Verspätung des Journals hoffen wir jetzt mit Hillers Hilfe bald einzuholen. Ferner wurden ausgegeben: Psychopathologie[11], auf die bereits gegen 300 Vorausbestellungen vorlagen, Jenseits[12], Pfister[13], Kolnai[14], Groddeck[15]; auch die Neuauflagen der großen

---

[8] Rank bezieht sich hier auf Jones' Informationen (RB 21.12.1920/L, Abschnitt Wien) zur *Press*.

[9] Die Arbeiten »Aus der französischen Literatur« wurden überwiegend von Raymond de Saussure in den Jahrgängen 1921-1924 der IPZ besprochen; vgl. *IZP* 10(1924), S. 87-90 und 472-475. Besonders erwähnenswert ist das »Sammelreferat« von über 35 Arbeiten; von Ernest Jones stammt eine vernichtende Kritik des Buches *La Psychanalyse et les névroses* von Laforgue und Allendy.

[10] Der über 400 Seiten umfassende Band wird eröffnet mit Freuds Arbeit »Über die Psychogenese eines Falls von weiblicher Homosexualität« und enthält so bedeutsame Arbeiten wie Abrahams Beitrag »Zur Prognose psychoanalytischer Behandlungen in vorgeschrittenem Lebensalter«, oder Nunbergs Arbeit »Über den katatonischen Anfall«.

[11] Die 7. Auflage von Freud (1901b).

[12] Freud (1920g).

[13] Pfister (1920), siehe RB 28.10.1920/W.

[14] Kolnai (1920), siehe RB 28.10.1920/W.

[15] Groddeck (1921), siehe RB 28.10.1920/W.

Vorlesungen[16] und von Totem[17] sind schon in unserem Besitz. Abrahams Klinische Beiträge[18] sind beinahe fertig und können zu Neujahr ausgegeben werden. Die beiden ersten Bände[19] unserer englischen Bibliothek (War Neuroses und Putnams Buch[20]) werden gleichfalls und Neujahr erscheinen und das erste italienische Buch (Rank, Heldenmythus)[21] kommt zu Neujahr in Druck. – Von deutschen Werken bereiten wir für die nächste Zeit vor: einen von Dr. Bernfeld[22] herausgegebenen Sammelband zur

---

[16] Von Freud (1916-17a), 3. Aufl.
[17] Von Freud (1912-13a), 2. Aufl.
[18] Abraham (1921).
[19] In der von Ernest Jones herausgegebenen Internationalen Psycho-Analytical Library waren bisher erschienen: No.1. Addresses an Psycho-Analysis by J. J. Putnam, M. D., with a preface by Sigm. Freud, M. D., L. L. D. – No. 2. Psycho-Analysis and the War Neuroses by Dr. S. Ferenczi, Karl Abraham, Ernst Simmel and Ernest Jones, introduction by Prof. Sigm. Freud. Vgl. [*IZP* 7(1921), S. 534.
[20] Putnam (1921).
[21] Siehe RB 7.11.1920/Bp.
[22] Siegfried Bernfeld (1892-1953). Studierte Naturwissenschaften, Psychologie und Pädagogik in Wien und Freiburg. 1912 gründete er unter Einfluß der Reformpädagogik G. Wynekens das »Akademische Comité für Schulreform«. Ab 1914 engagierte er sich in der zionistischen Bewegung Wiens. 1915 wurde er Gast der Wiener Psychoanalytischen Vereinigung und 1919 Mitglied. 1922 begann Bernfeld mit Unterstützung Freuds eine psychoanalytische Praxis. Ab 1925, als Stellvertreter Helene Deutschs am Wiener Psychoanalytischen Institut, war er an der Ausbildung beteiligt. Ende 1925 siedelte Bernfeld nach Berlin, wurde dort Mitglied und holte zwischen 1930 und 32 eine Lehranalyse bei H. Sachs nach. Seine Bemühungen um eine Verbindung von Psychoanalyse und Marxismus fanden sowohl in seinem Engagement bei der Entwicklung einer psychoanalytischen Pädagogik ihren Niederschlag, als auch in seiner Dozententätigkeit am Berliner Psychoanalytischen Institut und der Berliner Hochschule für Politik. 1932 kehrte Bernfeld nach Wien zurück. 1933 war er Mitglied des Vorstandes der Wiener Vereinigung und ging 1934 mit seiner dritten Frau Suzanne Cassirer Paret nach Frankreich. Dort praktizierte er als Analytiker und begann die Werke Sigmund Freuds als Quelle zur wissenschaftlichen Biographik des Begründers der Psychoanalyse zu interpretieren. 1937 emigrierte Bernfeld über London nach San Francisco, wo er am Aufbau des psychoanalytischen Instituts beteiligt, ein vehementer Kritiker aller Verschulung und Bürokratisierung des psychoanalytischen Ausbildungssystems wurde; vgl. u.a. Fallend & Reichmayr (Hg.) (1992).

Jugendforschung (in den Quellenschriften)[23] und ebendort die Kindersammlung, für die reichlich Material einläuft. Ferner das Buch von Varendonck[24], das der Prof. in seinem Kongreßvortrag[25] erwähnte. Jones Behandlung der Neurosen, das übersetzt wird für den Jahresbericht als Beiheft[26] und wahrscheinlich in derselben Reihe Stärckes erweiterter Kongreß-Vortrag[27]. – Von englischen Büchern: Flügel, Die Geschichte der Familie[28] und Róheim Totemismus[29]. –
Delgado sandte einen kurzen Artikel für die »Festschrift«: Von allen angekündigten der einzige, der rechtzeitig eintraf: aus Peru!! Er ist allerdings auf der langen Reise schwach geworden, aber dennoch ersuchen wir Dich, l. Abraham, die nur wenige Seiten umfassende, aber sehr poetisch geschriebene Arbeit zu übersetzen; wir werden sie in Imago veröffentlichen.[30] –
Die englische Korrespondenz betr. das Journal etc. wird jetzt zum größten Teil Hiller mir abnehmen; nur in besonderen Fällen werde ich Dir, l. Jones selbst darüber schreiben. – Bezüglich der Übersetzung von Stra-

---

[23] Bd. II der »Quellenschriften zur seelischen Entwicklung« mit dem Titel: »Vom Gemeinschaftsleben der Jugend. Beiträge zur Jugendforschung«, hrsg. von S. Bernfeld.
[24] Varendonck (1922).
[25] Freud (1920f).
[26] »Als Band XI der 'Internationalen Psychoanalytischen Bibliothek' ist erschienen: 'Therapie der Neurosen' von Dr. Ernest Jones. Im Druck befindet sich Band XII: 'Über das vorbewußte phantasierende Denken' von J. Varendonck und Band XIII: 'Populäre Vorträge über Psychoanalyse' von Dr. S. Ferenczi«; vgl. *IZP* 7(1921), S. 533. »Als Beiheft Nr. 3 der 'Internationalen Zeitschrift für Psychoanalyse' ist der 'Bericht über die Fortschritte der Psychoanalyse in den Jahren 1914-1919' erschienen. Außer einer Ausgabe auf wohlfeilem Papier ist eine auf holzfreiem Friedenspapier hergestellt worden, die nur gebunden (in Halbleinen oder Halbleder) erhältlich ist«; vgl. *IZP* 7(1921), S. 533.
[27] »Als Beiheft Nr. 4 erschien. 'Psychoanalyse und Psychiatrie' (Erweitertes Korreferat auf dem sechsten Internationalen Psychoanalytischen Kongreß im Haag) von August Stärcke, Psychiater in der Anstalt 'Willem Arntz Hoeve', den Dolder bei Utrecht« [*IZP* 7(1921), S. 533].
[28] Flügel (1921).
[29] Roheim (1925); siehe auch RB 28.10.1920/W..
[30] Delgado (1921).

cheys[31] hier: Du hast das Manuskript auf der Maschine abgeschrieben, aber das Original hat Strachey glaube ich gefehlt, obwohl er so höflich war, dies nicht direkt zu sagen: bitte sende in solchen Fällen auch immer die Original-Handschrift, schon damit die Leute sehen, was du verbessert hast, und etwas davon lernen können. –
Beim Professor sind folgende interessante Bücher eingelaufen, die wir Dir, l. Jones, zum ref. im Journal empfehlen:
1. Margaret Fuller: A psychological biography by Katharine Anthony, New York 1920, Harcourt & Howe. Nach dem Urteil des Professor die erste wirklich psa. Biographie. – Ferner ein Gegenstück dazu
2. The Ordeal of Mark Twain by van Wyck Brocks. New York 1920, K.P. Datten & Co, 681, Fifth Avne. –
Ferner ist die erste dänische Übersetzung eines Werkes vom Professor erschienen: Det Ubevidste (enthält die fünf kleinen amerikanischen Vorlesungen[32] und die kleine Abhandlung über den Traum[33]) Martins Forlag, Kopenhagen 1920, übersetzt von Otto Gelsted (autorisiert).[34]
Von der Berliner Gruppe brauchen wir für das nächste Korrespondenzblatt den Jahresbericht ab 11. März 1920, sowie ein komplettes Mitgliederverzeichnis. –
Eine Anfrage des Prof. an Jones: Jekels[35] hat mitgeteilt, daß in einer englischen Zeitschrift(?) ein Artikel erschienen ist, der nach einer Tagebuch-Notiz Shakespeares das Datum der 1. Hamletaufführung vor dem Tod des Vaters ansetzen zu können glaubt.[36] Ist Dir, l. Jones, etwas von

---

[31] Es konnte nicht geklärt werden, um welche der zahlreichen Übersetzungen der beiden Stracheys es sich handelt.
[32] Freud (1910a).
[33] Freud (1901a).
[34] Vgl. *IZP* 7(1921), S. 109.
[35] Ludwig Jekels (1867-1954). Psychiater, kam 1905 aus Lemberg nach Wien zu Freud in Behandlung. 1908 wurde er Gast der Wiener Vereinigung und 1910 Mitglied. 1924 war er als Stellvertreter Freuds im Gespräch. 1932 wurde Jekels Nachfolger Bernfelds und Stellvertreter H. Deutschs am Lehrinstitut. Auf Empfehlung Freuds ging er 1934 nach Stockholm, um dort die neugegründete Svensk-Finska-Psykoanalyska Föreningen mit Otto Fenichel zu unterstützen. 1937 kehrte er zurück, um 1938 beim Einmarsch der deutschen Truppen über Australien nach den USA zu emigrieren; vgl. Mühlleitner (1992a), S. 170 f.
[36] Bis heute ist nicht klar, wann die erste Hamletaufführung stattgefunden hat. Höchstwahrscheinlich im Todesjahr von Shakespeares Vater John im Jahre 1601;

dieser Arbeit bekannt geworden, und könntest Du Dich eventuell dafür interessieren? Es würde ja auch auf Deine Hamlet-Neuauflage von Einfluß sein!³⁷

Schließlich spreche ich persönlich Dir, l. Jones, und durch Dich auch der Gruppe in London meinen Dank für Ehrenmitgliedschaft aus, obwohl ich wirklich gar nichts »Ehrenmitgliedhaftes« in mir fühle und das Gefühl einer Mumifizierung dabei nicht loswerden kann; aber das mag persönlich komplexbetont sein!

Wir freuen uns, am Schluß des Jahres unsere beiden Freunde Abraham und Ferenczi wieder ganz wohl zu wissen und wünschen allen ein glückliches frohes und arbeitsreiches Neues Jahr.

Herzlich

Rank

---

das genaue Datum aber steht nicht fest; vgl. w3.tesser.com/csf/plays /hamlet.htm. Michael Molnar hat uns darauf aufmerksam gemacht, daß im Tagebuch von Philip Henslowe (»Henslowe's Diary«), einem Zeitgenossen Shakespeares sich ein Hinweis auf eine Aufführung des Ur-Hamlet im Jahre 1594 findet; vgl. Chambers (1930), S. 411. Es ist möglich, daß Jekels diese Aufführung gemeint hat.

³⁷ Jones (1911); in seinem Buch *Hamlet and Oedipus* geht Jones ausführlich auf den Zeitpunkt der Uraufführung von Shakespeares Hamlet ein und kommt zu dem Schluß, daß sie im Sommer oder Herbst 1601 stattgefunden haben muß. Shakespeares Vater John ist im September 1901 gestorben; vgl. Jones (1949), S. 101-120.

31.12.1920/B
[Briefkopf: *International Psycho-Analytical Association*][1]

Berlin 31.12.20
Nr. 13
Antwort auf L. 12[2], W. 11[3]
Bp. fehlt.

Liebe Freunde,
Entsprechend dem Vorschlag von Jones schreiben wir am 31. und lassen den nächsten Brief am 10. Jan. folgen. Die Änderung des Intervalls wird dieses Mal eine gewisse Störung bewirken, die aber nächstes Mal ausgeglichen sein dürfte. Um die jetzt entstandene Ungleichheit der Zählung zu beseitigen, wird es sich empfehlen, mit dem ersten Brief des neuen Jahres eine neue Zählung (1921, Nr. 1) zu beginnen. Denn dieses Mal datiert am 21. Dez. London den 12., Wien dagegen erst den 11. Bericht.
Die guten Wünsche aller erwidern wir nochmals aufs Herzlichste. Am Jahresschluß darf mit Befriedigung festgestellt werden, daß die Wahl Berlins als Aufenthaltsort sich für Sachs als günstig erwiesen hat, sowohl hinsichtlich seiner Gesundheit als auch sonst. Eitingon ist inzwischen nach Meran gereist. Ich selbst habe die Erkrankung überstanden, bin aber noch sehr matt und ruhebedürftig. Ich danke dem ganzen Kreise für das freundschaftliche Interesse an meinem Ergehen.!
Jones: Die 2 Brüder Glover sind jetzt hier. Ich berichte Näheres, sobald ich die Analysen begonnen habe. –
Ob Frau Dr. Herford sich schon zur Mitgliedschaft eignet, ist schwer zu beurteilen. In unsern Vereinssitzungen verhielt sie sich ganz inaktiv, zeigte aber lebhaftes Interesse. Durch ihre eigene Analyse hat sie mindestens eine <u>Grundlage</u> erworben. Wie weit ihr Urteil über andre Analysen geht, wird sich wohl erst herausstellen müssen. Auch weiß ich nicht, welche Ansprüche in Eurer Gruppe gestellt werden. Am richtigsten dürfte sein, sie zuerst als Gast kennen zu lernen, ev. einen Vortrag von ihr zu verlangen. (Letzteres allerdings für Dr. H. etwas schwer ausführbar wegen gewisser Hemmungen). Wir stehen in Berlin auf dem Standpunkt, solche »Outsiders« als Mitglieder aufzunehmen, wenn nicht besondere

---

[1] Maschinenschriftlicher Brief.
[2] RB 22.12.1920/B.
[3] RB 31.12.1920/B.

Gegengründe vorliegen. Sie sind dann in gewissem Grade unter unserer Kontrolle. Wir haben z. B. die Bestimmung getroffen, daß kein Mitglied ohne Genehmigung des Vereins Vorträge oder Kurse hält. Im Ganzen, glaube ich also, wird sich die Aufnahme der Frau Dr. H. nach einer Probezeit empfehlen.

Was nun die Frage des Kongresses betrifft, so möchten wir Berliner nicht den Ausschlag geben. Es scheint uns am richtigsten, wenn die anderen Gruppen bald darüber beschließen werden. Im Haag war, unter dem glänzenden Eindruck des Kongresses, der Wunsch nach baldiger Wiederholung allgemein. Wenn die anderen Gruppen jetzt für 1922 eintreten, so werden wir uns eben fügen müssen. Aber als einladende Gruppe können wir den Aufschub nicht gut zuerst beschließen. Wenn das Com. allgemein für Verlegung auf 1922 ist und die anderen Gruppen sich in ihrer Mehrheit im gleichen Sinne entscheiden, so ist für uns eine einfache Sachlage geschaffen.

Die Gründe für 1921, die ich früher hervorhob, werden hierdurch nicht aufgehoben. Aber keiner dieser Gründe macht den Kongreß 1921 zu einer Notwendigkeit; sie lassen die Abhaltung 1921 nur sehr wünschenswert erscheinen.

Da am letzten Kongreß nur ein Amerikaner[4] teilgenommen hat, so scheint die Befragung der Amerikaner weniger wichtig. Die andern Gruppen sollten dagegen zur Beschlußfassung aufgefordert werden.

Wir haben es als erfreuliches Ereignis bereits vermerkt, daß der Jahrgang der Zeitschr. komplett geworden ist. Nicht minder freuen uns die vielen andern Fortschritte auf literarischem Gebiet. Ihnen, lieber Herr Prof., herzlichen Dank für den siebenten »Alltag«! Vivat sequentes![5].....

In der peruanischen Revista de Psiquiatrica finde ich ein Referat über Dein Buch, l. Ferenczi (Pathoneur.[6]). Ich zitiere daraus: »Un nuevo libro de la pluma de esta genial clinico psicologe es todo un suceso feliz para

---

[4] Gemeint ist der Kongreß in Den Haag, an dem als Vertreter der New Yorker Gruppe Adolf Stern (1878-1958) teilgenommen hatte; vgl. KB, *IZP*, 6(1920), S. 388ff. Stern war seit 1915 Mitglied der New Yorker Psychoanalytic Society, von 1939 bis 1940 Vorsitzender des Ausbildungsausschusses und ab 1941 ihr Präsident. 1927 war er zum Vorsitzenden der American Psychoanalytic Society gewählt worden; vgl. Mühlleitner & Reichmayr (1998), Bd. 2, S. 1436, 1998.
[5] »Es leben die folgenden!«
[6] Ferenczi (1919).

los cultores de la psiquiatria cientifica.«[7] Bis Du damit zufrieden? – Leider zugleich ein neuer Beweis dafür, daß der Prophet nur außerhalb seines Vaterlandes gilt.

Für Mitgliederliste und Vereinsbericht wird Sachs sorgen, muß allerdings damit auf Liebermanns Rückkehr warten, der auf 14 Tage verreist ist und alle Notizen in Händen hat. Bis zu unsrer Generalversammlung am 27. Januar wird der gegenwärtige unhaltbare Betrieb noch dauern müssen. Länger geht es keinesfalls. Ich bitte Dich, l. Rank, in dieser Sache also noch einmal um Geduld, die mir selbst auch schwer genug wird.

Dieser Brief geht ohne Eitingon's Mitwirkung ab; er erhält aber eine Kopie zur Kenntnis.

Mit herzlichsten Grüßen und in der Hoffnung, daß unser Briefwechsel sich weiter zu unser aller Befriedigung gestalten möge, schließen wir den Jahrgang 1920!

           Abraham   Hanns Sachs

[Handschriftlicher Zusatz von Abraham:]
An Rank: Bestätigen den Empfang des MS von Delgado![8]

---

[7] »Ein neues Buch aus der Feder dieses genialen klinischen Psychologen ist ein Glücksfall für die wissenschaftliche Psychiatrie.«
[8] Der Zusatz lautet ursprünglich: »Bitte um Zusendung des MS von Delgado!«

31.12.1920/L
[Briefkopf: *International Psycho-Analytical Association*][1]

Dec. 31. 1920
L.13 / Be. 12, Bu. 10, W. 11.[2]

Dear Friends:
I was relieved and glad to hear of the improvement in our two invalids, and warmly hope that this will continue; they have quite enough to contend with without the addition of ill health.
I agree with Ferenczi that we may congratulate ourselves on the present state of psa. when we »stock-take« at the end of the year, though perhaps I am not so unreservedly optimistic as his letter seems to be. He certainly points to the chief favourable points, the valuable works recently presented to us by our leader, the re-establishment of our organisation, and the tightening, in a practical way, of the bonds between the members of the Committee. To which I would add a fourth, the literary activity of our *Verlag* and *Press*. To set on the other side is the superficial way in which psa. mostly taken up (at least in England and America), the small number of those who devote their best energies to it, and the miscredit and quackery widely associated with it. It becomes ever clearer, as I saw when suggesting in 1912 that the Committee be formed, that our main hope lies in the steadfast holding together of our little group of Paladins, connected by both scientific and personal bonds.
I enclose with each letter an official communication, which I beg be brought before the respective Societies.
Ferenczi. To your paper on the relation between music and anal-erotism[3] I can add the following recent experiences. A society lady, enthusiastic pianist, has the recurrent dream that she is exploring her house (!) and finds to her delight that at the back of it (!) there is a beautiful chamber, previously undiscovered, which would make a perfect music-room: There is the plainest evidence of very early

---

[1] Maschinenschriftlicher Brief.
[2] RB 23.12.1920, RB 21.12.1920/Bp und RB 31.12.1920/B.
[3] Unter den veröffentlichten Arbeiten Ferenczis konnte keine mit diesem oder einem ähnlichen Titel identifiziert werden.

(forgotten) anal masturbation, though otherwise her anal characteristics are not stronger than is normal. No neurosis.

I hear that some remarkable experiences on telepathy have just been published by the SPR[4]. When I have read them I will report further.

Berlin. I should be grateful if Frau Dr Abraham would review Mordell, also Cohen (shortly). We shall be very happy to see Eitingon in London; of course we shall learn beforehand of the probable date. Will you forward this letter, etc, to him, as my machine will not make more copies.

Wien. My best thanks to Professor for the Jenseits and the new Alltagsleben (22 pages larger!). Pfister, Groddeck, and the Zeitschrift have also arrived, concrete proofs of Rank's endless activity.

I have written to Berkeley-Hill, but think it is an excellent idea to add Professor's suggestion in an editorial footnote.

Do I understand that you wish to exchange the Z. regularly for the Journal of Neurology[5] (not the Brit. J. of Psychology[6])? They would gladly do so, I am sure, but I should not think it would be worth your while. It has hardly anything of interest to us, and when there is it will be abstracted for the J. But if you wish to exchange I can easily arrange it with Hart. Delgado has just written to ask an exchange with the J.

There has been some new work on the date of the Hamlet quarto (in the Times Literary Supplement), but nothing showing the date when it was written.

Thanks for the bibliography. Do you mean that both books are good enough for me to write for a review copy? I will write for the Fuller one, in any case. Can you find the name of the publisher of Ralph's book »Psychical Surgery«[7], which you indicated on the bibliographical list sent a couple of weeks ago?

Unwin is negotiating for the English writes of Professor's »Delusion and Dream« (Gradiva)[8]. What a pity we cannot have it for the *Press*.

---

[4] Society for Psychical Research.

[5] Das Fachblatt der Medical Section of the British Psychological Society hieß: Journal of Neurology and Psychology.

[6] Das Fachblatt der British Psychological Society hieß: British Journal of Psychology.

[7] Ralph (1920).

[8] Freud (1907a).

I read in the Times that »Freud has found an ardent disciple in M[onsieur]. Bourget«. It comes in a review of Paul Bourget's recent book »Anomalies« (Plon-Nourrit. Paris).[9] Does anyone know anything of this? At least the Academie Francaise!

On the other hand the press campaign in London continues, and we are contemplating counter-measures. Two interviewers have arrived, but we have cautiously kept them so far at a distance.

Wishing you all a happy, prosperous, and fruitful New Year, one on which I think we can legitimately build hopes of progress.

Yours devotedly

Ernest Jones.

---

[9] Bourget (1920)

Liste der Briefe

02.11.1913	Wien
10.03.1914	Abraham-Komitee
13.03.1914	Jones-Abraham
04.11.1918	Freud-Komitee
07.11.1918	Freud-Komitee
01.12.1919	Ferenczi-Eitingon
20.09.1920	Budapest
05.10.1920	Wien
06.10.1920	Berlin
07.10.1920	London
11.10.1920	Budapest
12.10.1920	London
13.10.1920	Berlin
14.10.1920	Wien
18.10.1920	Budapest
19.10.1920	London
20.10.1920	Berlin
21.10.1920	Wien
24.10.1920	Budapest
26.10.1920	London
27.10.1920	Berlin
28.10.1920	Wien
28.10.1920	Wien
30.10.1920	Budapest
02.11.1920	London
03.11.1920	Berlin
04.11.1920	Wien
07.11.1920	Budapest
09.11.1920	London
10.11.1920	Berlin
11.11.1920	Wien
16.11.1920	London
17.11.1920	Berlin

18.11.1920	Wien
21.11.1920	London
24.11.1920	Berlin
25.11.1920	Wien
25.11.1920	Budapest
30.11.1920	London
01.12.1920	Berlin
05.12.1920	Wien
06.12.1920	Budapest
07.12.1920	London
08.12.1920	Berlin
11.12.1920	Wien
14.12.1920	Budapest
15.12.1920	Berlin
15.12.1920	London
21.12.1920	London
21.12.1920	Budapest
22.12.1920	Berlin
23.12.1920	Wien
31.12.1920	Berlin
31.12.1920	London

Abkürzungen

BIPA	Archive des British Institute of Psycho-Analysis
BLÄ	Biographisches Lexikon der Ärzte
FML	Archiv des Freud Museums (London)
IJP	International Journal of Psycho-Analysis
IZP	Internationale Zeitschrift für Psychoanalyse
IPV	Internationale Psychoanalytische Vereinigung
KB	Korrespondenzblatt der IPV
ÖBL	Österreichisches Biographisches Lexikon 1815-1950
ÖNB	Österreichische Nationalbibliothek (Handschriftenabteilung)
ORA	Otto Rank Archiv (Columbia University, Butler Library)
PB	Psychoanalytische Bewegung (Rubrik in der IZP)
Psa/psa	Psychoanalyse/psychoanalytisch
RB	Rundbrief
WPV	Wiener Psychoanalytische Vereinigung
SFH	Archiv des Sigmund Freud Hauses (Wien)

Kurzbiographien der Komiteemitglieder[1]

Abraham, Karl (1877 – 1925)[2]

Karl Abraham wurde als jüngster von zwei Söhnen einer jüdischen Kaufmannsfamilie in Bremen geboren. Sein Vater – der in der jüdischen Gemeinde als Religionslehrer tätig war – war ihm in religiösen Fragen ein Vorbild an Toleranz. Abraham studierte in Würzburg, Berlin und Freiburg, anfangs Zahnmedizin, nach dem 1. Semester wechselte er zur Humanmedizin. Seine neurologische Ausbildung erhielt er in der Nervenklinik Dalldorf bei Berlin, bevor er 1904 nach Zürich übersiedelte und am Burghölzli mit Eugen Bleuler und C. G. Jung zusammenarbeitete. Dort kam er auch mit den Ideen Freuds in Berührung. Im Jahre 1906 heiratete er Hedwig Bürgner. Aus der Ehe gingen zwei Kinder hervor, Hilda und Grant.

Entscheidend für seine berufliche Entwicklung war das Jahr 1907: Am 27. April hielt er vor dem »Deutschen Verein für Psychiatrie« in Frankfurt einen Vortrag »Über die Bedeutung sexueller Jugendtraumen«. Die schriftliche Fassung dieses Vortrags[3] hatte Freud sehr beeindruckt und am 15. Dezember 1907 besuchte Abraham Freud in Wien. Im gleichen Jahre ließ er sich in Berlin als praktizierender Psychoanalytiker nieder. Das war ein mutiger Schritt angesichts der kollektiven Vorurteile der traditionellen Psychiatrie der Psychoanalyse gegenüber. Durch großes Engagement gelang es Abraham, in der Berliner Ärzteschaft zu einer Autorität zu werden und sich Respekt zu verschaffen. Ab 1909 hatte auch seine Praxis regen Zulauf.[4]

Abraham leistete wichtige Beiträge zu Theorie und Praxis der Psychoanalyse und sein Einfluß als Lehranalytiker war außerordentlich. Nach dem Bruch mit Jung wurde er 1914 Präsident der IPV und Mitherausge-

---

[1] Sigmund Freud wurde hier nicht mit aufgenommen, da es viele leicht zugängliche Biographien gibt; vgl. u.a. die Zusammenstellung von Tögel (1996).
[2] Die biographischen Angaben fußen im wesentlichen auf folgenden Quellen: Abraham, Hilda (1976), Jones (1960-62), Grotjahn (1995).
[3] Abraham (1907).
[4] Freud (1965a), S. 74.

ber des *Jahrbuches*. Als Chefarzt einer psychiatrischen Station während des Ersten Weltkrieges sammelte er wichtige Erfahrungen über Kriegsneurosen. Nach dem 1. Weltkrieg widmete er sich verstärkt der psychoanalytischen Bewegung. Dieses Engagement wird besonders deutlich in den Berliner *Rundbriefen*.
1925 erkrankte Abraham an septischer Pneumonie. Nach einer wahrscheinlich falschen Behandlung wegen unklarer Diagnose starb er am 25. Dezember desselben Jahres.
Über Abrahams Rolle in der »Psychoanalytischen Bewegung« schreibt Peter Gay:

> Als Wachhund der Psychoanalyse zeigte sich Abraham manchmal weniger tolerant als sein Vater. Seine Analytikerkollegen schätzten ihn als ruhig, methodisch, intelligent, Spekulationen oder jedem Überschwang abgeneigt. Vielleicht war er ein wenig kühl. ... Aber seine Zurückhaltung erlaubte es Abraham, Selbstbeherrschung und gesunden Menschenverstand einer Bewegung zu liefern, die dieser Eigenschaften dringend bedurfte. ... Seine gelassene Heiterkeit wurde beinahe sprichwörtlich unter seinen Kollegen. Freud, der sich oft an den sonnigen Voraussagen Abrahams wärmte, nannte ihn einen unverbesserlichen Optimisten.[5]

Als er 1908 die Berliner Psychoanalytische Vereinigung gründete, hatte er dabei Freuds »Mittwoch-Gesellschaft« im Auge. Und in der Folge sollten sich diese »Ortsgruppen« als die Keimzellen der internationalen Psychoanalyse erweisen. Sie nahmen Teil an den kulturrevolutionären Bewegungen jener Zeit. So gehörte z.B. Magnus Hirschfeld kurze Zeit der Berliner Gruppe an, um auch in ihrem Rahmen für die Entkriminalisierung der Homosexualität zu kämpfen. Nach 1920, und mit der Gründung der ersten psychoanalytischen Poliklinik durch Abrahams Freund und Kollegen Eitingon, ist in Berlin ein spezifischer Arbeitsstil eingeführt worden, der diese zum führenden psychoanalytischen Zentrum machen sollte. Beim Versuch, die Arbeitsatmosphäre der Berliner Vereinigung zu beschreiben wird immer wieder auf die starke klinische Orientierung Abrahams hingewiesen. Und Glover beschreibt, wie Abraham »als Vorsitzender die Diskussion ... leitete, die alle Augenblicke unversehens zu einem wilden Getümmel oftmals widerstreitender Ideen zu explodieren pflegte: Abraham führte ein über das andere Mal die Streitenden wieder

---

[5] Gay (1989), S. 207.

zu der Notwendigkeit zurück, klinische Maßstäbe an ihre spekulativen Abhandlungen anzulegen«.[6]
Die *Rundbriefe* zeigen, daß er im Rahmen des »Geheimen Komitees« nicht in der Lage war, eine ähnlich besonnene Rolle zu spielen.

Eitingon, Max (1881 – 1943)[7]

Eitingon wurde in Mogilev am Dnjepr in Weißrußland geboren.[8] Er entstammte einer reichen jüdischen Familie, die 1893 nach Leipzig übersiedelte. Später war er Teilhaber eines großen Pelzgeschäftes, das bis 1929 Pelze aus der Sowjetunion importierte.
Eitingon studierte Medizin und Philosophie in Marburg, arbeitete eine Zeitlang in Zürich unter Bleuler und siedelte dann nach Berlin über. In der letzten Januarwoche des Jahres 1907 kam es zur ersten Begegnung zwischen Eitingon und Freud. Anlaß war eine Sitzung der »Mittwoch-Gesellschaft«, bei der über Fragen der Ätiologie und Therapie der Neurosen diskutiert wurde, die Eitingon aufgeworfen hatte.[9] Im September des gleichen Jahres reiste Freud mit Eitingon nach Rom, und von da ab riß der enge Kontakt zwischen beiden Männern nicht mehr ab: 1909 wird er von Freud auf »abendlichen Spaziergängen« analysiert, im Februar 1910 schenkt er Freud Dostojewskis »Sämtliche Werke«, und ab 1912 besucht Eitingon Freud mindestens einmal pro Jahr und Freud sucht Eitingon immer auf, wenn er in Berlin ist.
Während des 1. Weltkriegs diente Eitingon in der österreichischen Armee und bald nach dem Krieg, im Jahre 1919, wurde er Mitglied des Geheimen Komitees. Seine finanzielle Situation erlaubte es, Freud während der schwierigen Nachkriegszeit zu unterstützen. Er überwies regelmäßig Geld und finanzierte auch das psychoanalytische Institut und die 1920 gegrün-

---

[6] Zit. bei Hermanns (1994), S. 38.
[7] Die biographischen Angaben fußen im wesentlichen auf folgenden Quellen: Wulff (1950), Pomer (1995), Etkind (1997).
[8] Die Industriestadt gehörte in den letzten zwei Jahrhunderten zu verschiedenen Ländern (Litauen, Polen, Sowjetunion) und hat heute knapp 400 000 Einwohner.
[9] Freud (1962-75a), Bd. 1, S. 77ff.

dete psychoanalytische Poliklinik in Berlin.[10] Freud schreibt später darüber:

> Mein Freund Max Eitingon, der die Berliner Psychoanalytische Poliklinik geschaffen und bisher aus eigenen Mitteln erhalten hat, berichtet auf den nachstehenden Blättern der Öffentlichkeit über die Motive seiner Gründung, wie über Einrichtung und Leistung des Instituts. Ich kann zu dieser Schrift nur den Wunsch beitragen, daß sich bald auch an anderen Orten Männer oder Vereinigungen finden mögen, welche, dem Beispiele Eitingons folgend, ähnliche Anstalten ins Leben rufen.[11]

Auf dem 9. Internationalen Psychoanalytischen Kongreß in Bad Homburg vom 3. bis 5. September 1924 wurde auf Eitingons Anregung hin eine internationale Regelung der Unterrichts- und Ausbildungsfragen nach dem Vorbild der Berliner Ausbildungsmethode beschlossen. Es wurde eine Internationale Unterrichtskommission eingesetzt, deren Vorsitzender Eitingon wurde.
Nach Abrahams Tode wurde Eitingon Interims-Präsident der Internationalen Psychoanalytischen Vereinigung, behielt aber auf Freuds Drängen diesen Posten bis zum 12. Kongreß der IPV in Wiesbaden im Jahre 1932.
Nach der Machtübernahme durch die Nazis in Deutschland emigrierte Eitingon nach Palästina und gründete dort 1933 – noch vor seiner endgültigen Niederlassung in Jerusalem – die »Chewra Psychoanalytith b'Erez-Israel«.
In der Internationalen Psychoanalytischen Vereinigung blieb er aktiv bis zu seinem Tode.
Nicht verstummt ist bis heute die Diskussion um eine mögliche Agententätigkeit Eitingons für den sowjetischen Geheimdienst.[12]

---

[10] Außerdem half er auch russischen Emigranten wie den Schriftstellern Alexei Remizov und Lev Shestov.
[11] Freud (1923g), S. 44.
[12] Vgl. dazu u.a. Schröter (1997), Etkind (1997).

Ferenczi, Sándor (1873 – 1933)[13]

Sándor Ferenczi wurde in Miskolc in Österreich-Ungarn geboren. Seine Eltern – Baruch Fränkel und Rosa Eibenschütz[14] – waren polnischer Abstammung. Im Jahre 1879 änderten sie ihren Namen in Ferenczi. Nach Medizinstudium und Promotion in Wien ließ er sich 1897 in Budapest nieder.
Am 2. Februar 1908 besuchte Ferenczi Freud zum ersten Mal. Im Sommer des gleichen Jahres verbringt Ferenczi den Sommer in der Nähe des Dietfeldhofs in Berchtesgaden, wo Freud Urlaub machte. Es schien damals nicht ausgeschlossen, daß er Freuds älteste Tochter Mathilde heiratete.
1909 begleitete Ferenczi Freud und Jung nach Amerika an die Clark University in Worcester, und im Sommer 1910 reisten beide nach Sizilien.
Er war einer der Initiatoren der Gründung der Internationalen Psychoanalytischen Vereinigung, und 1913 gründete er die Ungarische Psychoanalytische Vereinigung (seit 1908 war er bereits Mitglied der WPV). Im Ersten Weltkrieg war Ferenczi Regimentsarzt in Westungarn, in dieser Zeit unterzog er sich einer Lehranalyse bei Freud.
Während der Räterepublik im Jahre 1919 war Ferenczi für kurze Zeit Universitätsprofessor für Psychoanalyse. Im gleichen Jahr hatte er Gizella Palos geheiratet.
In der zweiten Hälfte der 20er Jahre erkrankte Ferenczi an perniziöser Anämie, an deren Folgen er dann auch starb.
Ferenczi war äußerst produktiv und leistete viele – z.T. umstrittene – Beiträge zur Psychoanalyse. Es kam auch zu fachlichen Differenzen zwischen ihm und Freud. Besonders seine therapeutischen Experimente stießen bei Freud und anderen Analytikern auf Skepsis.
Seine Ergebenheit der Psychoanalyse und Freud gegenüber kommt am besten in einem Brief an Max Eitingon zum Ausdruck, in dem er die Aufgabe des *Geheimen Komitees* umreißt:

---

[13] Die biographischen Angaben fußen im wesentlichen auf folgenden Quellen: Rattner (1990), Mühlleitner (1992), Lorand (1995),
[14] Fränkel, Rosa, geb. Eibenschütz (1840-1921).

Zwar sind die Statuten unserer Gemeinschaft niemals in Worte gefaßt worden, doch glaube ich, daß es sich in erster Linie darum handelt, die Idee, Freuds Werk möglichst <u>unverändert</u> zu erhalten. Wir haben es mit den Erzeugnissen eines in seiner Bedeutung noch gar nicht voll zu würdigenden Geistes zu tun. Alles, was er uns sagte und sagen wird, muß also mit einer Art Dogmatismus gehegt werden, auch Dinge, die man vielleicht geneigt wäre anders auszudrücken. Wie oft mußte ich nachträglich einsehen, daß die von ihm gegebene Erklärung doch die tiefste und zureichendste war. Die Fähigkeit, auf eine eigene Idee zu Gunsten der zentralen zu verzichten, ist also eine der Hauptbedingungen, an die die Mitgliedschaft des Komitees geknüpft ist.[15]

Jones, Ernest (1879 – 1958)[16]

Englischer Psychiater, der 1903 von seinem Freund und späteren Schwager Wilfred Trotter auf die Psychoanalyse aufmerksam gemacht wurde. Die Lektüre von Freuds Krankengeschichte zum Fall »Dora«[17] hatte bei ihm einen so tiefen Eindruck hinterlassen, daß er selbst psychoanalytisch zu behandeln versuchte. Anläßlich der Teilnahme an einem Neurologischen Kongreß 1907 in Amsterdam hatte Jones C. G. Jung kennengelernt und Ende November für kurze Zeit im Burghölzli gearbeitet. Zur gleichen Zeit begann Jones seine psychoanalytische Fortbildung und ließ sich von Otto Groß in die psychoanalytische Praxis einführen. Bei seinem Aufenthalt in Zürich lernte Jones auch Brill und Ferenczi kennen. Letzterer hatte die Idee, einen »Kongreß der Freudschen Anhänger« zu veranstalten, zusammen mit Jones an Jung herangetragen, der seinerseits diesen Vorschlag an Freud weitergab. Dieser erste psychoanalytische Kongreß fand am 27. April 1908 in Salzburg statt. Hier begegneten sich Jones und Freud zum ersten Mal. Bereits im Mai desselben Jahres besuchte Jones Freud in Wien. Von da an sah er Freud oft. In der Zeit ihrer Freundschaft entwickelten die beiden Männer eine außergewöhnliche offene und intensive briefliche Kommunikation. Jones, der von tiefen Zweifeln an der Psychoanalyse nicht verschont blieb, gewann dennoch die Überzeugung

---

[15] Sándor Ferenczi-Ernest Jones, 1.12.1919.
[16] Die biographischen Angaben fußen im wesentlichen auf folgenden Quellen: Jones (1959), Jones (1960-62), Veszy-Wagner (1995), Freud (1993e).
[17] Freud (1905e).

von der Stimmigkeit der Freudschen Entdeckung und wurde zu einem engagierten und machtbewußten Organisator der internationalen psychoanalytischen Bewegung, der auch nicht vor militanter Polemik zurückschreckte. Gleichwohl schien diese Entwicklung auch für ihn kein leichter Weg gewesen zu sein. Jung schrieb über ihn an Freud: »Ein rätselvoller Mensch ist mir Jones. Er ist mir unheimlich, unverständlich. Steckt sehr viel oder zu wenig in ihm? Jedenfalls ist er kein einfacher Mensch, sondern ein intellektueller Lügner«.[18] Jung fragte sich, ob Jones' Ambivalenz Ausdruck von zu großer Bewunderung oder zuviel an Opportunismus sei. Und Freud sah ihn »als Fanatiker, der mich als zaghaft belächelt und mit Ihnen wegen Ihrer Schwankungen liebevolle Nachsicht hat«.[19]

1913, d.h. nach der Gründung des Komitees, begann Jones in Budapest eine Art Lehranalyse bei Ferenczi. Diese eigenen analytischen Erfahrungen hatten allerdings wenig Erfolg in bezug auf seine Beziehungen zu Frauen, so daß Freud ihn immer wieder diesbezüglich mit persönlichen Ratschlägen und Ermahnungen konfrontieren mußte. Auf diesem Hintergrund muß man die sorgenvollen Bemühungen und väterlichen Einmischungen Freuds sehen, wenn es um Jones' Beziehung zu seiner Tochter Anna geht.[20]

Das wechselvolle und unruhige Leben, das Jones am Beginn seiner medizinischen Laufbahn führte, war nicht ohne Einfluß auf seine Haltung in bezug auf die Professionalisierung der Psychoanalytiker. Zweimal wurde er verdächtigt, Kindern, die er untersucht und einem Sprachtest unterzogen hatte, »zu nahe« gekommen zu sein. Nachdem ihm auch noch das Krankenhaus, in dem er arbeitete, kündigte, hielt er es für ratsam, sich in Toronto niederzulassen. Hier begann Jones seine »Propaganda« für die Psychoanalyse, die ihn auch in die nördlichen Staaten der USA führte. Bereits 1911 hatte er in Absprache mit Freud die Amerikanische Psychoanalytische Vereinigung gegründet. Und zwei Jahre später, im November 1913 – als praktizierender Psychoanalytiker wieder nach London zurückgekehrt – konnte er Freud von der Gründung der »Londoner Psychoanalytischen Vereinigung« berichten.

---

[18] Freud (1974a), S. 180.
[19] Freud (1974), S. 183.
[20] Vgl. Young-Bruehl (1995), S. 93f.

Über psychoanalytische Kreise hinaus wurde Jones bekannt durch seine dreibändige Freud-Biographie, an der er bis zu seinem Tode im Jahre 1958 aufopferungsvoll arbeitete. Trotz mancher Unzulänglichkeiten sollte man nicht vergessen, daß diese Biographie wie keine andere auf Quellenmaterial fußt, das z.T. bis heute noch nicht zugänglich ist und nur Ernest Jones verwenden konnte.

Rank, Otto (1884 – 1939)[21]

Ursprünglich Otto Rosenfeld; Philosoph und Psychoanalytiker, beschrieb seinen beruflichen Lebensweg selbst als ein Weg mit vielen Umwegen. Er ist als drittes Kind jüdischer Eltern geboren (eine Schwester war vor seiner Geburt gestorben). Sein alkoholabhängiger Vater, zu dem er ein stark belastetes Verhältnis hatte, war Goldschmied. Nach Beendigung der Volks- und Bürgerschule besuchte er den maschinentechnischen Zweig einer höheren Gewerbeschule in Wien, die er nach der Reifeprüfung verließ. Von humanistischen Fächern stärker angezogen, bereitete er sich selbständig auf die Gymnasialmatura vor. Bereits um 1900 betätigte er sich unter dem Pseudonym 'Rank' schriftstellerisch und begann sich für Theater und die Schauspielerei zu interessieren. Er las sehr viel und stieß dabei auch auf Freuds »Traumdeutung«, die ihn stark beeindruckte. Zwischen Januar 1903 und Juli 1905 bearbeitete Rank eine Art innere Unruhe in seinen Tagebüchern. Durch seinen Hausarzt Alfred Adler lernte er 1905 Freud kennen.

Als Zwanzigjähriger stellte er Freud seine erste psychoanalytische Arbeit »Der Künstler« in der Wiener Psychoanalytischen Vereinigung vor. Seinen Eindruck beschieb Freud so:

> Eines Tages führte sich ein absolvierter Gewerbeschüler durch ein Manuskript bei uns ein, welches außerordentliches Verständnis verriet. Wir bewogen ihn, die Gymnasialstudien nachzuholen, die Universität zu besuchen und sich den nichtärztlichen Anwendungen der Psychoanalyse zu

---

[21] Die biographischen Angaben fußen im wesentlichen auf folgenden Quellen: Eisenstein (1995), Liebermann (1985), List (1995), Mühlleitner (1992a), S. 250-253, Rattner (1990), S. 135-163, Taft (1958).

widmen. Der kleine Verein erwarb so einen eifrigen und verläßlichen Sekretär, ich gewann an Otto Rank den treuesten Helfer und Mitarbeiter.[22]

Damit vollzog die »Mittwoch-Gesellschaft« einen entscheidenden Schritt zur endgültigen Institutionalisierung der Psychoanalyse, und Otto Rank wurde ihr erster Funktionär. Ranks Arbeitspensum ab dieser Zeit ist immens: Nach dem Abitur, auf das er sich als »Externer« vorbereitete, studierte er Psychologie, Philosophie, Literaturwissenschaft, Völkerkunde, Philologie und Kulturgeschichte. Nach seiner Dissertation über »Die Lohengrin-Sage«[23] veröffentlichte er weitere zahlreiche psychoanalytische Bücher und Aufsätze. In der Rolle als Sekretär der Mittwoch-Gesellschaft war es seine Aufgabe, die »Protokolle« der Vorträge und Diskussionen zu verfassen. Und als Sekretär Freuds war er für die Koordination des gesamten wirtschaftlichen und organisatorischen Rahmens zuständig, der weit über die Vereins- und Verlagsangelegenheit hinaus auch den persönlichen Bereich umfaßte. Jones beschrieb Rank als »den idealen Privatsekretär«, der sich »nie beklagte ... über eine Bürde, die man ihm auferlegte; er war sozusagen »Mädchen für alles«.[24] Allerdings finden sich in den Rundbriefen reichlich Klagen Ranks; und er war auch mehr als nur Privatsekretär Freuds. Er und seine Frau Beate – ebenfalls Analytikerin und mit Rank seit 1918 verheiratet, gehörten gleichsam zu Freuds Familie. Bis 1923 war Rank auch der Vertreter Freuds in den Sitzungen der Vereinigung. Er wurde von Freud gefördert wie kein anderer. Das Verhältnis zwischen beiden Männern unterschied sich erheblich von dem anderer Schüler und Mitarbeiter zu Freud. Freud hatte Rank z.B. eine berufliche Entwicklung ermöglicht, die ihm sein Vater nicht hatte bieten können. Anaïs Nin, die Freundin Ranks aus späteren Jahren schreibt, daß Rank Freuds »Forschungsgehilfe, Korrekturleser und Adoptivsohn« war.[25] Und für Rank war Freud das ersehnte Vatersubstitut. 1912 gründete er mit Sachs die Zeitschrift *Imago*, seit 1915 gab er zusammen mit Ferenczi und Jones die *Internationale Zeitschrift für Psychoanalyse* heraus. In den Kriegsjahren scheint sich Rank – laut Jones, der ihn bereits

---

[22] Freud (1914d), S. 160.
[23] Rank (1911); vgl. auch Ungern-Sternberg (1998).
[24] Jones (1960-62), Bd. 2, S. 196.
[25] Nin (1974).

1914 wegen depressiver Verstimmungen in Analyse nehmen wollte[26] – psychisch so stark verändert zu haben, daß mit dem Beginn von Freuds Krebserkrankung im Jahre 1923 eine Entwicklung eintrat, die zu einer dramatischen Trennung führte und die Existenz des »Geheimen Komitees« erschütterte.[27] Zunächst jedoch war Ranks Engagement für und in der psychoanalytischen Bewegung ungebrochen. Ab 1920 war er Laienanalytiker und wurde von Freud mit Patienten versorgt, was selbst den anderen Komiteemitgliedern unbekannt war.[28] Zu dieser Zeit begann er an seinem Buch über *Das Trauma der Geburt*[29] zu arbeiten, das er Freud zum Geburtstag widmete. Dieser reagierte zunächst wohlwollend, da er glaubte, sein Konzept der Angst, wie er es als Geburtsangst bereits in der *Traumdeutung* angedeutet hatte, wiederzufinden. Rank geriet jedoch mit seinem Konzept der zentralen Rolle der Mutter in Konflikt mit den Positionen der Komitee-Mitglieder, die die Bedeutung des Ödipuskomplexes, und damit die Rolle des Vaters, bei der Angstaffektentwicklung gefährdet sahen. Ab 1923 entstand für ihn eine Situation, in der er – sich seiner emotionalen Abhängigkeit bewußt werdend – seine materielle Selbständigkeit verbessern wollte, und er fuhr 1924 auf Einladung von Thaddeus Ames nach Amerika und hielt dort zahlreiche Vorträge. Als Freuds Sekretär und Schüler wurde er gut aufgenommen. Von den aufgetretenen Meinungsverschiedenheiten wußte man in Amerika zu dieser Zeit nichts. In der Zwischenzeit bemühte sich Freud, die sachlichen Unterschiede im Komitee zu klären. Auch Rank schien nach seiner Rückkehr gewillt, seine Beziehung zu Freud und den Kollegen wieder herzustellen. Doch seine Briefe aus Amerika an Freud und Ferenczi zeigen, daß der Riß nicht wieder zu flicken war. Wie Alix Strachey in ihren Briefen berichtet, hat in der Berliner Vereinigung neben offener Kritik auch »Klatsch« zur Verschlechterung der Atmosphäre beigetragen.[30] Im Jahre 1926 erschien sein Buch zur *Technik der Psychoanalyse*[31] und im gleichen Jahr Freuds Arbeit *Hemmung, Angst, Symptom*.[32] Damit waren die unterschiedlichen

---

[26] Falzeder (1995), S. 44.
[27] Wittenberger (1995a), S. 320ff.
[28] Wittenberger (1995b), S. 85.
[29] Rank (1924)
[30] Vgl. Meisel & Kendrick (1985), S. 187.
[31] Rank (1926).
[32] Freud (1926d).

Positionen öffentlich und der Bruch unvermeidlich. 1926 ließ sich Rank in Paris nieder und begann ein Ausbildungsinstitut aufzubauen. Bis 1935 pendelte er zwischen Frankreich und Amerika hin und her, um sich dann endgültig in New York niederzulassen. 1928 trat er aus der Wiener Psychoanalytischen Vereinigung aus. Seine Frau ging – trotz erheblicher Entfremdung – mit ihm nach Amerika. In New York arbeitete Rank neben seiner Praxis als Analytiker »an der Gründung einer Schule für Sozialarbeiter ... und lehrte an der Graduate School of Jewish Social Work«.[33] Die Trennung von seiner Frau erfolgte 1939, kurze Zeit danach heiratete er seine Sekretärin Miss Buel. Vier Monate nach der Trauung starb Rank am 31. Oktober 1939 – einen Monat nach Sigmund Freud. Seine wissenschaftliche Arbeit ist weitgehend unbekannt. Nur wenige seiner Werke sind in deutscher Sprache neu aufgelegt worden. In seinem Nachlaß befindet sich das größte Konvolut der *Rundbriefe*.

Sachs, Hanns (1881 – 1947)[34]

Hanns Sachs wurde als Sohn eines jüdischen Rechtsanwalts in Wien geboren. Er studierte Jura und promovierte 1904 an der Wiener Universität. In diesem Jahr fiel ihm auch Freuds *Traumdeutung* in die Hände, und er belegte einige von Freuds Vorlesungen. Anfang 1910 besuchte er Freud zum ersten Mal[35], und im gleichen Jahr wurde er Mitglied der Wiener Psychoanalytischen Vereinigung, deren Kassierer er später wurde. Gemeinsam mit Otto Rank gab Sachs die Zeitschrift *Imago* heraus. Beide waren auch Koautoren des Buches *Die Bedeutung der Psychoanalyse für die Geisteswissenschaften*.
Hanns Sachs war Mitglied des *Geheimen Komitees* von Beginn an. Er schied Ende 1926 aus. Der letzte von ihm unterzeichnete Rundbrief stammt vom 21. November 1926.
1920 hatte Sachs eine Einladung des neugegründeten Berliner Instituts angenommen und wurde dessen erster Lehranalytiker. Sein Zulauf an

---

[33] Mühlleitner (1992a), S. 251.
[34] Die biographischen Angaben fußen im wesentlichen auf folgenden Quellen: Krumme (1982), Mühlleitner (1992a), S. 279-281, Moellenhof (1995).
[35] Freud (1963a), S. 29; Jones (1960-1962), Bd. 2, S. 52.

Analysanden war erheblich.[36] 1932 übersiedelte Sachs nach Boston und wirkte in der Boston Psychoanalytic Society als Lehranalytiker bis zu seinem Tode an seinem 66. Geburtstag.

Sachs hat, nachdem er Freud kennengelernt hatte, sein ganzes Leben in den Dienst der Psychoanalyse und ihres Begründers gestellt. Er war gemeinsam mit Karl Abraham maßgeblich an der Entstehung des Films *Geheimnisse einer Seele. Ein psychoanalytisches Kammerspiel* beteiligt. Regie führte der Österreicher Georg Wilhelm Pabst. Die Uraufführung war am 24. März 1926 im Berliner Gloria-Palast.[37]

Außerdem stammt eine der ersten und emotionalsten Freud-Biographien von Hanns Sachs: *Freud. Meister und Freund*. Auf der ersten Seite wird sofort seine enge Beziehung zu Freud deutlich:

> In gewissem Sinn könnte das Buch ein Stück meiner Selbstbiographie genannt werden, denn es behandelt die Persönlichkeit eines Mannes, der ein Teil, und zwar der wichtigste, alles andere verdrängende Teil meines eigenen Lebens war und noch immer ist. Der Rest meines Lebens, wie immer ich selbst darüber urteile, würde der Welt im allgemeinen kaum wichtig erscheinen.[38]

---

[36] Meisel & Kendrick (1985), S. 292.
[37] Vgl. u.a. Clark (1985), S. 520; Freud (1965a,), S. 361ff.; Freud (1993e), S. 585; Ries (1995).
[38] Sachs (1982), S. 1.

INTERNATIONALE ZEITSCHRIFT FÜR ÄRZTLICHE PSYCHOANALYSE

HERAUSGEGEBEN VON PROFESSOR Dr SIGM. FREUD
SCHRIFTLEITUNG: Dr. S. FERENCZI, Budapest, VII. ~~Erzsebetring 54~~ / Dr. OTTO RANK, Wien IX/4, ~~Simondenkgasse~~
Nagydiofa u. 3
VERLAG HUGO HELLER & Co, WIEN, I. BAUERNMARKT № 3
ABONNEMENTSPREIS: GANZJÄHRIG (6 HEFTE, 36—40 BOGEN) K 21·60 = MK. 18·—

Budapest I.
Lieber Herr Professor, Budapest, am 20. Sept. 1922
Liebe Kollegen und Freunde!

Es sei mir gestattet aus Anlaß des Beginnes unseres regelrechten Briefwechsels Euch Allen meine wärmsten Grüße zu übersenden. Das Beisammensein mit Euch am Kongress wirkte erfrischend auf mein Gemüt, das dieser Belebung schon dringend bedürfte. Ich hoffe, daß der Gedankenaustausch — auf das ganze Jahr verteilt — das Gefühl der Zusammengehörigkeit stets wach erhalten und Ermüdungsgefühle nie aufkommen lassen wird.

Da sich unser Briefwechsel ausschließlich mit Fragen der psychoanalytisch-wissenschaftlicher Propaganda und Mitteilungen persönlicher Natur beschäftigen soll und da unsere Tätigkeit nichts mit Politik zu tun hat, werde ich mich selbstverständlich jedweder Äußerung über soziale und nationale Angelegenheiten enthalten.

INTERNATIONAL JOURNAL OF PSYCHO-ANALYSIS

EDITORIAL COMMUNICATIONS: DR. ERNEST JONES, III, HARLEY STREET, LONDON, W.I.
BUSINESS COMMUNICATIONS: 45, NEW CAVENDISH STREET, LONDON, W.I.

Oct. 7. 1920

Dear Colleagues and Friends:

I hope I may be allowed to save myself much time by writing in English. To begin with, I want to express my gratification and sense of responsibility at being elected President of the Association, together with my relief at the thought that I shall have your support and advice regularly and throughout. Among the other valuable functions of this correspondence will therefore be the opportunity of exercising our united influence on the official control of all matters concerning the Association itself.

(1) At a meeting of the Council of our Society on Oct.2, it was decided to add Mr Flügel to the Council, and to promote Dr Cole to full membership of the Society, also to elect Dr Rickman as Associate Member.

(2) We have surrendered the rooms of the Press, but have arranged with our successor there that he is to store and use most of our furniture gratis, in return for which he will allow our plate to remain on the door and the address to be still used for the Press, keeping all letters, etc, till called for. Mr Hiller has the business files at his private rooms and conducts business from there provisionally. Mr Hirschfeld, whose wife is a grateful ex-patient of Prof. Freud's, called on me at Dr Pfister's suggestion, and asked me to interview his brothers, who are the proprietors of a large publishing and bookselling firm, and who wish to publish Psa. literature.

TELEGRAMS:	THE INTERNATIONAL	IN REPLY, PLEASE
PSYCHICAL. WESDO, LONDON."	PSYCHO-ANALYTICAL	QUOTE REFERENCE:
	PRESS	N° 2.
	PUBLISHERS AND BOOKSELLERS	
	LONDON · VIENNA · NEW YORK	
DIRECTOR:	Oct.12. 1920.	46, NEW CAVENDISH STREET,
ERNEST JONES.		LONDON, W.I.

Dear Friends:

As Vienna has changed its day to Thursday, the day chosen for London, I had better change to Tuesday so as to preserve an even distribution.

(1). At the annual Business meeting of our society last night the recommendations noted in (1) of my last letter were adopted. In the secret ballot for the re-election of associate members Dr Jago was black-balled by two votes and so was not re-elected; it is perhaps unfortunate, for although he had no good character, he was seriously working at Psa and is now being analysed by Flügel. I expounded the financial state of the Press, which produced some consternation, and it was agreed to have a general meeting next Friday chiefly taken up with a discussion of what can be done to remedy matters; we shall surely get some subscriptions, but I don't know how much.

(2) To Prof. Freud. The meeting was consulted as to their views about the assistant editors and I was asked to transmit them to you, a unanimous vote for Bryan and Flügel, with which I fully agree and therefore commend to you.

(3) I interviewed the Hirschfeld Brothers this afternoon, who made a good impression as to their interest in Psa, seemd agreeable to the idea of buying our stock of books and making themselves known as purveyors of Psa literature, and are to inspect the stock tomorrow and quote a price for it.

(4) Karl Hermann Voitel, a medical student, has written from Leipzig to

INTERNATIONAL PSYCHO-ANALYTICAL ASSOCIATION.
CENTRAL EXECUTIVE.
PRESIDENT:
Ernest Jones, 111, Harley Street, London, W.1.
SECRETARY:
J. C. Flügel, 11, Albert Road, London, N.W.1.

Nr. 2, 1921   Berlin 10.I.1921
Antwort auf Bp. 10 und 1, L 13, W 12

      Auf die Gefahr hin, als schwerer Analcharakter in Verruf
zu geraten, muss ich zuerst wieder auf die äussere Ordnung unsrer Berichte kommen. Die Majorität hat sich nun für 1, 11, 21 als Daten entschieden
entschieden, da Bp. & L. am 1.Januar geschrieben haben. Ich bitte also
den letzten Berliner Bericht vom 31.12 als schon zum neuen Jahre gehö-
rig zu betrachten und bezeichne die heutigen daher als 2. Ich empfinde die Erweiterung des Intervalls als sehr an-
genehm und können das Aufhören der früheren Missstände schon jetzt
feststellen. Alle drei Briefe sind so zeitig eingegangen, dass die
Beantwortung in richtiger Weise erfolgen kann. Der verspätete Eingang von Bp 10 erklärt sich daraus, dass er an Eitingon adressiert
war und den Umweg Berlin-Meran-Berlin machen musste.
      Ferenczi Comitésitzung Ostern wäre uns recht, ebenso
dass sie auf Österreich. Boden stattfindet. Aber muss es Salzburg
sein? Versuchen wir einen unter uns, wäre ein Ort, wo es nicht ganz so sicher
regnet und vielleicht einmal die Sonne scheint, zuträglicher. Wir
sind im Übrigen damit einverstanden, uns in erster Linie nach Herrn
Prof.'s Wünschen bezügl. Ort & Zeit zu richten.
      Groddecks Buch wird bereits von Sachs referiert!
      Jones: Die Fragen werden im Anschluss an unsre General-
versammlung ausführlich beantwortet werden. Diese ist am 27.I. Es
wäre zu wünschen, dass die andern Gruppen sich bis dahin schon über
die Kongressfrage (1921 oder 22?) entschieden hätten.
      Meine Frau konnte bisher das Referat über Mordell nicht
ins Englische übersetzen, da das deutsche Ref. von Sachs noch nicht
vorlag. Ohne dieses ist eine Uebersetzung bedeutend schwieriger. Aber
ich werde die beiden Beteiligten entsprechend belehren, und hoffe, nächstes Mal das Gewünschte senden zu können.
      Wir hören mit Bedauern von den Schwierigkeiten in London.
Wir freuen uns aber, Dir, lieber Jones, einen guten Trost sagen zu
können. Sachs & ich dürfen schon jetzt sagen, dass unsre 3 englischen
Analysanden zu den besten Hoffnungen berechtigen. Gegen die von Dir
mit Recht beklagte „quackery" giebt es nur ein Mittel: tüchtige Aerzte.
Und da die Brunswick Squ.-Clinic eine Hauptquelle der lay-analysis
gewesen zu sein scheint, so wäre gerade von einer Aenderung der dortig
Zustände Gutes zu erhoffen. Sachs, der die PsA mit Miss Sharpe schon
vor Neujahr begann, hatte sofort von ihr den besten Eindruck. Seit ein

Woche analysiere ich die Brüder Glover, und sehe zu meiner Freude, das

INTERNATIONALER PSYCHOANALYTISCHER VERLAG
GES. M.B.H.
LEIPZIG-WIEN · ZÜRICH · LONDON-NEWYORK   22.Jänner 1922

WIEN
I.GRÜNANGERGASSE 3-5

Liebe Freunde !

     Dieser Brief geht einen Tag verspätet ab,weil wir die Ankunft Abrahams abgewartet haben,um mit ihm eine Rumpfkomitesitzung abzuhalten.Abraham wird heute und morgen je einen Vortrag halten und am Mittwoch unserer Sitzung beiwohnen.Für den 30.hat Sachs seine Ankunft in Wien angezeigt;er kommt für etwa zwei Wochen nach Wien und wird auch einen Vortrag bei der Gelegenheit absolvieren.
     Vom Verlag wollen wir heute nur melden,dass wir ein Lokal gefunden und bereits beangabt haben und hoffen,falls die Behörden keine Schwierigkeiten machen schon sehr,vielleicht schon anfangs Februar,zu übersiedeln.
     Heute ist auch Hiller nach fast vierwöchiger Abwesenheit aus London zurückgekommen und hat gute Nachrichten mitgebracht.Er hat noch keine Details erzählt,doch möchten wir gleich jetzt schon an dieser Stelle Dir,l.Ernest unseren herzlichen Dank für Deine Bemühungen aussprechen.
     Bezüglich der sonstigen Verlagsneuigkeiten verweisen wir auf den Verlagsbericht,der in dem soeben erschienenen Heft 4 der Zeitschrift enthalten ist.Von eingegangenen Manuskripten erwähnen wir ein neues Werk von Groddeck:Das Buch vom Es.Psychoanalytische Briefe an eine Freundin;ferner einen Imago-Aufsatz von Pfister zur Religionspsychologie.
     Ein italienischer Uebersetzer für Totem und Tabu hat sich beim Professor gemeldet.- Claparede sandte ein neues Buch über Flournoy(Verlag Kundig Genf),in dem auch die Psychoanalyse zu ihrem Rechte kommt.
     Verein: In der nächsten Sitzung werden voraussichtlich Dozent Dr.Deutsch(Wien) und Prof.M.Levi-Bianchini als Mitglieder aufgenommen werden.Auch Dr.Bychowsky,der im Herbst v.J. aus Zürich hierher gekommen war und hier analysiert wurde,bewirbt sich um die Mitgliedschaft;er will sich in Wien niederlassen.
     Die holländische Gruppe sandte ihren Jahresbericht,in dem bemerkenswert ist,dass von jetzt an auch Nichtärzte als ausserordentliche Mitglieder aufgenommen werden;das erste Mitglied dieser Art ist der vom Kongress her bekannte Dr.Varendonck in Gent,dessen Buch demnächst im Verlag erscheinen wird.
     Bewegung: Frau Sokolnicka sandte aus Paris eine Reihe von Artikeln die sich mit der Analyse in sympathischer Weise beschäftigen:Ein Artikel von Jules Romain in der Nouvelle Revue Francais(T.XVIII.1922,No 1),ferner verschiedene Aufsätze des Schriftstellers Lenormant,der viel Verständnis für die Psa.verrät etz(es wird darüber ein Bericht in die nächste Zeitschriftnummer kommen). Frau Sokolnicka veranstaltet Sitzungen ,zu der Schriftsteller wie Gide,Lenormant Riviere ua.kommen.Auch berichtet sie von dem besonderen persönlichen Interesse, das Paul Bourget nimmt,der vom Professor in den Ausdrücken höchster Bewunderung spricht.   Aus Genf berichtet Frau Dr.Spielrein,dass sie einige gute wissenschaftliche Analyseen gemacht habe und dass sie Vortrage und Kurse am Institut J.J.Rousseau halte.

INTERNATIONAL PSYCHO-ANALYTICAL ASSOCIATION
CENTRAL EXECUTIVE

PRESIDENT:
ERNEST JONES,
111, Harley Street, London, W. 1.

SECRETARY:
J. C. FLÜGEL,
11, Albert Road, London, N. W. 1.

August 3rd 1922.

Dear Friends,

My address after August 12th till the Kongress will be Elsted, nr. Midhurst Sussex. I am taking several patients to the country and shall be able to continue with the Journal work, though not with the Press. I shall arrive in Berlin on Thursday the 21st Sept.

The Stekel-Tannenbaum Psyche and Eros, having annihilated all Freud's theories, is being converted into the Journal of Sexology and Neo-Psychoanalysis, in conjunction with Robinson, a urologist.

Oberndorf tells me that Tridon is threatening to bring a libel action against the New York editors on account of my paragraph in the Journal concerning MacCann.

Mrs Riviere, Dr Rickman and Mr Strachey have returned from Vienna, and we are all busily co-operating over the Sammlung and Journal work.

Eitingon, Abraham and I are arranging the Congress programme, which goes smoothly, a copy will shortly be circulated. Abraham suggests that I ask Frau Doktor Spielrien to read her paper in German instead of French, so as to confine the Congress to two languages. Against this, however, is the fact that Dr Piaget is speaking also in French, and personally I think we should encourage the French speaking countries, especially now that they are beginning to take some serious interest in analysis. Abraham also informs me that the Munich group will probably apply for admission to the Association at the Congress. He is against admitting them and I agree with him, but the technique of procedure had better be discussed at the VorKongress on the Sunday morning. I will invite Oberholzer and Van Emden to this. Do you think that the various secretaries should also attend?

INTERNATIONAL PSYCHO-ANALYTICAL ASSOCIATION
CENTRAL EXECUTIVE

PRESIDENT:
DR. ERNEST JONES,
81, Harley Street, London, W. 1.

SECRETARY:
DR. KARL ABRAHAM,
Bismarckallee 14, Grunewald, Berlin.

Wien, am 1.April 1923

Liebe Freunde!

Diesmal ist kaum etwas Neues zu melden. Der Verlag bringt in diesen Tagen - um Ostern herum - die längst angekündigten Neuerscheinungen der Reihe nach heraus.

Von Manuskripten haben wir die letzte uns angeboetene Arbeit des scheinbar sehr produktiven Varendock über aesthetischen Symbolismus nach dem vernichtenden Urteil Ferenczis abgelehnt.

Aus der Literatur ist verschiedenes Neue zu melden:
Von Schilder ein neues Buch:Seele und Leben,in dem er sich rückhaltloser als bisher zur Analyse bekennt.Ferner von McCurdy ein nicht erfreuliches Buch:Problems of Dynamic Psychology,dessen Kritik wir Dir ,1.Ernest.überlassen.Amusant war die 2,No des neuen Journals of Sexology,da darin nicht nur wie gewöhnlich Tannenbaum über uns alle herfällt,sondern auch sein Mitherausgeber Robinson über Stekel.-In die Belletristik dringt die Psa immer mehr und wie es scheint immer zersetzender ein,insbes.in England und Amerika,wo fast jeder neue Roman davon handelt;neuestens auch in Frankreich,wie wieder der letzte Roman von Bourget"La Geole"zeigt.Es wäre einmal an der Zeit,sich zusammenfassend mit dieser Erscheinung zu beschäftigen; vielleicht tue ich es einmal(Rank),wenn ich Zeit finde,da ich glaube,dass die Entwicklung meiner Prophezeiung im "Künstler" recht zu geben scheint.

ad Bln. Bezügl.des Korr.Blattes will ich mich also weiterhin jeder redaktionellen Einmischung enthalten,obwohl ich persönlich nicht der Meinung bin,dass die angestrebte Einheitlichkeit aller Korr.Bl.Berichte gerade des Sprachliche ausschliessen soll.Dass der von mir hinzugefügte Austritt eines Mitgliedes nicht korrekt war,gebe ich zu und werde ähnliches in Hinkunft unterlassen.Doch möchte ich es aus der redaktionellen Tendenz erklären,die Leser möglichst zeitgerecht über alles wie der Meinung bin,dass der Mitglieder möglichst zeitgerecht über alles sie Interessierende zu informieren.Auch hat dies gewisse praktische Bedeutung,da es oft nicht gleichgiltig sein kann,wann man den Austritt(oder ev.Tod) eines Mitgliedes erfährt(wegen Zuweisung von Patienten,Akzeptierung von Manuskriptennetz) (So ist die Karte,auf der mir Dr.Meijer den Austritt von Dr.Schurman mitteilte vom 4.Jänner datiert und die Mitglieder hätten dies regulär erst in der zweiten Zeitschr.No,die Anfang Juni erscheint,erfahren;also ein halbes Jahr später,während welcher Zeit Dr.Sch.für alle als Mitglied gegolten hätte Ich schlage darum vor,dass solche aktuelle Mitteilungen in der Rubrik "Bewegung"von Seite der Redaktion mitgeteilt werden,wie es z.B. auch in dieser Nummer mit den Todesfällen geschah.-

ad Bdp.Wegen der Traumdeutung werde ich Deuticke informieren.-
ad London.Bevor ich auf Deinen frdl.Vorschlag vom 15.v.M.antworten kann ,muss ich erst Nachricht von Dr.Herbert abwarten.-

Mit herzlichen Grüssen und besten Osterwünschen

BRITISH PSYCHO-ANALYTICAL SOCIETY.

PRESIDENT:
Dr. ERNEST JONES,
81, Harley Street, London, W.1

HON. SECRETARY:
Dr. DOUGLAS BRYAN,
72, Wimpole Street, London, W.1

15th Jan. 1925

Dear Friends,

We appear to be unanimous in our attitude towards Rank, for I have heard on the subject from all members of the Committee except Ferenczi, and I am sure that his attitude would be as cordial as the rest.

Last month Miss Searl read a paper before the Society on the possibility or advisability of making conscious to the young child the whole of the Oedipus Complex. The discussion aroused so much interest that it was decided to hold a Symposium at the next meeting. This took place last week, the rapporteurs being Mrs. Riviere, James Glover and myself. We were unanimously of the opinion that Miss Searl's doubts were due to unanalysed resistances. Mr Strachey was able to give us at the same time a resumé of a similar discussion which has apparently taken place at the Berlin Society, and today I hear that Melanie Klein is also reading her paper before the Vienna Society. I understand that opinions were divided in Berlin, Alexander being opposed to Abraham, and I should be very interested to have a fuller or more authentic account of the situation.

After making two attempts at suicide, one by laudanum and the other by cutting the radial artery, Frink has been certified as insane and is at present in the Waverley Hospital, Massachusetts.

The first meeting of the "Institute of Psycho-Analysis", which replaces the old Press, took place last week. Membership of it is confined to the medical members of the Society (full, not associate) who are fourteen in all. The Board of Directors is composed of Bryan, James Glover, Rickman (Secretary) and myself (President). There is some prospect of its starting a clinic in the none too distant future, for a certain sum of money may become available from the Trustees of the old Brunswick Square clinic, and we are forming a Committee to discuss the matter.

I have recently been made a member of the Board of Psychological Studies of the University of London, the function of which is to decide the curriculum of examinations in psychological subjects (medical and non-medical). As I have, of course, no official position, this is an interesting sign of the increasing prestige of psycho-analysis.

Practically no reviews of Freud's "Collected Papers" have yet appeared; the sales of the first two months have been about 140.

With renewed good wishes to you all for the New Year,

Yours always,

Ernest Jones.

INTERNATIONALE PSYCHOANALYTISCHE VEREINIGUNG
INTERNATIONAL PSYCHO-ANALYTICAL ASSOCIATION

Präsident
Dr. KARL ABRAHAM
Berlin, Grunewald, Bismarckallee 14

Sekretär
Dr. MAX EITINGON
Berlin W. 10, Rauchstraße 4

Berlin, den 19. 1925.

Liebe Freunde,

Es ist diesmal nicht viel zu berichten.

Abraham liegt leider seit bald 14 Tagen mit einer katarrhalischen Bronchopneumonie zu Bett, hat zeitweise hohes Fieber. Die ihn behandelnden Aerzte halten seinen Zustand für nicht besorgniserregend. Nur ist er naturgemäss oft recht matt. Wir hoffen, dass dieser Zustand sich nicht allzu lange hinziehen wird, obgleich man sich gerade bei solchem auf einige Dauer gefasst machen muss.

Die Sommerkurse in unserem Institut sind unter guter Beteiligung zu Ende gegangen.

Die Vorbereitungen zum Kongress nehmen allmählich ihren Anfang. Es liegt schon eine grössere Anzahl von Vortragsanmeldungen vor. Die weitaus stärkste Beteiligung kommt wiederum aus der wackeren Budapester Gruppe. Dann sind drei Vorträge aus Amerika angemeldet, von L. Pierse Clark, Trigant Burrow und Jeliffe; aus London von Ernest und von Dr.Eder, drei-vier Vorträge aus Berlin u. a. m.

Von der Moskauer Gruppe wollen 4 Kollegen zum Kongress kommen, unter ihnen der jetzige Vorsitzende der Gruppe: Dr Wulff.

Mit den herzlichsten Grüssen

Eitingon
Sachs

Internationale Zeitschrift für Psychoanalyse

Herausgegeben von Prof. Dr. Sigm. Freud

Redigiert von Dr. M. Eitingon, Dr. S. Ferenczi und Dr. Sándor Radó

Sendungen und Zuschriften für die Redaktion an Dr. Sándor Radó Berlin-Schöneberg, Am Park 20

Manuskripte sind vollkommen druckfertig, tunlichst in Maschinenschrift, einzusenden. — Die Beiträge werden mit Mark 50.— (Dollar 12.—) pro Druckbogen honoriert. Die Autoren der Originalarbeiten erhalten 10 Freiexemplare des betreffenden Heftes. (Separatabzüge werden nicht angefertigt.) — Abgesehen von den Fällen, wo der Verlag ausdrücklich auch das Recht der Veröffentlichung in Buchform erwirbt, steht es dem Verfasser frei, über seinen Beitrag nach Ablauf eines Jahres, ein Jahr verstrichen ist (D. Verl. Ges. § 41). Der Verlag räumt jedoch den Autoren das Recht ein, die Veröffentlichung der englischen Übersetzung ihrer Beiträge in "The International Journal of Psycho-Analysis" schon vor Ablauf der obigen Frist zu gestatten.

Geschäftliche Sendungen und Zuschriften an den Internationalen Psychoanalytischen Verlag, Wien VII. Andreasgasse 3

was sich daraus ableiten läßt. Die kompliziertesten ps. Prozesse erklärte er aufs Allereinfachste als „conditional reflexes" etc.

Obzwar unvorbereitet, mußte ich ihm entgegnen. Es war nicht schwer, ihm die Unsinnigkeit seiner Verleugnung der psychischen Realität zu zeigen (obzwar ich zweifle, ob ihm das etwas genützt hat). Ich gab zu, daß der P. An. die Form von Exaktheit, die die Naturwissenschaft erfordert nicht zur Verfügung steht. Wir können das Psychische nicht messen. Die Metapsychologie Freuds ist ein Notbehelf Werk, bis die Herren Psychologen u. Behavouristen ihn vollenden. Man kann aber nicht solange warten und die Verwertung der introspectiv gewonnenen Tatsachen bringt nicht nur tieferes Verständnis, sondern auch Hilfe, die man von der naturwiss. Seite nicht bekommt. Ich würde — so sagte ich — vielleicht weiße Ratten u. Kaninchen, nicht aber lebende Menschen zu Watson zur Behandlung schicken. — Das Publikum schien wie erlöst und froh darüber, daß man seine Seele vielleicht doch nicht aufgeben muß.

Innerhalb der ps. an. Bewegung selbst war die halbjährliche Sitzung der „Amer. Ps. An. Association" am 2 ten Weihnachtstage

of the mind, ego, super-ego, etc. So the positive and negative were ~~only~~ *neatly* divided in a way that would have greatly amused our friend Abraham, who used to take a special interest in Bleuler and his ambivalence.

I found on arrival six other invitations to either banquets or to give an address, including one from the Dean of Harvard University, all of which I had to refuse owing to the shortness of time. The New York Psycho-Analytical Society gave me a banquet to which friendly guests were invited so that the attendance was about seventy. It gave me the opportunity to tell them some home truths about their relations with Europe, but in this connection I can amplify the good news which had already been cabled by Brill to Professor on the disputed lay question. The details are as follows. After talking with various members Brill moved a resolution in the Society altering the rule about the admission of lay members. This was carried by a considerable majority. Oberndorf, as we expected, played false and even denied the promises he had made when in England. His assistants also followed him. ~~The main~~ *My* impression is that he has very little influence in the Society as a whole. I naturally took the opportunity to discuss the matter with various members and also to reinforce the position in my speech to the Society. The next problem will be that of selection of the most suitable candidates and there we shall expect help from those who have personally trained them in Europe and so know which are to be recommended. I will send shortly a circular letter to members of the Commission about this matter.

With kindest wishes to you all for Christmas,

Yours sincerely,

Ernest Jones

INTERNATIONAL PSYCHO-ANALYTICAL ASSOCIATION

INTERNATIONALE PSYCHOANALYTISCHE VEREINIGUNG

ASSOCIATION PSYCHANALYTIQUE INTERNATIONALE

PRESIDENT
DR. ERNEST JONES
81 Harley Street, London W 1

PERMANENT VICE-PRESIDENT
DR. A. A. BRILL
1 West 70th Street, New York

VICE-PRESIDENT
DR. MAX EITINGON
Jerusalem

HON. SECRETARY
ANNA FREUD
Berggasse 19, Wien IX.

HON. TREASURER
DR. J. H. W. VAN OPHUIJSEN
Prinsevinkenpark 5, den Haag

wherever possible, I have formed a small European committee to help in collecting information about any intending immigrants. It is composed of Lampl (Vienna), Spitz (Paris) Benedek (Berlin) and Frau Dr Mass, (London).

France. Laforgue is to meet the Princess and Eitingon during the Easter holidays and I hope some good will come of the discussion, in respect particularly of their new Institute.

Germany. I am now getting objective information from Dr Benedek who has moved from Leipzig to Berlin, and am of the opinion that the work in Berlin is going forward better than had been feared.

With best Easter wishes

Ernest Jones.

INTERNATIONAL PSYCHO-ANALYTICAL ASSOCIATION	INTERNATIONALE PSYCHOANALYTISCHE VEREINIGUNG	ASSOCIATION PSYCHANALYTIQUE INTERNATIONALE
PRESIDENT - ZENTRALPRÄSIDENT - PRÉSIDENT GÉNÉRAL	DR. ERNEST JONES	81 HARLEY STREET, LONDON W 1
VICE-PRESIDENT - BEIRAT - VICE-PRÉSIDENT	DR. A. A. BRILL	1 WEST 70th STREET, NEW YORK CITY
VICE-PRESIDENT - BEIRAT - VICE-PRÉSIDENT	DR. MAX EITINGON	TALBYE, JERUSALEM
VICE-PRESIDENT - BEIRAT - VICE-PRÉSIDENT	ANNA FREUD	BERGGASSE 19, WIEN IX.
VICE-PRESIDENT - BEIRAT - VICE-PRÉSIDENT	DR. J. H.W. VAN OPHUIJSEN	10 URSULA MANSIONS KLEIN STREET, JOHANNESBURG
HON.TREASURER - ZENTRALKASSENWART-TRÉSORIER GÉNÉRAL	DR. PHILIPP SARASIN	GARTENSTRASSE 65, BASEL
HON. SECRETARY - ZENTRALSEKRETÄR - SÉCRÉTAIRE GÉNÉRAL	DR. EDWARD GLOVER	18 WIMPOLE STREET, LONDON W 1

Rundbrief.

Wien, 22.I.1936.

Liebe Freunde!

Ich habe den Rundbrief aus London mit der Anfrage über den Kongress gestern bekommen und beeile mich, ihn zu beantworten.
Ich schicke voraus, dass mir die Antwort sehr schwer fällt. Ich habe es ausserordentlich ungern, wenn ich genötigt bin, auf eine sachliche Frage eine persönliche Antwort zu geben und gerade das ist diesmal der Fall. Ich schreibe also auch nicht im Namen der Wiener Vereinigung sondern ganz im eigenen.
Ich glaube daran, dass ich den Kongress mitmachen möchte, zweifelt niemand. Ich glaube, es werden dieses Mal wieder einige wichtige Dinge vorgehen und ich möchte natürlich gerne dabei sein, wenn sie sich abspielen. Ausserdem bin ich auch eingebildet genug zu glauben, dass ich auch eine Hilfe bei der Erledigung von unseren Angelegenheiten bin. Aber das mehr nebenbei. Soweit die sachliche Seite.
Die persönliche Seite dagegen schaut so aus, dass es immer schwerer für mich wird, mich weit von Wien zu entfernen. Es bedeutet für mich einen grossen Unterschied, ob ich eine Nacht oder anderthalb Tage für die Reise brauche, ob ich täglich mit Wien telefonieren kann und, wenn es nötig sein sollte, in ein paar Stunden zurück bin. Ich denke mir, dass Sie das wahrscheinlich für eine übertriebene Vorsicht und Sorge um die Gesundheit meines Vaters halten. Meiner Ansicht nach ist es nicht so. Mein Vater hat seit August die dritte Operation gehabt. Im August und im Oktober waren es kleine Angelegenheiten, in der vorigen Woche eine grössere, unter deren Nachwirkung er noch leidet. Es ist wirklich so, dass die ständige Anaesthesierung und Pflege des Mundes unumgänglich nötig ist, um ihm die Existenz erträglich zu machen; nebenbei ist die ständige Ueberwachung der sich neu bildenden Stellen notwendig. Der Sommer ist zum Wegfahren besonders ungünstig, weil zu dieser Zeit der Chirurg schwer erreichbar ist. Mein Vater ist für alle diese Dinge an mich gewöhnt, meine Abwesenheit ist für ihn eine Entbehrung. Es ist nicht unmöglich, dass ich wegfahre, aber es ist unmöglich für mich, sehr weit wegzugehen und sehr lange weg zu sein. Der Kongress in London oder etwa in Stockholm, wie manche Gruppen wollen, würden für mich eine Abwesenheit von mehr als einer Woche bedeuten und mich, für diese Zeit sehr schwer erreichbar machen. Ich würde mich beides aus den beschriebenen Gründen nicht zu tun getrauen.
Die Wiener Gruppe, die diese Sachlage aus eigener Anschauung kennt, hat sich bei ihren Vorschlägen wahrscheinlich auch davon beeinflussen lassen.

Literaturverzeichnis

Die Form, in der in diesem Literaturverzeichnis Veröffentlichungen von Schriften und Briefen Freuds aufgenommen worden sind, folgt der von Ingeborg Meyer-Palmedo und Gerhard Fichtner bearbeiteten *Freud-Bibliographie mit Werkkonkordanz*, Frankfurt am Main: S. Fischer Verlag 1989.

Abraham, Hilda
1976   *Karl Abraham. Sein Leben für die Psychoanalyse.* München: Kindler 1976.

Abraham, Karl
1907   Über die Bedeutung sexueller Jugendtraumen für die Symptomatologie der Dementia praecox. *Centralblatt für Nervenheilkunde und Psychiatrie*, 30(1907), S. 409-415.
1912   Amenhotep IV. (Echnaton). Psychoanalytische Beiträge zum Verständnis seiner Persönlichkeit und des monotheistischen Aton-Kultes. *Imago* 1(1912), S. 334-360 [Wiederabdruck in: Abraham, Karl: *Gesammelte Schriften*, Bd. II, S. 349-379. Frankfurt am Main: Fischer Taschenbuch Verlag 1982].
1920   Die Psychoanalyse als Erkenntnisquelle für die Geisteswissenschaften. In: *Neue Rundschau*, 31(1920), S. 1154-1174.
1921   *Klinische Beiträge zur Psychoanalyse aus den Jahren 1907-1920.* Leipzig/Wien/Zürich: Internationaler Psychoanalytischer Verlag (Internationale Psychoanalytische Bibliothek Nr. 10).

Adler, Alfred
1920   *Praxis und Theorie der Individualpsychologie: Vorträge zur Einführung in die Psychotherapie für Ärzte, Psychologen und Lehrer.* Wiesbaden: Bergmann 1920.

Alexander, Franz
1925   [Rezension von] Ferenczi, Sándor & Rank, Otto: Entwicklungsziele der Psychoanalyse. *IZP*, 11(1925), S. 113-122.

Alexander, Franz & Révész, Géza
1912   Über den Einfluß optischer Reize auf den Gaswechsel des Gehirns. *Biochemische Zeitschrift,* 44(1912), S. 95-126.

Alexander, Franz & Szerna, S.
1913   Einfluß der Narkose auf den Gaswechsel. *Biochemische Zeitschrift,* 45(1913), S. 100-115.

Alexander, Franz et al.
1966   *Psychoanalytic Pioneers.* New York/London: Basic Books 1966.

Andreas-Salomé, Lou
1983   Bericht zum Münchner Kongreß 1913. In: Andreas-Salomé, Lou, *In der Schule bei Freud. Tagebuch eines Jahres (1912/1913).* Frankfurt am Main: Ullstein 1983.

Arnold-Foster, Mary Lucy
1921   *Studies in Dreams.* London: Allen & Unwin 1921.

Balint, Michael
1966   Über psychoanalytische Ausbildung. In: *Die Urformen der Liebe und die Technik der Psychoanalyse.* Bern/Stuttgart: Huber/Klett 1966, S. 307-332.

Bannach, Hans-Joachim & Maetze, Gerhard (Hg.)
1971   *Psychoanalyse in Berlin. 50-Jahr-Gedenkfeier des Berliner Psychoanalytischen Instituts (Karl Abraham- Institut).* Meisenheim: Hain 1971.

Benedek, Therese
1930   Dr. Karl H. Voitel. *Korrespondenzblatt der IPV. IZP,* 16(1930), S. 271.

Berguer, Georges
1920   *Quelques traits de la vie de Jésus au point de vue psychologique et psychanalytique.* Genève: Edition Ator 1920.

Bericht
Bericht über die Fortschritte der Psychoanalyse 1914-1919. Beiheft Nr. 3 der Internationalen Zeitschrift für Psychoanalyse. Leipzig/Wien/Zürich: Internationaler Psychoanalytischer Verlag 1921.

Berkeley-Hill, Owen
1921 A Short Study of the Life and Character of Mohammed. *IJP,* 1921 2(1921), S. 31-53.

Bernfeld, Siegfried
1929 Der soziale Ort und seine Bedeutung für Neurose, Verwahrlosung und Pädagogik. *Imago, 15(1929),* S. 299-312.

Binswanger, Ludwig
1920 Psychoanalyse und klinische Psychiatrie. *IZP,* 6(1920), S. 137-165.

Blomeyer, Rudolf
1985 [Rezension von]: Eissler, K. R., *Psychologische Aspekte des Briefwechsels zwischen Freud und Jung.* Stuttgart: frommann-holzboog 1982. In: *Analytische Psychologie,* 16(1985), S. 80-82.

Blüher, Hans
1953 *Werke und Tage. Geschichte eines Denkers.* München: Paul List 1953.

Blumenthal, Willy
1920 Das Entwertungsprinzip in den menschlichen Liebesbeziehungen. *IZP,* 6(1920), S. 354 f.
1926 *Liebender Geist.* Berlin: Eigenbrödler Verlag 1926.

Boehm, Felix
1920 Beiträge zur Psychologie der Homosexualität I. *IZP,* 6(1920), S. 297-319.

Bos, Jaap
1994   Die »Seelensucher«-Diskussion in den Rundbriefen des Geheimen Komitees. Mit einem Brief von Freud und Rank. *Psyche* 48(1994), S. 396-424.

Bourget, Paul
1920   *Animalies.* Paris: Plon-Nourrit 1920.

Brecht, Karen et al. (Hg.)
1985   *»Hier geht das Leben auf eine sehr merkwürdige Weise weiter ...«. Zur Geschichte der Psychoanalyse.* Hamburg: M. Kellner 1985.
1992   Paranoidschizoide Aspekte im Institutionalisierungspro-zeß der Psychoanalyse und seiner Kritik. In: Wiesse, Jörg, (Hg.): *Chaos und Regel. Die Psychoanalyse in ihren Institutionen.* Göttingen: Vandenhoeck & Ruprecht 1992, S. 51-55.

Brinkgreve, Christien
1984   *Psychoanalyse in Nederland.* Amsterdam: Arbeiderspers 1984.

Brome, Vincent
1982   *Ernest Jones. Freud's Alter Ego.* London: Caliban Books 1982.

Bulhof, Ilse
1983   *Freud en Nederland.* Ambo: Baarn 1983.

Burnham, John
1983   *Jeliffe: American Psychoanalyst and Physician. His Correspondence with Sigmund Freud and C.G. Jung.* (ed. by William McGuire). London/Chicago: The University of Chicago Press 1983.

Carotenuto, Aldo (Hg.)
1986   *Tagebuch einer heimlichen Symmetrie. Sabina Spielrein zwischen Jung und Freud.* Freiburg: Kore 1986.

Chambers, E.K.
1930	*William Shakespeare: A Study of Facts and Problems.* Oxford: Clarendon Press 1930.

Cesio, Fidias
1976	Psychoanalyse in Südamerika. In: Eicke. D. (Hg.) (1976): *Die Psychologie des 20. Jahrhunderts II. Freud und Folgen (1).* Zürich: Kindler 1976, S. 1265-1278.

Claparède, Edouard
1920	*Psychologie de l'enfant.* Genf: Kündig 1920.

Clark, Ronald
1981	*Sigmund Freud.* Frankfurt am Main: S. Fischer 1981.

De Clerck, Rotraut
1994	»Der Traum von einer bess'ren Welt«. Psychoanalyse und Kultur in der Mitte der zwanziger Jahre: Berlin und London. *Luzifer-Amor,* 7(1994), H. 13, S. 41-70.

Cobb, Ivo Geikie
1920	*A manual of neurasthenia (nervous exhaustion).* London: Tindall & Cox 1920.

Cole, Estelle
1928	*Theee Minutes Talks about Children.* London: Daniel 1928.
Cole, Estelle
1938	*Education for Marriage.* London: Duckworth 1938.

Cremerius, Johannes
1985	Gefangen in der Institution. Phantasierte und Realistische Funktionen der Institution. In: Luft, Helmut & Mass, Günter (Hg.), *Phantasie und Realität.* Hofheim-Wiesbaden 1985, S. 131-138.
1986	Spurensicherung. Die »Psychoanalytische Bewegung« und das Elend der psychoanalytischen Institution. *Psyche,* 40(1986), S. 1063-1091.

1987a	Die Einrichtung des Zulassungsverfahrens 1923 bis 1926 als machtpolitisches Instrument der »Psychoanalytischen Bewegung«. In: Brede, Karola et al. (Hg.), *Befreiung zum Widerstand. Aufsätze über Feminismus, Psychoanalyse und Politik. Margarete Mitscherlich zum 70. Geburtstag.* Frankfurt am Main: Fischer Taschenbuchverlag 1987, S. 37-53.
1987b	Unterdrückung von Wahrheit, persönlicher Freiheit und wissenschaftlichem Denken in der psychoanalytischen Bewegung. In: Psychoanalytisches Seminar Zürich (Hg.): *Between the devil and the deep blue sea – Psychoanalyse im Netz.* Freiburg i. Br.: Kore 1987, S. 15-26.
1994	Psychoanalyse als Beruf oder: »Zieh' aus mein Herz und suche Freud'«. In: Hermanns, Ludger M. (Hg.): *Psychoanalyse in Selbstdarstellungen, II*, Tübingen: editon diskord, S. 108-122.
1996	Die Begrenzung der analytischen Selbstaufklärung durch die Ausbildungshierarchie. *Luzifer-Amor*, 9(1996), H. 18, S. 68-83.

Cruchet, Jean-René

1902	*Étude critique sur le tic convulsif et son traitement gymnastique (méthode de Brissaud et méthode de Pitres).* Bordeaux: Gounouilhou 1902.
1907	*Traité des torticolis spasmodiques; spasmes, tics, rythmies du coc, torticolis mental, etc.* Paris: Masson 1907.
1920a	*Le male des aviateurs, ses causes et ses remèdes. Paris: J.B. Baillère* 1920.
1920b	*Air sickness, its nature and treatment.* London: Bale 1920

De Haan, Bierens

1942	Dr. Tjitze de Boer [ein Nachruf]. *Algemeen Nederlands Tijdschrift voor Wijsbegeerte en Psychologie*, 35(1942), S. 108.

Delgado, Honorio

1921	Der Liebreiz der Augen. *Imago*, 7(1921), S. 127-130.

Deutsch, Felix
1973   Reflections on Freud's One Hundredth Birthday. In: Ruitenbeek, Hendrik (Ed.), *Freud as we knew him*. Detroit: Wayne State University Press 1973, S. 297-305.

Deutsche Psychoanalytische Vereinigung
1970   *Zehn Jahre Berliner Psychoanalytisches Institut (Poliklinik und Lehranstalt)*, hrsg. von der Deutschen Psychoanalytischen Gesellschaft. Mit einem Vortwort v. Sigm. Freud, Wien, 1930, neu hersg. mit einem Vorwort zur Neuauflage von Anna Freud und einer Vorbemerkung von Gerhard Maetze. Meisenheim: Hain 1970.

Devine, Henry
1929   *Recent Advances in Psychiatry*. London: Churchill 1929.

Dupré, Ernest & Trepsat, Charles
1920   La technique de la méthode psychanalytique dans les états anxieux. *L'Encéphale,* 15(1920), S. 169-184.

Eisenstein, Samuel
1995   Otto Rank. In: Alexander, Franz et al. (Eds.), *Psychoanalytic Pioneers*. New Brunswick & London: Transaction Publishers 1995, S. 36-50.

Eissler, Kurt R.
1982   *Psychologische Aspekte des Briefwechsels zwischen Freud und Jung*. Stuttgart: frommann-holzboog 1982 (=Jahrbuch der Psychoanalyse, Beiheft 7).
1986   Eine angebliche Disloyalität Freuds einem Freunde gegenüber. *Jahrbuch der Psychoanalyse,* 19(1986), S. 71-89.

Eitingon, Max
1922   Bericht über die Berliner Psychoanalytische Poliklinik. (März 1920 bis Juni 1922.) *IZP,* 8(1922), S. 506-520.

Ellenberger, Henri
1985   *Die Entdeckung des Unbewußten. Geschichte und Entwicklung der dynamischen Psychiatrie von den Anfängen bis zu Janet, Freud, Adler und Jung.* Zürich: Diogenes 1985.

Erdheim, Mario
1983   Über das Lügen und die Unaufrichtigkeit des Psychoanalytikers. In: Lohmann, H.-M. (Hg.), *Das Unbehagen in der Psychoanalyse.* Frankfurt am Main: Qumran. 1983, S. 10-16.
1984   *Die gesellschaftliche Produktion von Unbewußtheit.* Frankfurt am Main: Suhrkamp 1984.
1986   Das Verenden einer Institution. *Psyche* 40(1986), H. 4, S. 1092-1104.
1993   Spätadoleszenz und Kultur. In: Leuzinger-Bohleber, Marianne & Mahler, Eugen et al. (Hg.): *Phantasie und Realität in der Spätadoleszenz. Gesellschaftliche Veränderungen und Entwicklungsprozesse bei Studierenden.* Opladen: Westdeutscher Verlag 1993, S. 129-139.
1996a   Totem und Spaltung. In: Hermanns, Ludger (Hg.) *Spaltungen in der Geschichte der Psychoanalyse.* Tübingen: edition diskord 1995, S. 224-230.
1996b   Canetti und Freud als Leser von Schrebers »Denkwürdigkeiten eines Nervenkranken«. In: Leuzinger-Bohleber, Marianne & Zwiebel, Ralf (Hg.), *Psychoanalyse heute. Klinische und kulturhistorische Perspektiven.* Westdeutscher-Verlag. S.159-177.

Erikson, Erik Homburger
1957   The First Psychoanalyst. In: Neslon, Benjamin (Ed.), *Freud and the 20th Century.* New York: Meridian Books 1957, S. 79-101.

Ermann, Michael
1996   Die Institutionalisierung der psychoanalytischen Ausbildung. In: Weiß, Heinz (Hg.), *Psychoanalyse heute und vor 70 Jahren*: Zur Erinnerung an die »1. Deutsche Zusam-

menkunft für Psychoanalyse« am 11. und 12. Oktober 1924 in Würzburg.Tübingen: edition diskord 1996, S. 228-240.

Etkind, Alexander
1997   *Eros of the Immpossible. The History of Psychoanalysis in Russia.* Boulder, Co: Westview Press 1997.

Fallend, Karl
1995   *Sonderlinge, Träumer, Sensitive. Psychoanalyse auf dem Weg zur Institution und Profession. Protokolle der Wiener Psychoanalytischen Vereinigung und biographische Studien.* Wien: Verlag Jugend & Volk 1995.

Fallend, Karl und Johannes Reichmayr (Hg.)
1992   *Siegfried Bernfeld. Oder die Grenzen der Psychoanalyse. Materialien zu Leben und Werk.* Basel/Frankfurt: Stroemfeld/Nexus 1992.

Falzeder, Ernst
1994   My Grand-Patient, my chief tormentor: A hitherto unnoticed case of Freud's and the consequences. *Psychoanalytic Quarterly,* 43(1994), S. 297-331.

Federn, Ernst
1984   Der Gruppenwiderstand gegen die Veröffentlichung der »Protokolle der Wiener Psychoanalytischen Vereinigung 1906-1918«. In: Lohmann, Hans-Martin (Hg.): *Die Psychoanalyse auf der Couch.* Frankfurt am Main: Qumran 1984.
1988   Einleitende Bemerkungen zu Paul Federns Aufsatz: »Zur Psychologie der Revolution. Die vaterlose Gesellschaft«. *Luzifer-Amor,* 1(1988), H. 2, S. 7-12.
1992   Herman Nunberg (1884-1970). In: Federn, Ernst & Wittenberger, Gerhard (Hg.): *Aus dem Kreis um Sigmund Freud. Zu den Protokollen der Wiener Psychoanalytischen Vereinigung.* Frankfurt: Fischer Taschenbuchverlag 1992, S. 127-130.

Federn, Ernst & Wittenberger, Gerhard (Hg.)
1992　　　*Aus dem Kreis um Sigmund Freud. Zu den Protokollen der Wiener Psychoanalytischen Vereinigung.* Frankfurt: Fischer Taschenbuchverlag 1992.

Federn, Paul
1919　　　Zur Psychologie der Revolution. Die vaterlose Gesellschaft. Leipzig/Wien: Anzengruber-Verlag 1919.

Ferenczi, Sándor
1909　　　Introjektion und Übertragung. Eine psychoanalytische Studie. Wien: Deuticke 1909 [Wiederabdruck in]: Ferenczi, Sándor, *Schriften zur Psychoanalyse*, Bd. 1, hrsg. und eingel. von M. Bálint. Frankfurt am Main: Fischer Taschenbuchverlag 1982.
1910　　　Zur Organisation der psychoanalytischen Bewegung. In: *Bausteine zur Psychoanalyse.* Leipzig/Wien/Zürich: Internationaler Psychoanalytischer Verlag 1927, Bd. 1, S. 275-289.
1915　　　Die psychiatrische Schule von Bordeaux über die Psychoanalyse. *IZP,* 3(1915)S. 352-369.
1919　　　*Hysterie und Pathoneurosen.* Leipzig/Wien: Internationaler Psychoanalytischer Verlag 1919 [*Internationale Psychoanalytische Bibliothek,* Bd. 2].
1921a　　Psychoanalytische Betrachtungen über den Tic. *IZP,* 7(1921), S. 33-62.
1921b　　Allgemeine Neurosenlehre. Sammelreferat. In: *Bericht über die Fortschritte der Psychoanalyse in den Jahren 1914-1919.*
1921c　　Unästhetisches zur Ästhetik. *IZP,* 7(1921), S. 133.
1922　　　Zur Psychologie der Überzeugung. In: *Populäre Vorträge über Psychoanalyse.* Leipzig/Wien/Zürich: Internationaler Psychoanalytischer Verlag 1922 [Internationale Psychoanalytische Bibliothek Nr. 13].

Ferenczi, Sándor & Groddeck, Georg
1986　　　*Briefwechsel 1921-1933.* Frankfurt am Main: Fischer Taschenbuchverlag 1986.

Fischer, Isidor (Hg.)
1933　　Biographisches Lexikon hervorragender Ärzte der letzten 50 Jahre. Bd. 2. Berlin & Wien: Urban & Schwarzenberg 1933.

Flournoy, Henri
1920a　　Délire d'interprétation au début. A propos de la théorie évolutive et causale des psychoses. *Archives suisses de neurologie et de psychiatrie*, 7(1920), S. 135 f.
1920b　　Symbolisme de la Clef. *IZP*, 6(1920), S. 267-270.
1920c　　Quelques rêves au sujet de la signification symbolique de l'eau et du feu. *IZP*, 6(1920), S. 328-336.

Flügel, John
1921　　*The Psychoanalytic Study of the Family*. London: Hogarth Press 1921 [Dieser Band erschien als No. 3 der *International Psycho-Analytical Library*].

Foudraine, Jan
1974　　*Wer ist aus Holz. Neue Wege der Psychiatrie*. München: Piper 1974.

Freud, Ernst et al.
1976　　*Sigmund Freud – Sein Leben in Bildern und Texten*. Frankfurt am Main: Suhrkamp 1976.

Freud, Sigmund
1893a　　Über den psychischen Mechanismus hysterischer Phänomene. GW 1, S. 81-98.
1894a　　*Die Abwehr-Neuropsychosen. Versuch einer psychologischen Theorie der acquirierten Hysterie, vieler Phobien und Zwangsvorstellungen und gewisser hallucinatorischer Psychosen*. GW 1, S. 59-74.
1895d　　*Studien über Hysterie*. Wien: Deuticke 1895. GW 1, S. 75-312.
1896a　　L'hérédité et l'étiologie des névroses. GW 1, S. 407-422.
1900a　　*Die Traumdeutung*. GW 2/3.
1901a　　Über den Traum. GW 2/3, S. 643-700.

1901b	*Zur Psychopathologie des Alltagslebens.* GW 4.
1904a	Die Freudsche psychoanalytische Methode, GW 5, S. 3-10.
1905d	Drei Abhandlungen zur Sexualtheorie. GW 5, S. 33-145.
1905e	Bruchstück einer Hysterie-Analyse. GW 5, S. 161-286.
1906a	Meine Ansichten über die Rolle der Sexualität in der Ätiologie der Neurosen. GW 5, S. 149-159.
1907a	*Der Wahn und die Träume in W. Jensens 'Gradiva'.* GW 7, S. 29-122.
1909c	Der Familienroman der Neurotiker. GW 7, S. 227-231.
1910a	Über Psychoanalyse. GW 8, S. 1-60.
1912-13a	*Totem und Tabu.* GW 9.
1913f	Das Motiv der Kästchenwahl. GW 10, S. 24-37.
1914d	*Zur Geschichte der psychoanalytischen Bewegung.* GW 10, S. 43-113.
1916-17a	*Vorlesungen zur Einführung in die Psychoanalyse.* GW 11.
1916-17b	Mythologische Parallele zu einer plastischen Zwangsvorstellung. GW 10, S. 398-400.
1919c	Internationaler psychoanalytischer Verlag und Preiszuteilung für psychoanalytische Arbeiten. GW 12, S. 333-336.
1919d	Einleitung zu: Zur Psychoanalyse der Kriegsneurosen. GW 12, S. 321-324.
1919e	Ein Kind wird geschlagen. Beitrag zur Kenntnis der Entstehung sexueller Perversionen. GW 12, S. 197-226
1919j	Soll die Psychoanalyse an den Universitäten gelehrt werden? Übersetzung aus dem Ungarischen von Anna Freud. GW Nachtragsband, S. 699-703.
1920e	Vorwort zur vierten Auflage [der Drei Abhandlungen zur Sexualtheorie (1905d). GW 5, S. 31f.
1920f	Ergänzungen zur Traumlehre. GW Nachtragsband, S. 622f.
1920g	*Jenseits des Lustprinzips.* GW 13, S. 1-69.
1921d	Preiszuteilung. GW Nachtragsband, S. 711.
1922a	Traum und Telepathie. GW 13, S. 165-191.
1923g	Vorwort zu M. Eitingon. Bericht über die Berliner psychoanalytische Poliklinik. GW 13, S. 441.
1926b	Karl Abraham †. GW 14, S. 564.
1926d	*Hemmung, Symptom und Angst.* GW 144, S. 111-205.
1928a	Ein religiöses Erlebnis. GW 14, S. 393-396.

1933a	*Neue Folge der Vorlesungen zur Einführung in die Psychoanalyse.* GW 15.
1941d	Psychoanalyse und Telepathie. GW 17, S. 27-44.
1960a	*Briefe 1873 – 1939.* Hrsg. von E. und L. Freud. Frankfurt am Main: S. Fischer Verlag 1960 [3. Aufl. 1980].
1962-75a	Diskussionsbeiträge und Vorträge. In: *Protokolle der Wiener Psychoanalytischen Vereinigung,* Bd. 1-4., Hrsg. von Herman Nunberg und Ernst Federn. Frankfurt am Main: S. Fischer Verlag 1976-1981.
1963a	*Sigmund Freud / Oskar Pfister. Briefe 1909-1939.* Hrsg. von E. L. Freud und H. Meng. Frankfurt am Main: S. Fischer Verlag 1963.
1965a	*Sigmund Freud / Karl Abraham. Briefe 1907-1926.* Hrsg. von H. Abraham und E. Freud. Frankfurt am Main: S. Fischer 1965 [2. korr. Auflage 1980].
1966a	*Sigmund Freud / Lou Andreas-Salomé. Briefwechsel.* Hrsg. von E. Pfeiffer. Frankfurt am Main: S. Fischer 1966.
1970b	Briefe an Georg Groddeck. In: Groddeck, Georg, *Der Mensch und sein Es.* Wiesbaden: Limes Verlag 1970.
1971a	Briefe an James Jackson Putnam. In: Hale, Nathan (Ed.), *James Jackson Putnam and Psychoanalysis,* Letters between Putnam and Sigmund Freud, Ernest Jones, William James, Sándor Ferenczi, and Morton Prince, 1877-1917. Cambridge, Mass.: Harvard University Press 1971.
1974a	*Sigmund Freud / C. G. Jung. Briefwechsel.* Hrsg. von William McGuire und Wolfgang Sauerländer. Frankfurt am Main: S. Fischer 1974.
1985a	Übersicht der Übertragungsneurosen. [Entwurf der XII. metapsychologischen Abhandlung von 1915]. In: Freud, Sigmund, *Übersicht der Übertragungsneurosen. Ein bisher unbekanntes Manuskript,* ediert und mit einem Essay versehen von Ilse Grubrich-Simitis. Frankfurt am Main: S. Fischer Verlag 1985, GW, Nachtragsband, S. 627-651.
1988k	Zur Genese des Fetischismus. [Protokoll eines Vortrags] am 24. 2. 1909 in der Wiener Psychoanalytischen Vereinigung. In: Rose, Louis (Ed.), *Freud and Fetishism: Previously Unpublished Minutes of the Vienna Psychoanalytic Society.* Deutscher Text in: Lobner, Hans & Rose, Louis,

	Zur Genese des Fetischismus – ein wiederentdeckter Vortrag Sigmund Freuds (1909). *Sigmund Freud House Bulletin,* 14(1990), S. 3-20; nachgedruckt in: Federn, Ernst & Wittenberger, Gerhard (Hg.), *Aus dem Kreis um Sigmund Freud. Zu den Protokollen der Wiener Psychoanalytischen Vereinigung.* Frankfurt am Main: Fischer Taschenbuch Verlag 1992, S. 10-22.
1989t	Briefe und Postkarten an Honorio Delgado. In: Delgado, Honorio, *Freud y el Psicoanalysis. Escritos y Testimonio,* introducción, compilación y notas por Javier Mariategui. Lima: Universidad Peruana Cayetano heredia, Fono Editorial 1989.
1992b	*Sigmund Freud/Ludwig Binswanger. Briefwechsel 1908-1938.* Hrsg. von G. Fichtner. Frankfurt am Main: S. Fischer 1992.
1993a	*Sigmund Freud – Sándor Ferenczi. Briefwechsel, 1908-1911.* Bd. I/1. Hrsg. von Eva Brabant, Ernst Falzeder, Patrizia Giampieri-Deutsch, unter wiss. Leitung von André Haynal. Transkription von I. Meyer-Palmedo. Wien/Köln/Weimar: Böhlau 1993.
1993b	*Sigmund Freud – Sándor Ferenczi. Briefwechsel, 1912-1914.* Bd. I/2. H,rsg. von Eva Brabant, Ernst Falzeder, Patrizia Giampieri-Deutsch, unter wiss. Leitung von André Haynal. Transkription von I. Meyer-Palmedo. Wien/Köln/Weimar: Böhlau 1993.
1993e	*The Complete Correspondence of Sigmund Freud and Ernest Jones, 1908-1939,* ed. by R. Andrew Paskauskas, Introduction by Riccardo Steiner, Cambridge, Mass./London: Harvard University Press 1993 [Der Originalwortlaut der in Deutsch verfaßten Briefe Freuds findet sich in: *Briefwechsel Sigmund Freud / Ernest Jones 1908-1939,* Transkription und editorische Bearbeitung von Ingeborg Meyer-Palmedo. Frankfurt am Main: S. Fischer Verlag 1993.

Freud-Bernays, Anna

o.J.	*Erlebtes.* Wien: Kommissionsverlag der Buchhandlung Heller o.J.

Friedrich, Volker
1990   Der 13. Internationale Psychoanalytische Kongreß 1934. Seine Bedeutung in der psychoanalytischen Bewegung. In: *Gidal, Tim N.: Die Freudianer auf dem 13. Internationalen Psychoanalytischen Kongreß 1934 in Luzern.* München: Verlag Internationale Psychoanalyse 1990, S. 154-171.

Frink, Horace
1922   Die amerikanische psychoanalytische Literatur 1920-1922. *IZP,* 8(1922), S. 68.

Furtmüller, Carl
1983   *Denken und Handeln. Schriften zur Psychologie 1905-1920. Von den Anfängen der Psychoanalyse zur Anwendung der Individualpsychologie.* Hg. Von Lux Furtmüller. München und Basel: Ernst Reinhardt Verlag 1983.

Gast, Lilli
1996   Joan Riviere und die englische Psychoanalyse. In: Gast, Lilli: *Joan Riviere. Ausgewählte Schriften.* Tübingen: edition diskord 1996, S. 9-89.

Gay, Peter
1988   *Freud. A Life for Our Time.* New York: W. W. Norton 1988 [Deutsch: Gay (1989)].
1989   *Freud. Eine Biographie für unsere Zeit.* Frankfurt am Main: S. Fischer Verlag 1989.

Gley, Eugène
1920   *Die Lehre von der inneren Sekretion.* Bern: E. Bircher-Verlag 1920.

Glover, Edward
1937   David Eder-Stiftung. *IZP,* 23(1937), S. 581.
1995   Psychoanalysis in England. In: Alexander, Franz et al. (Eds.), *Psychoanalytic Pioneers.* New Brunswick & London: Transaction Publishers 1995, S. 534-545.

Graf-Nold, Angela
1988   Der Fall Hermine Hug-Hellmuth. Eine Geschichte der frühen Kinder-Psychoanalyse. München: Verlag Internationale Psychoanalyse 1988.

Gressot, Michel
1956   Henri Flournoy (1886-1955). *Schweizerisches Archiv für Neurologie und Psychiatrie*, 77(1956), S. 456-457.

Groddeck, Georg
1921   *Der Seelensucher. Ein psychoanalytischer Roman.* Leipzig/Wien/Zürich: Internationaler Psychoanalytischer. Verlag 1921.

Groen-Prakken, Han & de Nobel, Leo
1992   The Netherlands. In: Kutter, Peter (Ed.), *Psychoanalysis International. A Guide to Psychoanalysis throughout the World.* Bd. 1 Europe. Stuttgart: frommann-holzboog 1992.

Grosskurth, Phyllis
1991   *The Secret Ring. Freud's Inner Circle and the Politics of Psychoanalysis.* Reading, Mass.: Addison-Wesley 1991.
1993   *Melanie Klein: Ihre Welt und ihr Werk.* Stuttgart: Verlag Internationale Psychoanalyse 1993.

Grotjahn, Martin
1969   Otto Rank on Homer and Two Unknown Letters from Freud to Rank in 1916. *Journal of the Otto Rank Association,* 4(1969), S. 75-78.
1976   Freuds Briefwechsel. In: Eicke, Dieter (Hg.), *Die Psychologie des 20. Jahrhunderts. Bd. II, Freud und die Folgen* (1). Zürich. Kindler. 1976.
1966   Karl Abraham. In: Alexander, Franz et al. (Eds.), *Psychoanalytic Pioneers.* New Brunswick & London: Transaction Publishers 1995, S. 1-13.
1984   Rank in Freud's Circle and His Departure from the Group of Ringholders. *American Imago,* 4(1984), S. 353-358.

Grubrich-Simitis, Ilse
1971 Einleitung: Sigmund Freuds Lebensgeschichte und die Anfänge der Psychoanalyse. In: Freud, S.: 'Selbstdarstellung'. *Schriften zur Geschichte der Psychoanalyse.* Hrsg. und eingeleitet von I. Grubrich-Simitis. Frankfurt am Main: Fischer Taschbuchverlag 1971, S. 7-33.
1993 *Zurück zu Freuds Texten. Stumme Dokumente sprechen machen.* Frankfurt am Main: S. Fischer 1993.

Hale, Nathan
1971 *James Jackson Putnam and Psychoanalysis.* Cambridge, Mass.: Harvard University Press 1971.
1995 *Freud and the Americans. The Beginnings of Pyschoanalysis in the United States, 1876-1917.* New York/Oxford: Oxford Unversity Press 1995.

Hall, Murry
1985 Der Rikola-Konzern. In: *Österreichische Verlagsgeschichte 1918—1939*, Bd. II, Wien/Köln/Graz: Böhlau 1985, S. 310-357.

Harmat, Paul
1988 *Freud, Ferenczi und die ungarische Psychoanalyse.* Tübingen: edition diskord 1988.

Hattingberg, Hans von
1920 Trieb und Instinkt, ein definitorischer Versuch. *Zeitschrift für angewandte Psychologie,* 18(1920), H. 4/6.

Heckel, Francis
1917 *La Nérvose d'angoisse et les états d'émotivés anxieuses.* Paris: Masson 1917.

Heenen-Wolff, Susan
1992 Eugenie Sokolnicka (1884-1934). In: Federn, Ernst & Wittenberger, Gerhard (Hg.): *Aus dem Kreis um Sigmund Freud. Zu den Protokollen der Wiener Psychoanalytischen*

Vereinigung. Frankfurt am Main: Fischer Taschenbuchverlag 1992, S. 155-157.

Hermanns, Ludger
1991 Psychoanalytiker in Deutschland 1933-1945: Zwischen Anpassung und Widerstand. In: Juelich, D. (Hrsg.): *Geschichte als Trauma. Festschrift für Hans Keilson zu seinem 80. Geburtstag.* Frankfurt am Main: Nexus 1991, S. 111-125.
1994 Karl Abraham und die Anfänge der Berliner Psychoanalytischen Vereinigung. *Luzifer-Amor,* 7(1994), H. 13, S. 30-40.

Hermanns, Ludger & Schultz, Ulrich
1990 »Und doch wär ich ... beinahe Berliner geworden« – Sigmund Freud im Sanatorium Schloß Tegel. *Zeitschrift für psychoanaytische Theorie und Praxis,* 5(1990), S. 78-88.

Herzer, Manfred
1992 *Magnus Hirschfeld. Leben und Werk eines jüdischen, schwulen und sozialistischen Sexologen.* Frankfurt am Main/New York: Campus Verlag 1992.

Hirschmüller, Albrecht
1978 *Physiologie und Psychoanalyse in Leben und Werk Josef Breuers.* Bern: Huber 1978.

Hitschmann, Eduard
1911 *Freud's Neurosenlehre. Nach ihrem gegenwärtigen Stande zusammenfassend dargestellt.* Leipzig/Wien: Deuticke 1911.

Hoche, Ernst Alfred
1910 Eine psychische Epidemie unter Ärzten. *Medizinische Klinik,* 6(1910), S. 1007-1010.

Hollós, Istvan
1974   Brief eines Entronnenen. (Istvan Hóllos an Paul Federn 17.2.1946). *Psyche,* 28(1974), S. 266-268.

Hug-Hellmuth, Hermine
1919   *Tagebuch eines halbwüchsigen Mädchens. Von 11 bis 14½ Jahren.* Quellenschriften zur seelischen Entwicklung Nr. 1 [Die Herausgeberin blieb bis zur 3. Auflage 1923 anonym.]

Jacoby, Russell
1984   *Die Verdrängung der Psychoanalyse, oder: Der Triumph des Konformismus.* Frankfurt: S. Fischer Verlag 1984.

Jokl, Robert
1922   Zur Psychogenese des Schreibkrampfes. *IZP,* 8(1922), S. 168-190.

Jones, Ernest
1911   *Das Problem des Hamlet und der Oedipus-Komplex.* Übersetzung von Paul Tausig. Leipzig/Wien: Deuticke 1911 [*Schriften zur angewandten Seelenkunde,* Bd. 10].
1916   The Theory of Symbolism. *British Journal of Psychology,* 9(1916), S. 181-229.
1919   Die Theorie der Symbolik. *IZP,* 5(1919), S. 244-273.
1920a   *Treatment of the Neuroses.* London: Baillière, Tindall and Cox 1920.
1920b   Recent Advances in Psycho-Analysis. *IJP,* 1(1920), S. 161-185.
1920c   [Review of] Rivers, William: Dreams and Primitive Culture. *IJP* 1(1920), S. 333-334.
1920d   [Review of] Rivers, William: Instinct and the Unconscious. A Contribution to a Biological Theory of the Psycho-Neuroses. *IJP* 1(1920), S. 470-476.
1920e   [Review of] Tridon, André: Psychoanalysis: Its History, Theory, and Practice *IJP,* 1(1920), S. 476-477.
1920f   Recent Advances in Psycho-Analysis. *British Journal of Medical Psychology,* 1(1920), S. 49-71).

1922	Die Theorie der Symbolik. IV. Funktionale Symbolik. *IZP*, 8(1922), S. 259-289.
1936	Gedenkworte für M. D. Eder (1866—1936). *IZP*, 22(1936), S. 295-298.
1949	*Hamlet and Oedipus.* London: Victor Gollancz 1949.
1956	Obituary J. C. Flugel. *IJP*, 37(1956), S. 193-197.
1959	*Free Associations: memoirs of a psycho-analyst.* London: Hogarth Press 1959.
1960-1962	*Das Leben und Werk von Sigmund Freud. 3 Bände.* Bern/Stuttgart/Wien: Huber 1960-1962.

Jung, C. G.

1921	*Psychologische Typen.* Gesammelte Werke, Bd. VI.

Kaplan, Leo

1914	*Grundzüge der Psychoanalyse.* Leipzig/Wien: Franz Deuticke 1914.
1916	*Psychoanalytische Probleme.* Leipzig/Wien: Franz Deutikke 1916.
1917	*Hypnotismus, Animismus und Psychoanalyse.* Leipzig/Wien: Deuticke 1917.

Kempf, Edward

1918	*The autonomic functions and the personality.* New York/Washington: Nervous and mental disease publishing company 1918.
1920	*Psychopathology.* St. Louis: C. V. Mosby 1920.
1949	Bisexual Factors in Curable Schizophrenia. *The Journal of Abnormal and Social Psychology,* 44(1944), 1-6.

Kickh, Adolf

1920	*Sexuelle und Alkoholfragen.* Bonn: Marcus & Weber 1920.

Kiell, Norman

1988	*Freud Without Hindsight: Reviews of His Work, 1893-1939.* Madison, CT: International Universities Press 1988.

Kimmins, Charles W.
1920   *Children's dreams.* New York: Longmans, Green & Co. 1920.

King, Pearl & Holder, Alex
1992   Great Britain. In: Kutter, Peter (Ed.), *Psychoanalysis International. A Guide to Psychoanalysis throughout the World.* Bd. 1 Europe. Stuttgart: frommann-holzboog 1992.

King, Pearl & Steiner, Ricardo
1991   *The Freud-Klein Controversies 1941-45.* New York: Tavistock/Routledge 1991.

Klein, Melanie
1921   Beitrag zur frühinfantilen Analyse. *IZP* 7(1921), S. 133.

Knopf, Leo
1909   *Anatomische Untersuchungen von zwei Fällen von Syringomyelie.* Leipzig: Lehmann 1909.

Kolnai, Aurel
1920   *Psychoanalyse und Soziologie. Zur Psychologie von Masse und Gesellschaft.* Wien/Leipzig/Zürich: Internationaler Psychoanalytischer Verlag 1920.

Kroeber, Alfred Louis
1920   Totem and Taboo. An Ethnologic Psychoanalysis. Ameri can Anthropologist, 22(1920), S. 48-55.

Krumme, Peter
1982   Daten zu einem Porträt des Hanns Sachs. In: Sachs, Hanns, *Freud. Meister und Freund.* Frankfurt/Berlin/Wien: Ullstein 1982, S. 175-181.

Kurzweil, Edith
1993   *Freud und die Freudianer.* München: Verlag Internationale Psychoanalyse 1993.

1995 USA.. In: Kutter, Peter (Ed.), *Psychoanalysis International. A Guide to Psychoanalysis throughout the World.* Bd. 2 America, Asia, Australia, Further European Countries. Stuttgart: frommann-holzboog 1995.

La Barre, Weston
1966 Géza Róheim – Psychoanalysis and Anthropology. In: Alexander, Franz, et. al.: *Psychoanalytic Pioneers.* New York/London: Basic Books 1996, S. 272-281.

Lagerlöf, Selma
1899 *En herrgardssägen.* Deutsch (1912): Herrenhofsage, übers. von Pauline Klaiber. München: Abert Langen Schweitzer, 1990.

Lebovici, Serge
1984 148. Bulletin der Internationalen Psychoanalytischen Vereinigung. Bericht über das Sigmund-Freud-Archiv. In: Beland, Hermann, u. a. (Hg.), *Jahrbuch der Psychoanalyse,* Bd. 16, Stuttgart: frommann-holzboog 1984.

León, Ramón & Kagelmann, H. Jürgen
1991 Die Anfänge der Psychoanalyse in Lateinamerika: Der Fall Honorio Delgado. *Psychomedizinische Zeitschrift für Psychologie in der Praxis,* 4(1991), H. 1, S. 123-127.

Lieberman, James
1985 *Acts of Will. The Life and Work of Otto Rank.* New York: The Free Press 1985. Deutsch: *Otto Rank. Leben und Werk.* Aus dem Amerikanischen von Anni Pott. Giessen: Bibliothek der Psychoanalyse im Psychosozial-Verlag 1997.

Liebermann, Hans
1919 Psychoanalyse und Universität. *Der Kritiker,* 1(1919), Nr. 14 und 15.

Liepmann, Walter
1920 *Die Psychologie der Frau.* Wien: Urban & Schwarzenberg 1920.

Lindquist, John
1920 *Människo Kunskap. En studie över den historiska och den konstnärliga Kunskapen.* Stockholm: Bonnier 1920.

List, Eveline
1995 Otto Rank, Verleger. In: Marinelli, Lydia & Markus, Arnold, *Internationaler Psychoanalytischer Verlag 1919-1938.* Katalog, hrsg. vom Sigmund-Freud-Museum Wien. (Sondernummer 1/1995 des Sigmund Freud House Bulletin), S. 31-48.

Lobner, Hans
1992 'Zur Genese des Fetischismus' – Ein wiederentdeckter Vortrag Sigmund Freuds (1909). In: Federn, Ernst und Wittenberger, Gerhard (Hg.): *Aus dem Kreis um Sigmund Freud.* Frankfurt am Main: Fischer Taschenbuchverlag 1992, S. 23-33.

Lockot, Regine
1985 *Erinnern und Durcharbeiten. Zur Geschichte der Psychoanalyse und Psychotherapie im Nationalsozialismus.* Frankfurt am Main: Fischer Taschenbuchverlag 1985.
1992 Die Auswirkungen des Nationalsozialismus auf die Gruppenbildung. In: Wiesse, Jörg, (Hg.): *Chaos und Regel. Die Psychoanalyse in ihren Institutionen.* Göttingen: Vandenhoeck & Ruprecht 1992, S. 132-165.

Lohmann, Hans-Martin
1984a *Die Psychoanalyse auf der Couch.* Frankfurt am Main: Qumran 1984.
1984b Scheiden tut weh. *Psyche,* 38(1984), S. 943-948.

Longh, Constance
1920   *Collected papers on the psychology of phantasy*. London: Baillière, Tindall & Cox 1920.

Lorand, Sandor
1995   Sándor Ferenczi. In: Alexander, Franz et al. (Eds.), *Psychoanalytic Pioneers*. New Brunswick & London: Transaction Publishers 1995, S. 14-35.

Lorenzer, Alfred
1984   *Intimität und soziales Leid. Archäologie der Psychoanalyse*. Frankfurt am Main: S. Fischer Verlag 1984.

Löwenfeld, Ludwig
1904   *Die psychischen Zwangserscheinungen*. Wiesbaden: Bergmann 1904.

Low, Barbara
1920   *Psycho-Analysis. A Brief Account of the Freudian Theory*. London: Allen and Unwin 1920.

Lowie, Robert
1920   *Primitive society*. New York: Boni and Liveright 1920.

MacPherson, William
1920   *The Psychology of Persuasion*. London: Methuen 1920.

Mager, Alois
1920   »Die Enge des Bewußtseins«. *Münchner Studien zur Psychologie und Philosophie,* 5(1920), S. 498-657.

Mahony, Patrick
1997   The Budding International Psychoanalytic Association and Its Discontents. In: Mahony, Patrick, Carlo Bonomi und Jan Stensson (Hg.): *Behind the Scenes. Freud in Correspondence*. Stockholm: Scandinavian University Press 1997.

Marinelli, Lydia & Arnold, Markus
1995 *Internationaler Psychoanalytischer Verlag 1919-1938.* Katalog, hrsg. vom Sigmund-Freud-Museum Wien. (Sondernummer 1/1995 des Sigmund Freud House Bulletin).

May-Tolzmann, Ulrike
1976 Psychoanalyse in USA. In: Eicke, D. (Hg.) (1976): *Die Psychologie des 20. Jahrhunderts III. Freud und die Folgen*, München: Kindler 1976, S. 1219-1264.
1992 Sadgers Beitrag zu den Anfängen des Narzißmus. In: Federn, Ernst & Wittenberger, Gerhard (Hg.): *Aus dem Kreis um Sigmund Freud*. Frankfurt am Main: Fischer Taschenbuch Verlag 1992, S. 96-102.

McLynn, Frank
1996 *Carl Gustav Jung*. London: Bantam Press 1996.

Meisel, Perry & Kendrick, Walter (Hg.)
1985 *Kultur und Psychoanalyse in Bloomsbury und Berlin. Die Briefe von James und Alix Strachey 1924-1925.* Stuttgart Verlag Internationale Psychoanalyse 1985.

Meerwein, Fritz
1989 Ein Nobelpreis für Sigmund Freud? *Neue Züricher Zeitung*, 29./30.4.1989, Nr. 99, S.69.

Meyer, Adolf-Ernst
1988 Wie fanden Sie zu Freud? oder: Individuation-Separation von einem Gründungsvater. *Psyche*, 42(1988), S. 904-914.

Meyer, Adolph
1916-1917 Dr. C. G. Jungs Psychologie der unbewußten Prozesse. *IZP,* 4(1916-17), S. 302-314.

Miller, Crichton (Ed.)
1920 *Functional nerve disease*. London: Hodder and Stoughton 1920.

Modena, Emilio
1993 Hoffnungsvoll verzweifelt: Eine neue freudsche Linke im Spiegel ihrer internationalen Kongresse. *Luzifer-Amor,* 6 (1993), H. 12, S. 63-98.

Moellenhof, Fritz
1995 Hanns Sachs. In: Alexander, Franz et al. (Eds.), *Psychoanalytic Pioneers.* New Brunswick & London: Transaction Publishers 1995, S. 180-199.

Molnar, Michael (Hg.)
1996 *Sigmund Freud. Tagebuch 1929-1939. Kürzeste Chronik.* Übersetzt ins Deutsche von Christfried Tögel. Frankfurt am Main: Stroemfeld/Roter Stern 1996.

Mordell, Albert
1919 *The erotic motive in literature.* New York: Boni & Liveright 1919.

Mourgue, Raoul & Colin, H.
1918 Les Enseignements Méthodologiques et la Signification de la Psychanalyse. *Annales Médico-psychologiques,* 18 (1918), S. 79-90.

Mühlleitner, Elke
1992a *Biographisches Lexikon der Psychoanalyse. Die Mitglieder der Psychologischen Mittwoch-Gesellschaft und der Wiener Psychoanalytischen Vereinigung 1902 – 1938.* Tübingen: edition diskord 1992.
1992b Eduard Hitschmann (1871-1957). In: Federn, Ernst & Wittenberger, Gerhard (Hg.): *Aus dem Kreis um Sigmund Freud,* S. 162-165.

Mühlleitner, Elke & Reichmayr, Johannes (Hg.)
1998 *Otto Fenichel. 119 Rundbriefe.* Band II: Amerika (1938-1945). Frankfurt am Main: Stroemfeld 1998.

Müller-Braunschweig, Carl
1921   Psychoanalytische Gesichtspunkte zur Psychogenese der Moral, insbesondere des moralischen Aktes. *Imago,* 7 (1921), S. 237-250.

Müller-Braunschweig, Hans
1985   Zu H. Dahmers Kommentar »Kapitulation vor der 'Weltanschauung'«. *Psyche,* 39(1985) H. 4, S. 355-366.

Nachmansohn, Max
1922   Die Psychoanalyse eines Falls von Homosexualität. *IZP,* Bd. 8(1922), S. 45-64.
1933   *Die Hauptströmungen der Psychotherapie der Gegenwart.* Zürich: Rascher 1933.
1937   *Wesen und Formen des Gewissens.* Wien/Leipzig: Sensen-Verlag 1937.

Nase, Eckart
1993   *Oskar Pfisters analytische Seelsorge. Theorie und Praxis des ersten Pastoralpsychologen, dargestellt in zwei Fallstudien.* Berlin/New York: de Gruyter 1993.

Neiser, Emil Michael Johann
1978   *Max Eitingon. Leben und Werk.* Med. Diss. Mainz 1978.

Nin, Anaïs
1974   *Tagebücher,* Bd. 1. München: dtv 1974.

Nitzschke, Bernd
1988   *Zu Fuß durch den Kopf – Wanderungen im Gedankengebirge. Ausgewählte Schriften Herbert Silberers – Miszellen zu seinem Leben und Werk.* Tübingen: edition diskord 1988.
1992a   Herbert Silberer – Luftschiffer und Halluzinationsforscher – Stichworte zu seinem Leben und Werk. In: Federn, Ernst & Wittenberger, Gerhard (Hg.): *Aus dem Kreis um Sigmund Freud.* Frankfurt am Main: Fischer Taschenbuch Verlag 1992, S. 170-175.

| 1992b | Wilhelm Stekel, ein Pionier der Psychoanalyse – Anmerkungen zu ausgewählten Aspekten seines Werkes. In: Federn, Ernst & Wittenberger, Gerhard (Hg.), *Aus dem Kreis um Sigmund Freud*. Frankfurt am Main: Fischer Taschenbuch Verlag 1992, S. 176-191. |

Noll, Richard
| 1997 | The Aryan Christ. The Secret Life of Carl Jung. New York: Random House 1997. |

Nunberg, Hermann
| 1976 | Einleitung. In: *Protokolle der Wiener Psychoanalytischen Vereinigung*. Bd. 1 Frankfurt am Main: S. Fischer 1976. |

Nunberg, Hermann & Federn, Ernst (Hg.)
| 1976-1981 | *Protokolle der Wiener Psychoanalytischen Vereinigung*. Bd. 1-4, Frankfurt am Main: S. Fischer 1976-1981. |

Oberborbeck, Klaus
| 1994 | Kinderanalyse im Umfeld des Berliner Psychoana-lytischen Instituts 1920 bis 1933. *Luzifer-Amor*, 7(1994) H. 13, S. 71-120. |

Oberndorf, Clarence
| 1948a | Obituary. Dr. Abraham Arden Brill. *Psychoanalytic Review*, 35(1948); S . 389-393. |
| 1948b | A. A. Brill. *Psychoanalytic Quarterly*, 17(1948), S. 149-154. |

Paál, János
| 1976 | Psychoanalyse in Ungarn. In: Eicke, D. (Hg.) (1976): *Die Psychologie des 20. Jahrhunderts III. Freud und die Folgen*. München: Kindler 1976, S. 103-115. |

Payne, Sylvia
| 1952 | Obituary John Rickman. *IJP*, 33(1952), S. 54-60. |
| 1957 | Obituary. Dr. Ethilda Budget-Meakin Herford. *IJP*, 38 (1957), S. 276. |

Peters, Uwe Henrik
1979   *Anna Freud. Eine Leben für das Kind.* München: Kindler 1979.
1992   *Psychiatrie im Exil. Die Emigration der dynamischen Psychiatrie aus Deutschland 1933-1939.* Düsseldorf: Kupka 1992.

Pfister, Oskar
1920   *Zum Kampf um die Psychoanalyse.* Leipzig/Wien/Zürich: Internationaler Psychoanalytischer Verlag 1920 [Internationale Psychoanalytische Bibliothek Nr. 8].
1921a   Experimental Dreams Concerning Theoretical Subjects. *Psyche and Eros,* 2(1921), S. 1-11, 90-99.
1921b   Die psychoanalytische Bewegung. Theodore Flournoy. *IZP,* 7(1921), S. 101-106.

Plänkers, Tomas
1996   Die Verleihung des Frankfurter Goethe-Preises an Sigmund Freud 1930. In: Plänkers, Tomas et al. (Hg.): *Psychoanalyse in Frankfurt am Main. Zerstörte Anfänge, Wiederannäherungen, Entwicklungen.* Tübingen: edition diskord 1996, S. 254-331.

Pomer, Sydney
1995   Max Eitingon. In: Alexander, Franz et al. (Eds.), *Psychoanalytic Pioneers.* New Brunswick & London: Transaction Publishers 1995, S. 51-62.

Putnam, James.
1921   *Addresses on Psychoanalysis.* London: International Psychoanalytical Press 1921.

Psyche
1984   *Psychoanalyse unter Hitler. Dokumentation einer Kontroverse.* Hg. von der Redaktion der Zeitschrift *Psyche.* Frankfurt 1984.

Ralph, Joseph
1920 *Psychical Surgery. A brief Synopsis of the Analytical Treatment of Mental and Psychical Disturbances*. Los Angeles: Ralph 1920.

Ranchetti, Michele
1994 Die Psychoanalytische Bewegung: Eine schwierige Geschichte. *Werkblatt. Zeitschrift für Psychoanalyse und Gesellschaftskritik,* 32(1994), S. 21-37.

Rank, Otto
1909 *Der Mythus von der Geburt des Helden. Versuch einer psychologischen Mythenforschung.* Wien/Leipzig: Deutikke 1909.
1911 *Die Lohengrin-Sage. Ein Beitrag zu ihrer Motivgestaltung und Deutung.* Wien: Hugo Heller 1911 (Schriften zur angewandten Seelenkunde, Heft 13).
1924 *Das Trauma der Geburt.* Wien: Internationaler Psychoanalytischer Verlag 1924.
1926 *Technik der Psychoanalyse.* Wien: Internationaler Psychoanalytischer Verlag 1926.
1929 *Wahrheit und Wirklichkeit. Entwurf einer Philosophie des Seelischen.* Wien: Internationaler Psychoanalytischer Verlag 1929.

Rank, Otto & Ferenczi, Sándor
1924 *Entwicklungsziele der Psychoanalyse. Zur Wechselbeziehung von Theorie und Praxis.* Leipzig/Wien/Zürich: Internationaler Psychoanalytischer Verlag 1924.

Rattner, Josef
1995 *Klassiker der Tiefenpsychologie.* München: Psychologie Verlags Union 1995.

Read, Stanford
1920 Review of the recent psycho-analytic literature in English. *IJP,* 1(1920), S. 69-113.

Régis, Emmanuel & Hésnard, Angelo
1914   *La Psychanalyse des névroses et des psychoses, ses applications médicales et extra-médicales.* Paris: Alcan 1914.

Reich, Wilhelm
1966   *Reich speaks of Freud: Wilhelm Reich discusses his Relationship with Freud.* New New York: Noonday Press 1966.

Reicheneder, Johann Georg
1966   *Zum Konstitutionsprozeß der Psychoanalyse.* Stuttgart: frommann-holzboog 1990 (=*Jahrbuch der Psychoanalyse*, Beiheft 12).

Reik, Theodor
1976   *Dreißig Jahre mit Sigmund Freud.* München: Kindler 1976.

Ries, Paul
1995   Popularise and/or be damned: Psychoanalysis and film at the crossroads in 1925. *The International Journal of Psycho-Analysis*, 76(1995), S. 759-791.

Roazen, Paul
1976   *Sigmund Freud und sein Kreis.* Bergisch Gladbach: Lübbe 1976.
1989   *Freuds Liebling – Helene Deutsch. Das Leben einer Psychoanalytikerin.* München-Wien: Verlag Internationale Psychoanalyse 1989.

Róheim, Géza
1921   *Das Selbst.* Leipzig/Wien/Zürich: Internationaler Psychoanalytischer Verlag 1921 [als Fortsetzung vorher in: *Imago,* 7(1921), S. 1-39, 142-179, 310-348, 453-504].
1925   *Australian Totemism. A Psycho-Analytic Study in Anthropology.* London: Allen and Unwin 1925.
1926   Die Völkerpsychologie und die Psychologie der Völker. *Imago,* 12(1926), S. 273-291.

Romm, Sharon
1983 *The Unwelcome Intruder. Freud's Struggle with Cancer.* New York: Praeger 1983.

Ross, Dorothy
1972 *G. Stanley Hall. The Psychologist as Prophet.* Chicago/ London: The University of Chicago Press 1972.

Rothe, Joachim
1996 Ein exemplarisches Schicksal. Karl Landauer (1887 – 1945). In: Plänkers, T. et al. (Hg.): *Psychoanalyse in Frankfurt am Main. Zerstörte Anfänge, Wiederannäherungen, Entwicklungen.* Tübingen: edition diskord 1996, S. 87-108.

Roudinesco, Elisabeth
1994 *Wien – Paris. Die Geschichte der Psychoanalyse in Frankreich.* Weinheim/Berlin: Beltz/Quadriga 1994.

Rovigatti, Franca (Hg.)
1989 *L'Italia nella psicoanalisis – Italy in Psychoanalysis.* o. O.: Instituto della Enciclopedia Italiana 1989.

Sachs, Hanns
1917-1919 Der Sturm. *Imago,* 5(1917-19), S. 203-242.
1920a *Ars Amandi Psychoanalytica, oder Psychoanalytische Liebesregeln.* Berlin: Reuß & Pollak 1920.
1920b [Review of] Mordell, Albert: The Erotic Motive in Literature. *IJP,* 1(1920), S. 477-478.
1923 The Tempest. *IJP,* 4(1923), S. 43-88.
1982 *Freud. Meister und Freund.* Frankfurt am Main/Berlin/ Wien: Ullstein 1982.

Sayers, Janet
1991 *Mothering psychoanalysis: Helene Deutsch, Karen Horney, Anna Freud and Melanie Klein.* London: Hamish Hamilton 1991.

Schaff, Phillip
1998   Luther and Cajetan. In: Schaff, Phillip, *The History of the Christian Church,* Vol. VII, History of modern Christianity. http://www.bible.org/docs/history/schaff/vol7.

Schiller, Friedrich
1962   *Sämtliche Werke.* Auf Grund der Originaldrucke hg. von Gerhard Fricke und Herbert G. Göpfert in Verbindung mit Herbert Stubenrauch, 3. Auflage, München: Carl Hanser 1962.

Schleiter, Frederick
1919   *Religion and culture.* New York: Columbia University Press 1919.

Schöpf, Alfred
1982   *Sigmund Freud.* München. C. H. Beck 1982.

Schröter, Michael
1995   Freuds Komitee 1912-1914. Zur Soziologie psychoanalytischer Gruppenbildung. *Psyche* 49(1995), S. 513-563.
1997   Max Eitingon, ein Geheimagent Stalins? Erneuter Protest gegen eine zählebige Legende. *Psyche,* 51(1997) S. 457-470.

Schultz, Ulrich & Hermanns, Ludger M.
1987   Das Sanatorium Schloß Tegel Ernst Simmels – Zur Geschichte und Konzeption der ersten Psychoanalytischen Klinik. *Psychotherapie, Psychosomatik und Medizinische Psychologie,* 37(1987), S. 37-82.

Schur, Max
1973   *Sigmund Freud. Leben und Sterben.* Frankfurt am Main: Suhrkamp 1973.

Schwab, Friedrich
1923   Teleplasma und Telepathie. Ergebnisse meiner zweijährigen Experimentalsitzungen mit dem Berliner Medium Maria Vollhart (pseud.). Berlin: Pyramidenverlag 1923.

Schweitzer, Sibylle
1990   *Selma Lagerlöf. Eine Bibliographie.* Universität Marburg 1990.

Simonson, Emil
1923   Schleichs Psychophysik und Freuds Metapsychologie. *IZP*, 9(1923), S. 57-67.

Slobodin, Richard
1978   *W. H. R. Rivers. On biography.* New York/London: Columbia University Press 1978.

Spielrein, Sabina
1921   Schnellanalyse einer kindlichen Phobie. *IZP,* 7(1921), S. 473f.

Sokolnicka, Eugenia
1921   Selma Lagerlöfs Herrenhofsage. *IZP,* 7(1921), S. 133.

Stärcke, August
1920   Die Beziehungen zwischen Psychosen und Neurosen. *IZP,* 6(1920), S. 399 f..
1921a   Der Kastrationskomplex. *IZP,* 7(1921), S. 9-32.
1921b   *Psychoanalyse und Psychiatrie.* Leipzig/Wien/Zürich: Internationaler Psychoanalytischer Verlag 1921 [Beiheft der *IZP* Nr.4].

Stekel, Wilhelm
1950   *The Autobiography of Wilhelm Stekel. The Life Story of a Pioneer Psychoanalyst.* Edited by Emil A. Gutheil. With Introduction by Mrs. Hilda Stekel, London. New York: Liverrigt Publishing Corporation 1950.

Taft, Jessie
1958   *Otto Rank. A biographical Study based on Notebooks, Letters, collected Writings, therapeutic Achievements and personal Associations.* New York 1958.

Tansley, Arthur
1920   *The new Psychology and its Relation to Life.* London: Allen and Unwin 1920.

Thalbitzer, Sophus
1920   *Stimmungen, Gefühle und Gemütsbewegungen.* Kopenhagen: Nordisk-Verlag 1920.

Thomä, Hans
1963   Die Neo-Psychoanalyse Schultz-Henkes. Teil I und II. *Psyche,* 17(1963), H.1, 44-79, H. 2, 81-128.

Tögel, Christfried
1988   Lenin und Freud: Zur Frühgeschichte der Psychoanalyse in der Sowjetunion. *Luzifer-Amor,* 1(1988), H. 2, S. 34-38.
1989a   *Bergasse – Pompeji und zurück. Sigmund Freuds Reisen in die Vergangenheit.* Tübingen: edition diskord 1989.
1989b   Lenin und die Rezeption der Psychoanalyse in der Sowjetunion der Zwanziger Jahre. *Sigmund Freud House Bulletin,* 13(1989), S. 16-27.
1996   Auswahlbibliographie zur Freud-Biographik. In: Tögel, Christfried, (Hg.) »*Die Biographen aber sollen sich plagen...« Beiträge zum 140. Geburtstag Sigmund Freuds.* Sofia: Mnemosyne Press 1996 [Österreichisches Ost- und Südosteuropa-Institut], S. 137-150.

Trepsat, Charles
1920   Du traitement des états anieux. *L'Encéphale,* 15(1920), S. 35-48.

Tridon, André
1919   *Psychoanalysis. Its history, theory, and practice.* New York: Huebsch 1919.

Turner, Julia
1923a   *The Dream on the Anxiety Hypothesis.* London: Kegan Paul & Co.: London 1923.
1923b   *The Psychology of Self-Consciousness.* London: Kegan Paul & Co.: London 1923.
1924   *Human Psychology as seen through the Dream.* London: Kegan Paul & Co.: 1924..

Ungern-Sternberg, Wolfgang von
1998   Otto Rank in seiner Wiener Zeit zwischen Psychoanalyse und Philologie: Eine Problemskizze. *Psychosozial*, 21 (1998), S. 16.

Varendonck, Jean
1921   *The Psychology of Day Dreams.* London: Allen & Unwin 1921.
1922   *Über das vorbewußte phantasierende Denken.* Aus dem Engl. übersetzt von Anna Freud. Leipzig/Wien/Zürich: Internationaler Psychoanalytischer Verlag 1922.

Walser, Hans
1976   Die Psychoanalyse in der Schweiz. In: Eicke, D. (Hg.): *Die Psychologie des 20. Jahrhunderts II. Freud und die Folgen (1)*, München : Kindler 1976, S. 1192-128.

Wiesse, Jörg (Hg.)
1992   *Chaos und Regel. Die Psychoanalyse in ihren Institutionen.* Göttingen: Vandenhoeck & Ruprecht 1992.

Wittels, Fritz
1924   *Sigmund Freud. Der Mann, die Lehre, die Schule.* Leipzig/Wien/Zürich: Tal & Co. 1924.

Wittenberger, Gerhard
1987   Von der Selbstregulation zum »Prüfungs-Kolloquium«. In: Haesler, Ludwig & Mauss, Günter (Hg.), *Psychoanalytischer Prozeß und Institution.* Hofheim-Wiesbaden 1987.

1988a	Die Geschichte des »Geheimen Komitees«. Psychoanalyse im Institutionalisierungsprozeß. *Psyche,* 42 (1988), H. 1, S. 44-52.
1988b	*Zum Institutionalisierungsprozeß der Psychoanalyse unter besonderer Berücksichtigung der Geschichte des »Geheimen Komitees«.* Phil. Diss. der Gesamthochschule Kassel. 1988
1990	Zur ‚Innenpolitik' der organisierten Psychoanalyse in der Zeit nach dem Bruch mit C. G. Jung. *Luzifer-Amor,* 3(1990), H. 6, S. 76-86.
1993	Die große Kränkung: »Kein Nobelpreis«. In: Plassmann, Reinhard (Hg.): *Psychoanalyse – Philosophie – Psychosomatik. Paradigmen von Erkenntnis und Beziehung.* Aachen: Verlag Shaker 1993.
1995	*Das »Geheime Komitee« Sigmund Freuds. Institutionalisierungsprozesse der Psychoanalytischen Bewegung zwischen 1912 und 1927.* Tübingen: edition diskord 1995.

Wittgenstein, Ottokar Graf zu
1992	Sabina Spielrein (1885–1943). Das verschollene Vermächtnis ist wieder aufgefunden. In: Federn, Ernst & Wittenberger, Gerhard (Hg.): *Aus dem Kreis um Sigmund Freud.* Frankfurt am Main: Fischer Taschenbuchverlag 1992, S. 207-219.

Wolf, Michael
1996	Klinische Soziologie und psychoanalytische Organisationsentwicklung. In: Bruns, Georg (Hg.): *Psychoanalyse im Kontext. Soziologische Ansichten der Psychoanalyse.* Opladen: Westdeutscher Verlag 1996, S. 171-194.

Wulff, Moshe (Hg.)
1950	*Max Eitingon in Memoriam.* Jerusalem: Israel Psycho-Analytical Society 1950.

Veszy-Wagner, Lilla
1995   Ernest Jones. In: Alexander, Franz et al. (Eds.), *Psychoanalytic Pioneers*. New Brunswick & London: Transaction Publishers 1995, S. 87-141.

Wahl, Charles
1995   Edward Glover. In: Alexander, Franz et al. (Eds.), *Psychoanalytic Pioneers*. New Brunswick & London: Transaction Publishers 1995, S. 501-507.

Young-Bruehl, Elisabeth
1995   *Anna Freud. Eine Biographie. 1. Teil – Die Wiener Jahre.* Wien: Wiener Frauenverlag 1995.

Ziegenfuß, Werner
1949   *Philosophen-Lexikon.* Band 1, Berlin: Walter de Gruyter 1949.

Zweig, Arnold
1996   *Freundschaft mit Freud. Ein Bericht.* Berlin: Aufbau Verlag 1996.

Zweig, Stefan
1985   *Begegnungen mit Büchern. Aufsätze und Erinnerungen aus den Jahren 1902–1939.* Frankfurt am Main: S. Fischer 1985.

Personenverzeichnis

Abderhalden, Emil, 113
Abraham, Grant, 249
Abraham, Hedwig, 83, 119, 151, 170, 202, 219, 222, 242, 249
Abraham, Hilda, 249
Abraham, Karl, 7, 8, 12, 13, 14, 15, 17, 18, 19, 20, 21, 22, 26, 33, 35, 36, 37, 41, 51, 65, 66, 69, 70, 77, 80, 82, 84, 91, 95, 96, 98, 104, 105, 107, 110, 119, 124, 125, 126, 132, 135, 140, 143, 147, 148, 151, 154, 155, 157, 159, 163, 165, 166, 167, 174, 175, 177, 178, 179, 181, 182, 185, 188, 191, 194, 195, 196, 198, 203, 205, 207, 208, 209, 214, 217, 218, 221, 222, 223, 224, 227, 230, 233, 234, 235, 237, 240, 249, 250, 252, 260
Adler, Alfred, 38, 61, 62, 75, 106, 117, 125, 168, 204, 209, 228, 256
Adorno, Theodor, 111
Alexander, Bernát, 112, 296, 298, 300, 303, 312
Alexander, Franz, 13, 25, 50, 66, 81, 112, 113
Amenhotep IV., 177
Amenophis IV. (Echnaton), 205
Ames, Thaddeu, 258
Arnold, Robert, 87, 155, 297, 299, 312

Aschaffenburg, Gustav, 147
Attinghausen, Werner Freiherr von, 15

Bálints, Alice, 52
Bárczy, Stefan von, 40, 43
Bartmeier, Leo, 13, 112
Benedek, Therese, 77
Bergson, Henri, 38
Berguer, George, 72, 116
Berkeley-Hill, Owen, 177, 178, 191, 209, 219, 242
Bernays, Doris, geb. Fleischmann, 23
Bernays, Edward, 23, 102, 198, 220
Bernays, Eli, 23
Bernfeld, Siegfried, 186, 234, 235, 277, 283
Bernfeld, Suzanne Cassirer, 234
Bey, Cosma, 153, 190
Binswanger, Ludwig, 12, 73, 97, 277, 288
Bleuler, Eugen, 33, 74, 147, 249, 251
Blumenthal, Willy, 186, 194, 209, 228
Bódy, Tivadar, 40, 48, 49, 50
Boehm, Felix, 57, 82, 86, 107, 108, 110, 186, 194, 228
Boer, Julius de, 137, 153
Bonaparte, Marie, 52
Bourget, Paul, 243

Bovet, Pierre, 71, 83, 186
Brailsford, Henry, 141
Brandes, Georg, 148
Brill, Abraham, 25, 38, 63, 69, 70, 83, 86, 90, 92, 95, 100, 101, 102, 118, 121, 129, 151, 168, 188, 220, 254
Bryan, C. A. Douglas, 37, 38, 58, 76, 79, 102, 119, 123, 128, 160, 168, 180, 202, 219, 222

Cajetan, Kardinal (Thomas de Vio di Gaëta), 16, 307
Chesteron, Gilbert Keith, 219
Claparède, Édouard, 77, 78, 111, 137, 279
Cole, Estelle Maude, 67
Cruchet, René, 91, 116, 157

Delgado, Honorio, 66, 78, 235, 240, 242
Dénes, Zsófia, 113
Deuticke, Franz, 33, 61, 165, 189, 196
Deutsch, Felix, 21, 22
Deutsch, Helene, 234, 236
Devine, Henry, 220
Dick, Manó, 89, 90, 115, 189, 201
Dostojewski, Fjodor Michailowitsch, 148, 251

Eder, Montague David, 37, 71, 90, 96
Ehrlich, Paul, 74
Einstein, Albert, 74

Eisler, Jósef Mihály, 114, 136, 139, 186, 189
Eitingon, Max, 9, 13, 35, 51, 57, 65, 80, 81, 83, 84, 85, 86, 95, 97, 98, 107, 113, 114, 121, 122, 123, 125, 133, 140, 143, 148, 150, 162, 163, 171, 179, 181, 182, 187, 195, 207, 215, 216, 217, 229, 230, 231, 238, 240, 242, 250, 251, 252
Eitingon, Mirra, 163, 230
Eliot, George, 91
Eliot, Thomas Stearne, 91
Emden, Jan van, 137

Federn, Paul, 58, 59, 62, 90, 103
Feigenbaum, Dorian, 133
Feldmann, Sándor, 158
Fenichel, Otto, 236
Ferenczi, Gizella, 52, 113, 253
Ferenczi, Sándor, 8, 9, 10, 11, 12, 13, 15, 21, 22, 24, 32, 34, 35, 37, 40, 41, 43, 45, 46, 47, 48, 49, 50, 51, 52, 53, 54, 55, 56, 63, 64, 65, 66, 67, 70, 71, 73, 74, 75, 81, 85, 86, 89, 90, 91, 95, 97, 99, 103, 104, 108, 111, 112, 114, 115, 116, 118, 123, 126, 130, 134, 135, 136, 137, 138, 139, 148, 153, 155, 157, 158, 159, 170, 177, 179, 183, 186, 189, 190, 191, 193, 195, 197, 199, 200, 201, 205, 206, 212, 213, 218, 221, 222, 223, 224, 225, 226, 227, 234, 235, 237, 239, 241, 253, 254, 255, 257
Fleiszer, Frigyes, 52

Flournoy, Henri, 77, 107, 132, 138, 153
Flournoy, Theodore, 66, 184
Flügel, John, 58, 67, 70, 72, 74, 76, 102, 116, 119, 140, 142, 159, 168, 169, 172, 203, 218, 224, 233, 235
Forel, Auguste, 131, 147
Forsyth, David, 72, 74, 94, 142, 180
Fränkel, Baruch, 253
Fränkel, Rosa, geb. Eibenschütz, 200, 253
Freud, Anna, 9, 23, 25, 26, 58, 116, 124, 142, 149, 160, 163, 176, 255
Freud, Ernst, 69, 100, 101, 102
Freud, Martha, geb. Bernays, 23
Freund, Anton von, 40, 41, 43, 44, 48, 50, 84, 85, 137, 138, 218
Freund, Emil von, 50
Freund, Roszi von, 218
Frink, Horace, 102, 117, 118
Frost, Walter, 74, 143, 147, 163, 165, 171, 179, 184, 194, 229

Gay, Peter, 250
Glover, Edward, 124, 172, 173, 217, 238, 250
Glover, James, 25, 123, 124, 141, 142, 143, 163, 172, 173, 217, 238
Goethe, Johann Wolfgang von, 185
Groddeck, Georg, 58, 132, 233, 242
Groß, Otto, 254

Haeckel, Ernst, 80
Hajek, Markus, 21
Hall, Stanley, 74, 117, 167, 168, 183
Hárnik, Jenö, 51, 65, 81, 82, 91, 113, 115, 122, 133, 148, 186, 208, 212, 214, 230
Hart, Bernard, 220
Hattingberg, Hans Ritter von, 111, 198
Heller, Hugo, 32, 55, 57, 73, 85, 103
Henslowe, Philip, 237
Herford, Ethilda, 123, 140, 151, 163, 172, 173, 174, 180, 193, 216, 217, 222, 238
Hermann, Imre, 71, 114, 132, 157, 225
Hiller, Eric, 56, 68, 94, 126, 127, 128, 144, 152, 160, 170, 192, 203, 210, 218, 219, 232, 233, 235
Hirschfeld, Elfriede, 68
Hirschfeld, Magnus, 250
Hirschfeld, Mr., 68
Hitschmann, Eduard, 32, 72, 230, 293, 301
Hoche, Alfred, 212
Hollós, István, 90, 114
Horkheimer, Max, 111
Horney, Karen, 13, 112
Hug-Hellmuth, Hermine, 59, 99

Jacobson, M., 98, 216
Jago, William, 76
Jekels, Ludwig, 236
Jelgersma, Gerbrandus, 74
Jelliffe, Smith Ely, 38, 168

Jones, Ernest, 9, 12, 13, 14, 15, 16, 17, 19, 20, 21, 22, 24, 25, 31, 32, 33, 35, 37, 39, 40, 41, 45, 48, 52, 55, 56, 58, 61, 63, 66, 67, 68, 69, 72, 73, 74, 76, 78, 79, 80, 86, 87, 90, 91, 92, 94, 96, 100, 101, 102, 103, 104, 107, 110, 116, 117, 118, 119, 120, 121, 123, 124, 125, 126, 127, 128, 129, 130, 131, 132, 134, 135, 143, 144, 145, 146, 148, 149, 151, 155, 157, 160, 161, 162, 163, 164, 165, 167, 168, 169, 171, 172, 173, 174, 175, 176, 177, 178, 180, 181, 183, 184, 186, 190, 192, 193, 197, 198, 201, 204, 205, 208, 209, 210, 216, 221, 222, 224, 227, 230, 233, 234, 235, 236, 237, 238, 243, 249, 253, 254, 255, 256, 257, 259
Jones, Gwenith, 72
Jones, Katharina, geb. Jokl, 72, 158
Jung, Carl Gustav, 10, 11, 12, 32, 33, 35, 36, 37, 38, 39, 53, 71, 79, 117, 168, 183, 203, 209, 212, 223, 249, 254, 255

Kalthoff, Albert, 80
Kelsen, Hans, 87
Kempf, Edward, 117
Klein, Melanie, 25, 65, 119, 122, 124, 142, 201
Knopf, Leo, 104
Koerber, Heinrich, 228
Kola, Richard, 55, 67, 81, 85, 86, 89, 90, 92, 93, 99, 101, 114, 119, 128, 129, 151, 152, 153, 154, 176, 186, 192, 209
Kolnai, Aurel, 57, 119, 132, 148, 151, 160, 163, 164, 171, 184, 185, 194, 196, 202, 209, 212, 222, 233
Korányi, Alexander, 49, 50, 51, 73, 74
Kun, Béla, 112, 138

Lagerlöf, Selma, 201
Landauer, Karl, 111, 166, 306
Lantos, Barbara (Borbála Ripper), 113
Laurvik, Elma, geb. Pálos, 190, 201
Leo X., Papst, 16
Levi-Bianchini, Marco, 59, 103, 131, 146, 153, 154, 196
Lévy, Bela, 50
Lévy, Lajos, 189
Liebermann, Hans, 98, 140, 143, 163, 165, 166, 171, 179, 182, 192, 194, 227, 229, 256
Liepmann, Walter, 79, 82, 110, 197
Lindquist, John, 139
Loewenstein, Rudolph, 66
Long, Constance, 79, 197
Low, Barbara, 79, 119, 157, 158, 180
Löwenfeld, Leopold, 175
Ludwig XIV, 109
Luther, Martin, 16

Mackenzie, William, 110, 119, 131, 143, 144, 146, 151, 164
Maeder, Alphonse, 32, 161

Maier, Hans Wolfgang, 147
Mann, Thomas, 57
Marcinowski, Gustl, 63, 82
Marcinowski, Johannes Jaroslaw, 63, 82, 83
Marx, Karl, 75, 202
McCurdy, John, 38
McDougall, William, 79
Meng, Heinrich, 111
Menninger, Karl, 13, 112
Metchnikoff, Élie, 75
Meyer, Adolf Ernst, 212
Mitchell, Thomas, 197, 209, 220
Mond, Alfred, 202
Morando, Sarolta, 52
Moricheau-Beauchaut, René, 74
Müller-Braunschweig, Carl, 198, 227, 228
Munro, Hector, 141, 157
Murray, Jessie, 141

Nachmansohn, Max, 198, 199, 221
Nacht, Sacha, 207
Nacht, Tatjana, 207
Neiditsch, Sara, 132, 230
Nothnagel, Hermann, 49
Nunberg, Hermann, 81, 87, 98, 105, 107, 122, 133

Oberholzer, Emil, 110, 119, 130, 131, 133, 143, 145
Obermann, Julian, 206
Oberndorf, Clarence, 69, 103, 165
Ophuijsen, Johan van, 9, 107, 213

Pabst, Georg Wilhelm, 260
Pareto, Vilfredo, 172
Pfister, Oskar, 48, 57, 63, 68, 71, 72, 78, 83, 104, 110, 119, 128, 130, 131, 143, 144, 146, 147, 164, 171, 179, 184, 185, 186, 194, 196, 198, 221, 233, 242
Pietsch, Prof., 143, 147, 163, 165, 171, 179, 184, 194, 208, 227
Porter-Gregg, Nancy, 119
Pribram, Alfred, 87, 88
Prince, Morton, 167, 168
Putnam, James, 58, 74, 223, 234
Putnam, Marian, 92, 129

Radó, Sándor, 25, 54, 61, 81, 113, 114
Ranft, Hermann, 77
Rank, Beate, 257
Rank, Otto, 8, 12, 13, 14, 15, 16, 17, 18, 19, 20, 21, 24, 29, 32, 35, 41, 43, 47, 54, 55, 56, 58, 64, 66, 67, 68, 69, 70, 72, 73, 75, 78, 81, 83, 85, 86, 88, 89, 92, 93, 94, 95, 96, 99, 100, 101, 108, 110, 111, 114, 116, 118, 119, 124, 125, 126, 131, 132, 133, 135, 136, 138, 143, 145, 146, 147, 148, 149, 151, 153, 156, 157, 158, 159, 160, 162, 164, 166, 168, 170, 171, 172, 174, 178, 180, 182, 184, 187, 189, 190, 193, 194, 195, 196, 199, 201, 202, 206, 211, 214, 218, 219, 223, 227, 228,

229, 233, 234, 237, 240, 242, 247, 256, 257, 258, 259
Read, Stanford, 197, 220, 305
Régis, Emmanuel, 74, 138, 153, 159
Reik, Theodor, 63, 86, 107, 108, 114, 132, 135, 154, 155, 171, 180, 186, 197, 215, 232, 233
Révész, Erzsébet, 81, 113
Révész, Géza, 113, 114
Rickman, John, 67, 71
Rivers, William Halse, 52, 71, 74, 117, 197, 294, 308
Riviere, Joan, 25, 119, 165, 180, 197
Róheim, Géza, 52, 58, 71, 72, 84, 86, 90, 95, 113, 114, 129, 139, 186, 202, 226, 235

Sachs, Hanns, 9, 13, 17, 32, 35, 41, 53, 55, 61, 64, 65, 78, 80, 81, 83, 88, 98, 116, 119, 124, 132, 135, 143, 147, 148, 149, 150, 160, 162, 163, 170, 171, 173, 181, 182, 185, 192, 194, 195, 205, 206, 207, 215, 216, 217, 219, 227, 229, 230, 234, 238, 240, 257, 259, 260
Sadger, Isidor, 62, 106
Sanctis, Sante de, 131, 154
Saussure, Raymond de, 66, 77, 111, 130, 137, 197, 220, 233
Schiller, Friedrich, 15
Schneider, Dr., 184
Schwab, Friedrich, 105, 148
Schwab, Gustav, 109
Shakespeare, John, 236
Shakespeare, William, 236

Sharpe, Ella, 142, 172, 173, 180, 217
Shaw, Bernhard, 219
Silberer, Herbert, 61, 63, 160
Simmel, Ernst, 65
Simonson, Konrad Emil, 148, 164
Singer (Frau), 157
Smeliansky, Anna, 65
Sokolnicka, Eugenie, 53, 138, 201
Spielrein, Sabina, 71, 83, 95, 104, 123, 132, 148, 199
Stärcke, August, 73, 84, 97, 235
Steinach, Eugen, 74, 200
Steiner, Dr., 55, 86, 100, 121, 152
Steiner, Maximillian, 21
Stekel, Wilhelm, 61, 62, 106, 125, 158
Stern, Adolf, 239
Stoddart, William, 74, 94, 140, 142
Strachey, Alix, 258
Strachey, James, 37, 94, 165, 236
Strömme, Johannes, 168
Szilágyi, Géza, 90, 91

Tannenbaum, Samuel Aaron, 61, 62, 63, 78, 82
Tansley, Arthur George, 79, 94
Tell, Wilhelm, 15
Tridon, André, 78, 91, 117, 158, 167
Trotter, Wilfred, 254
Turner, Julia, 142, 180

Varjas, Sándor, 138
Voitel, Karl Hermann, 77, 104, 140, 205

Wagner-Jauregg, Julius, 111
Weigel, Herbert, 77
Weiss, Edoardo, 58, 87, 131, 154
Weizmann, Chaim, 202
Wells, Herbert G., 219
Wenhardt, János, 49, 50
Westphal, Karl, 166
White, William Alanson, 38, 110, 117, 118, 119, 168
Wilson, A.C., 220
Woolf, Virgina, 94
Wynecken, G., 234

Zweig, Stefan, 99